Les populations amérindiennes et inuit du Canada

du Canada

Aperçu démographique

DANS LA MÊME COLLECTION

Les populations amérindiennes et inuit du Canada
Aperçu démographique

Sous la direction de
Louise Normandeau   Victor Piché
DSC de Saint-Jean   Université de Montréal

Francine Bernèche, Hubert Charbonneau,
Juan A. Fernandez, Danielle Gauvreau,
M.V. George, Ginette Lachance-Brulotte,
Jacques Légaré, Anatole Romaniuk

1984
Les Presses de l'Université de Montréal
C.P. 6128, succ. « A », Montréal (Québec), Canada H3C 3J7

Une partie de ce travail a été rendue possible grâce à l'aide financière reçue par le Secrétariat des affaires gouvernementales en milieu amérindien et inuit (SAGMAI) et par le Comité de recherche sur les populations nordiques.

Cette publication a été encouragée par une subvention du Conseil québécois de la recherche sociale.

Photographies de la couverture : Centre de photo — photothèque, Approvisionnements et services du Canada. Terry Pearce

ISBN 2-7606-0681-3
DÉPÔT LÉGAL, 4ᵉ TRIMESTRE 1984 — BIBLIOTHÈQUE NATIONALE DU QUÉBEC

AVANT-PROPOS

S'il existe un domaine où énormément de travail doit être fait, c'est bien celui de la démographie des populations autochtones du Canada. Nul ne connaît avec exactitude les comportements en matière de fécondité, nuptialité, mortalité et migration des Indiens et des Inuit du Canada. Or, ce sont là les bases de n'importe quelle perspective de population. Quel que soit le secteur qu'on veuille développer (éducation, santé ou autre) dans le Nord, on fera toujours face au même problème : Comment prévoir l'impact sur une population qu'aura telle ou telle mise en chantier si on ne connaît même pas le nombre d'individus qui seront perturbés?

Loin d'apporter des réponses à toutes les questions, ce livre recueille quelques-uns des principaux textes qui ont été écrits sur la question. Il répondra à une demande accrue de connaissances sur le Nord. D'une part, il a l'avantage de réunir des articles éparpillés et difficilement accessibles au néophyte. D'autre part, il offre au chercheur chevronné des textes inédits sur l'histoire, la fécondité, la nuptialité et les migrations des Indiens. Finalement, il permettra au lecteur francophone un accès plus facile à des textes qui étaient originellement écrits en anglais.

Il est évident que ce recueil ne comprend pas tous les titres qui traitent du sujet. Il faut considérer ce livre comme l'apport du Département de démographie de l'Université de Montréal à la recherche scientifique sur les populations autochtones. Cette décision n'est pas

chauvine : la contribution du Département est majeure dans ce domaine
et rares sont les auteurs écartés du fait de notre critère de sélection.

Outre leur intérêt théorique, les études réunies ici devraient
être utiles tant aux divers paliers de gouvernements qu'aux populations
autochtones elles-mêmes. C'est du moins notre souhait.

V.P.
L.N.

Grandeur et misère de la démographie :
le cas des autochtones

Victor Piché et Louise Normandeau

Il y a un peu plus de dix ans, une recherche bibliographique sur les populations autochtones concluait qu'on ne connaissait presque rien à leur démographie[1]. Depuis, c'est-à-dire au cours de la période 1970-1980, l'intérêt pour les populations autochtones, ou plutôt pour les territoires qu'ils occupent et leurs ressources, n'a fait que croître. Que ce soit du côté gouvernemental (fédéral comme provincial) ou du côté des autochtones eux-mêmes, le besoin d'informations de base s'est vite manifesté. La production scientifique n'est pas indépendante du contexte politique et la plupart des textes réunis ici sont animés par souci d'éclairer certains traits démographiques qui particularisent les populations autochtones et dont l'État devrait se soucier. On pense, par exemple, à la forte mortalité des Inuit[2], au sexisme de la Loi indienne[3], ou encore au risque d'assimilation qu'implique l'exode hors des réserves[4].

---

(1) V. Piché, Estimation de la natalité des Indiens du Canada, mémoire de maîtrise, sociologie, Université d'Ottawa, 1971.

(2) Voir L. Normandeau et J. Légaré, "La mortalité infantile des Inuit du Nouveau-Québec", infra.

(3) Voir F. Bernèche, J. Fernandez et D. Gauvreau, "Les mariages d'Indiennes et de non-Indiennes au Québec : caractéristiques et conséquences démographiques", infra.

(4) Voir F. Bernèche, "La migration de la population amérindienne au Québec, 1966-1974", infra.

Signalons toutefois qu'à une exception près[5], les études présentées ici n'ont pas été commandées par des agences officielles. Elles sont le fruit de l'intérêt des chercheurs pour la question autochtone; certaines ont été subventionnées mais d'autres n'ont bénéficié d'aucune aide financière ou de peu[6].

En faisant le bilan de ces travaux, il nous a semblé utile de prendre du recul et de procéder à une certaine autocritique. D'une part, la démographie témoigne d'un certain scepticisme à l'endroit des sources "officielles" mais aussi d'une obstination à en tirer quelque chose. Faute d'attitude critique, l'analyse des données conduirait parfois à des résultats aberrants. Imaginons, par exemple, que l'on accepte les taux de natalité des Indiens calculés à partir des statistiques officielles[7] : on aurait alors un taux de 28 pour 1 000 en 1931, de 33 pour 1 000 en 1941, de 53 pour 1 000 en 1951 et de 60 pour 1 000 en 1961[8]. Quelle théorie ne faudrait-il pas inventer pour rendre compte d'une telle augmentation de la natalité! Autre exemple : de 1945 à 1957 environ, les taux observés de mortalité infantile des Inuit du Nouveau-Québec montrent une augmentation alors que les taux corrigés évoluent plutôt à la baisse[9]. Par contre, sans obstination, les travaux réunis ici n'auraient pas vu le jour et l'on ne serait pas plus avancés qu'en 1970. Bref, la démographie, et c'est là sa "grandeur", nous enseigne qu'il ne faut jamais se fier aveuglément aux sources et qu'il vaut mieux corriger les données que de n'en rien

---

(5) Il s'agit de l'étude de V. Piché et M.V. George qui a été effectuée pour le compte du ministère des Affaires indiennes; voir "Estimation des taux démographiques des Indiens du Canada", infra.

(6) C'est le cas par exemple de l'enquête dans la Baie James dont les analyses, faute de fonds, ont été faites à temps perdu. Voir : A. Romaniuk, "Modernisation et fécondité"; "Comportement procréateur d'une petite communauté indienne du Canada"; et V. Piché, "La migration interne des Indiens de la Baie James", infra.

(7) Les sources officielles sont l'état civil et le recensement.

(8) Voir A. Romaniuk et V. Piché, "Estimation des taux de natalité chez les Indiens du Canada", infra.

(9) Voir L. Normandeau et J. Légaré, op. cit.

tirer. Nous verrons dans la prochaine section quelle a été la contribution spécifique de la démographie à la connaissance des populations
autochtones.

Par ailleurs, à tant vanter les mérites de la démographie, on risque d'ignorer le piège duquel elle a tant de "misère" à se sortir. En
effet, la démographie peut se laisser mystifier par le nombre, comme si
le long détour pour y arriver justifiait qu'elle s'y arrête. Nous sug-
gérons donc des pistes de recherche qui puisse aider la démographie à
dépasser sa technicité et à contribuer à son niveau spécifique à la
connaissance scientifique des populations autochtones.

A. <u>Apport de la démographie</u>

La démographie s'est essentiellement concentrée dans trois domaines. Premièrement, elle a identifié, par une critique serrée des diverses sources, les biais affectant les données. Deuxièmement, à
l'aide d'une batterie de techniques qui lui sont propres, des corrections ont pu être apportées. Enfin, une certaine méthode d'analyse a
permis d'obtenir des renseignements originaux sur la population autochtone. Nous faisons ici un survol rapide de la question en présentant
d'une part les différentes sources qui servent généralement aux démographes et d'autre part, les résultats obtenus à partir de celles-ci.

1. Les sources de données

En ce qui concerne les populations inuit, on peut identifier trois
sources officielles de renseignements[10]. 1) Les recensements canadiens : comme les autres Canadiens, les Inuit sont recensés périodiquement. 2) Les statistiques d'état civil : l'ancien Bureau fédéral de
la statistique (aujourd'hui Statistique Canada) a publié jusqu'en 1952
des statistiques d'état civil suivant l'origine ethnique. 3) Le registre des bénéficiaires de la Convention de la Baie James. Toutes ces

---

(10) Voir L. Normandeau et J. Légaré, <u>op. cit.</u>; voir aussi L. Normandeau, <u>la Mortalité chez les Inuit du Nouveau-Québec</u>, mémoire de
maîtrise, démographie, Université de Montréal, 1976.

sources posent des problèmes : la première à cause du sous-dénombrement et de la qualité douteuse des structures par âge; la deuxième n'existe plus depuis 1952; la troisième ne fait l'objet d'aucun test de qualité de la part des responsables.

Pour le Québec, il existe à l'Université de Montréal[11] un fichier de population inuit construit à partir des enregistrements à l'état civil de 1926 à nos jours. Il a été utilisé pour le chapitre 8. Les auteurs y constatent de graves anomalies dans l'enregistrement des naissances et des décès de sorte qu'il est impossible d'utiliser le fichier sans procéder à des corrections[12].

Il existe cinq sources de renseignements statistiques sur l'aspect démographique de la population indienne du Canada[13]. Chaque source, couvre une période distincte. De plus, certaines sources se réfèrent à la population indienne enregistrée, et d'autres à l'ensemble de la population indienne. Avant de présenter les sources, des précisions sur cette distinction s'imposent.

La définition officielle selon l'origine ethnique ne prévoit qu'une seule population d'origine indienne au Canada (comme il existe une seule population d'origine française, d'origine italienne, etc.). La définition exacte de l'origine ethnique est celle du recensement et inclut tous ceux dont le père est d'origine indienne. D'un autre côté, vu le statut particulier de ce peuple en Amérique du Nord, le gouvernement a pris en charge l'administration des affaires "indiennes". Ainsi, la population indienne s'est vue octroyer un statut juridique qui lui confère des droits et des privilèges. Tous les Indiens sous

---

(11) J. Légaré, "Un fichier de population pour les Esquimaux du Nouveau-Québec", _Population_, no 6 (novembre-décembre) 1971, pp. 1130-1134.

(12) Voir L. Normandeau et J. Légaré, _op. cit._

(13) Cette partie est tirée de V. Piché, "Démographie des Indiens du Canada : présentation et évaluation-critique des sources de renseignements", _Comptes rendus : A.C.F.A.S._, 1974, pp. 172-177.

la responsabilité du gouvernement sont inscrits dans les registres of-
ficiels du ministère des Affaires indiennes[14].

a) Les rapports annuels : 1864-1917 (ministère des Affaires indiennes)

Chaque année, l'administration des Affaires indiennes publie un
rapport sur ses activités dont une section a trait aux statistiques de
population.   Pour la période d'avant 1917, ce rapport annuel constitue
la seule source d'information statistique sur la population indienne du
Canada.   Dans ces rapports annuels, les données sont présentées comme
suit :

De 1864 à 1900, l'effectif de la population est donné pour les
différentes bandes et par province.   Ce n'est qu'à partir de
1871, cependant, que les données commencent à s'améliorer quoique de nombreuses lacunes apparaissent ici et là.   Avant 1871,
les statistiques sont trop imparfaites pour être utilisées sérieusement.

À partir de 1901, la distribution de la population est donnée
par sexe et pour les groupes d'âge suivants : moins de 6 ans;
de 6 à 15 ans; de 16 à 20 ans; de 21 à 65 ans et au-dessus de
65 ans.   Cette distribution est également disponible pour les
provinces et territoires canadiens.

Enfin, durant la période 1900-1917, on indique le nombre des
naissances et des décès enregistrés au cours de l'année parmi
la population indienne.

De 1917 à 1923, on cesse de recenser annuellement la population
indienne et on trouve dans les rapports de ces six années la distribution par âge de 1917.

----

(14) Les Indiens enregistrés représentent de 85 à 90% de l'ensemble des
     Indiens du Canada (voir V. Piché, op. cit., p. 172).

Plusieurs problèmes surgissent dès qu'on examine de plus près les statistiques incluses dans les rapports annuels. D'abord, la méthode de recensement demeure très imparfaite durant les années antérieures. D'ailleurs, on peut lire dans les rapports certaines indications quant à l'impossibilité de rejoindre toutes les régions. En effet, plusieurs Indiens vivent dans des endroits reculés et difficiles d'accès de sorte que des régions entières sont parfois omises du recensement. À cela s'ajoute la forte mortalité infantile qui rend l'enregistrement des naissances imparfait. Enfin, selon les rapports, les âges d'environ 20 000 Indiens (à peu près 20% de l'effectif total) sont inconnus, ce qui peut affecter considérablement la distribution par âge.

b) Les recensements quinquennaux : 1924-1959 (ministère des Affaires indiennes)

Comme il a été dit plus haut, on cesse de recenser la population indienne de 1917 à 1923. Il faut attendre l'année 1924 avant qu'un nouveau recensement vienne mettre à jour la distribution par âge des Indiens enregistrés du Canada. Ce recensement, dont on ignore d'ailleurs la méthode exacte, est effectué par l'administration indienne et est repris tous les cinq ans jusqu'en 1959. On y trouve les statistiques sur la population indienne pour les provinces et territoires canadiens, classifiées par sexe et par les mêmes groupes d'âges que ceux de la période 1901-1917, soit : moins de 6 ans; de 6 à 15 ans; de 16 à 20 ans; de 21 à 65 ans et au-dessus de 65 ans.

Les critiques faites à propos des rapports annuels valent pour ces recensements. Toutefois, il semble y avoir une amélioration dans la déclaration de l'âge.

Une seule étude utilise ces deux premières sources de renseignements (voir chapitre 3) : mais ce n'est qu'avec des méthodes d'estimation indirectes (e.g. méthode des populations stables) et moyennant un certain nombre d'hypothèses qu'il est possible de les utiliser.

c) Le registre : depuis 1960 (M.A.I.)

Le recensement de 1959 fut le dernier. En 1960, on met sur pied un système d'enregistrement annuel des données statistiques de la population indienne du Canada sous la responsabilité du ministère des Affaires indiennes. En effet, chaque mois, l'agence régionale du ministère des Affaires indiennes envoie un rapport dans lequel sont inscrits tous les événements qui concourent à diminuer ou à augmenter la population indienne. Ces événements (décès, naissances, etc.) sont enregistrés au ministère des Affaires indiennes et conservés sur ruban magnétique.

Le registre constitue la source la plus importante et aussi la plus utilisée ici. Tous les auteurs lui reconnaissent des lacunes importantes et jugent qu'il est impossible de l'utiliser à l'état brut. Le problème le plus sérieux est certes l'enregistrement tardif des événements, phénomène qui s'aggrave avec le temps. Encore une fois, les méthodes démographiques permettent d'apporter des corrections et de rendre utilisable une source riche en information[15].

d) Les recensements fédéraux décennaux : 1921-1971[16]

Les recensements décennaux fournissent la distribution par âge et par sexe de la population canadienne-indienne à partir de 1921 pour chaque province. Alors que les trois premières sources de renseignements décrites plus haut concernaient la population indienne sous la responsabilité gouvernementale, les recensements fédéraux donnent les statistiques concernant tous les Indiens du Canada, qu'ils soient membres d'une bande ou non. En d'autres termes, les renseignements quin-

---

(15) Voir les textes suivants dans la présente collection : A. Romaniuk et V. Piché; G. Lachance-Brulotte; F. Bernèche, J. Fernandez et D. Gauvreau; V. Piché et M.V. George; et F. Bernèche. Ces cinq études utilisent à peu près tout ce qui existe comme techniques d'ajustement des données : tables de mortalité, populations stables, l'équation démographique de base, simulation, etc.

(16) Le recensement de 1981 n'était pas encore disponible au moment d'écrire ce texte.

quennaux et le registre concernent les Indiens qui, tels que définis par la loi (l'acte indien), font partie d'une bande indienne. Par contre, le recensement du Canada donne la distribution par âge des Indiens qui, tels que définis par le recensement, sont considérés de descendance indienne, qu'ils soient ou non enregistrés comme membres d'une bande indienne.

Une première critique vient du fait que la définition de l'origine ethnique des Indiens a varié d'un recensement à l'autre, rendant la comparabilité des données décennales plus difficile. En 1921 et en 1931, l'origine ethnique des Indiens a été déterminée en fonction de l'origine de la mère. Les Métis de mère indienne furent donc classifiés comme "Indiens" et inclus dans le total de la population indienne. En 1941, les Métis furent comptés séparément et exclus du total de la population indienne. En 1951 et 1961, l'origine ethnique a été déterminée en fonction de l'origine ethnique du père, comme pour tous les autres groupes ethniques. Ainsi, les Métis étaient classifiés comme Indiens si le père était Indien.

En plus de ces changements de définitions, il y a d'autres erreurs qui peuvent se glisser dans un recensement. Pour avoir une idée de la nature de ces erreurs, on peut se référer à une étude de la qualité du dénombrement de 1941 qui a été faite sur les Indiens enregistrés de la Colombie-Britannique et dont on fait état dans une monographie[17]. Cette étude a montré qu'environ 9% des enfants âgés de moins d'un an et 2% des enfants d'un an n'ont pas été inscrits lors du recensement. De plus, il est dit que les déclarations d'âge sont erronées. Bref, on peut généraliser pour tous les recensements, en admettant toutefois une amélioration d'un recensement à l'autre, et affirmer que plusieurs biais peuvent s'introduire dans les distributions par âge du fait surtout des fausses déclarations d'âge et des omissions des enfants.

_____

(17) C. Enid, The Changing Size of the Family in Canada, monographie du recensement, nº 1, Bureau fédéral de la statistique, Ottawa, 1948.

e) Les statistiques de l'état civil : depuis 1945

Comme pour la population canadienne en général, les données relatives aux décès et aux naissances sont disponibles pour la population
canadienne-indienne dans les statistiques de l'état civil. Les données
excluent Terre-Neuve en tout temps. À partir de 1960, l'Ontario est
exclu, ainsi que le Manitoba à partir de 1968. Le problème majeur avec
cette source réside dans l'important sous-enregistrement des événements[18]. De plus, compte tenu des nombreuses erreurs qui affectent
les recensements qui servent de dénominateurs aux événements de l'é-
tat civil, le calcul des taux s'avère pour le moins hasardeux[19].
Voilà pourquoi tous les auteurs qui utilisent ces données le font toujours en complémentarité avec d'autres.

Quand les sources officielles ne fournissent pas les données vou-
lues, les chercheurs ont parfois recours aux enquêtes. Ceci est certes
très intéressant dans la mesure où le chercheur définit lui-même les
termes de la collecte. Par contre, les coûts d'une telle opération
sont énormes et il n'est pas étonnant qu'il n'existe à peu près pas
d'enquêtes démographiques sur les populations autochtones. Nous réu-
nissons ici trois études réalisées à partir d'une enquête effectuée en
1968 auprès de la population indienne de la Baie James[20] (voir chapi-
tres 4, 5, et 11). À la lecture de ces textes, on verra que les données sont plus directement utilisables et que les résultats permettent
d'aller beaucoup plus loin dans l'explication des phénomènes démographiques.

En conclusion, on peut dire que les travaux présentés ici utilisent une variété de sources statistiques, que ces sources sont toujours

---

(18) Ibid., p. 286.

(19) Voir notre exemple plus haut où l'on passe d'un taux de natalité
de 28 pour 1 000 en 1931 à un taux de 69 pour 1 000 en 1961!

(20) V. Piché et A. Romaniuk, "Une enquête socio-démographique auprès
des Indiens de la Baie James : 1968", Anthropologica, vol. XIV,
n⁰ 2, 1972, pp. 219-230.

examinées d'une façon critique et que, malgré les nombreuses lacunes, il est possible, grâce aux techniques démographiques, de proposer des estimations des caractéristiques de base. Qu'en est-il donc des résultats?

2. Les résultats

La période de 1600 à 1900 se caractérise par une décroissance démographique importante. Le régime démographique traditionnel des Amérindiens était d'équilibre plutôt fragile : la nuptialité précoce et quasi universelle favorisait une forte fécondité, même si celle-ci était limitée par des facteurs tels l'allaitement, l'avortement et peut-être aussi l'infanticide. Par contre, la mortalité infantile était très élevée, ce qui donnait des familles peu nombreuses. C'était donc une population à croissance lente. Avec l'arrivée des Européens, cet équilibre est rompu : les épidémies (surtout la variole) viendront décimer les populations amérindiennes[21].

Entre 1900 et 1960, des estimations indirectes nous apprennent que les taux de natalité devaient se situer aux alentours de 45 ou 50 naissances pour 1 000 habitants[22]. Selon Romaniuk, ces taux ne sont pas aussi élevés que ceux obtenus pour certaines autres populations reconnues pour leur haute natalité (e.g. les Hutterites, les Canadiens français au 18e siècle). Ce qui l'amène à s'interroger sur les facteurs qui pourraient avoir un effet dégressif sur la fécondité. En utilisant la population cris de la Baie James, il montre que la période de reproduction est raccourcie par un âge à la première naissance tardif et un âge à la dernière naissance qui semble "prématuré". Les raisons de ce comportement en matière de fécondité demeurent inconnues[23].

---

(21) Voir H. Charbonneau, "Trois siècles de dépopulation amérindienne", infra.

(22) Voir A. Romaniuk et V. Piché, "Estimation des taux...", infra.

(23) Voir A. Romaniuk, "Comportement procréateur...", infra.

D'autant plus que les travaux anthropologiques semblent indiquer un âge au mariage plutôt faible pour les femmes (15-16 ans)[24].

On peut néanmoins conclure que jusqu'à tout récemment, la fécondité des Indiennes était relativement élevée. Les facteurs démographiques associés à cette haute fécondité sont : le mariage précoce et quasi universel, une stabilité très grande des mariages et l'absence de contraception.

La période 1960-1975 est plus riche en informations (la majorité des études présentées ici couvrent cette période). On y note : 1) une fécondité deux fois supérieure à celle de la population canadienne; 2) une mortalité générale et infantile encore très élevée; 3) une nuptialité différente de celle de l'ensemble des Canadiens dans la mesure où le mariage légal n'a pas la même importance pour les Indiens; 4) une proportion élevée de naissances dites illégitimes[25]; et 5) un exode important des réserves, du moins pour la période 1966-1974. En termes d'évolution, on observe une importante baisse de la fécondité depuis 1960 de même qu'une baisse importante de la mortalité, surtout infantile[26]. Enfin, depuis une vingtaine d'années, les taux de croissance de la population indienne sont élevés, ce qui contraste avec l'expérience historique de ces populations menacées d'extinction.

---

(24) Voir G. Lachance-Brulotte, "La nuptialité...", infra.

(25) Une naissance peut donc être "illégitime" par décision purement administrative et légale : pour les Indiens, ce concept n'a pas de sens et dans la bouche des démographes "blancs", ce terme relève de l'ethnocentrisme occidental.

(26) Pour la période 1970-1982, voir entre autres: J. Perreault et L. Paquette, "Les Indiens de l'an 2 000: un demi-million?", Communication présentée au Congrès de l'ACFAS, Université Laval, Québec, mai 1984; R. Choinière et N. Robitaille, "Evolution démographique des Inuit du Nouveau-Québec, des Territoires du Nord-Ouest, du Groenland et de l'Alaska, de 1930 à nos jours", in Actes du quatrième colloque sur les populations nordiques, Kenneth de la Barre (éd.), Comité de recherche sur les populations nordiques, mars 1983, pp. 110-138.

En termes politiques, on peut d'ores et déjà relever trois problèmes démographiques majeurs. Le premier concerne la très haute mortalité infantile des Indiens et des Inuit : l'inégalité sociale devant la mort est toujours un indice infaillible de l'inégalité sociale devant la vie.

Deuxièmement, l'iniquité de la Loi indienne est évidente pour sa discrimination envers les femmes indiennes qui perdent leur statut lorsqu'elles épousent des non-Indiens, l'inverse n'étant pas vrai pour les hommes. De plus, cette décision administrative entraîne des effets démographiques dans la mesure où elle limite la croissance de la population indienne : par exemple, au Québec, on estime qu'il y aurait d'ici 50 ans entre 100 000 et 175 000 "Métis et Indiens sans statut" comparativement à 80 000 Indiens inscrits[27]. Un troisième problème pourrait être soulevé : celui de l'exode des réserves[28]; ce phénomène confirme ce que plusieurs chercheurs dénoncent, à savoir la détérioration des conditions de vie dans les réserves indiennes[29].

Il faut signaler, en terminant, que tous ces résultats demeurent limités. D'abord, la démographie historique des autochtones doit être étudiée puisque sans une connaissance des conditions de vie historiques de ces populations, il est difficile, voire impossible, de saisir la signification de leur comportement démographique actuel. Ensuite, la démographie des autochtones demeure encore trop descriptive et empiriste : à la limite, toutes les statistiques, aussi raffinées soient-elles, demeurent stériles si elles ne sont pas porteuses d'une interrogation.

---

(27) Voir F. Bernèche, J. Fernandez et D. Gauvreau, op. cit., infra.

(28) Voir F. Bernèche, op. cit., infra.

(29) Voir par exemple S. Hargous, les Indiens du Canada, Montréal, Presses Sélect Ltée, 1980, pp. 45 à 101; R. Savard, Destins d'Amérique : les Autochtones et nous, Montréal, L'Hexagone, 1979, p. 108.

B. Lacunes de la démographie

Les travaux sur les autochtones sont trop souvent empiristes, des-
criptifs et agrégatifs. Empiristes, ils peuvent être dans la mesure où
leur point de départ est davantage lié aux sources statistiques qu'à
une problématique. Sans questions précises, la démographie risque de
se cantonner dans l'analyse purement descriptive : comme si l'explication des phénomènes démographiques sortait complètement du champ de la
démographie. Enfin, la démographie a tendance à étudier des agrégats
statistiques plutôt que des groupes sociaux réels. Par exemple, dans
les travaux, on parle des Indiens du Canada, du Québec, etc. Or, il
existe au Canada et au Québec plusieurs groupes d'Indiens qui possèdent
chacun leur histoire, leur culture, leur langue, leur organisation socio-économique et, par conséquent, une démographie propre. Regrouper
toutes ces nations selon des catégories territoriales purement administratives (Indiens du Canada, Indiens du Québec) peut devenir stérile
pour la recherche démographique. En effet, si les statistiques officielles peuvent être un point de départ utile, elles atteignent rapidement leur limite dès que nous tentons d'expliquer les phénomènes démographiques. Bien plus, il nous semble que ces statistiques n'ont d'intérêt scientifique que dans la mesure où elles génèrent des hypothèses
de travail, de nouvelles pistes de recherche qui, elles, nécessitent un
cadre d'analyse plus explicite. Nous pensons donc que les recherches
démographiques futures devraient éviter ces trois écueils. Les premier et deuxième écueils ne peuvent être évités que si au préalable il
y a une interrogation à la fois politique et théorique. Le troisième
écueil découle des deux autres; saisir théoriquement et concrètement le
rôle des phénomènes démographiques dans le mode de vie des autochtones
n'est possible qu'en observant des groupes sociaux réels plutôt que des
groupes statistiques fictifs qui n'existent que par volonté administrative[30]. Les réflexions qui suivent voudraient suggérer quelques
pistes de recherches qui permettraient de situer la démographie des
autochtones au coeur même du débat historique et politique.

---

(30) C'est le cas notamment du registre indien qui définit politique-
ment qui est Indien et qui ne l'est pas : voir R. Savard, op.
cit., p. 163; S. Hargous, op. cit., pp. 26-31.

C. Pour une nouvelle approche

Nos connaissances sur les modes de reproduction démographique des autochtones sont très limitées. Tout ce que nous pouvons faire à ce stade-ci est de suggérer des pistes de recherche et, là où c'est possible, de formuler certaines hypothèses compte tenu de nos connaissances actuelles (e.g. les travaux présentés ici).

Au point de départ, toute analyse devrait tenir compte du fait qu'un régime démographique est imbriqué dans un système de production historiquement déterminé. Or, les modes de production sont variés : entre les types purs de sociétés de cueilleurs-chasseurs (dont se rapprochaient les Inuit et les Montagnais) et d'agriculteurs (e.g. les Iroquois), il existe toute une gamme d'adaptation en fonction des diverses zones écologiques (chasseurs de gros gibiers, de petits gibiers, combinaison de chasse, pêche, agriculture, etc.)[31]. Dans chaque cas, on peut s'attendre à des modes spécifiques de reproduction démographique. De plus, l'approche historique s'avère cruciale pour comprendre l'état actuel des choses, car un même mode de production peut se modifier différemment selon l'époque et les conditions spécifiques de son articulation avec le développement capitaliste.

Pour chaque nation autochtone, il nous semble important d'identifier un certain nombre d'étapes dans ce qui pourrait être un véritable programme de recherche démographique.

La première étape consiste à bien caractériser le système de production autochtone avant l'invasion coloniale. Par exemple, dans chaque cas, il convient d'identifier les moyens de production des biens de subsistance, la division sexuelle du travail, les groupes dominants, etc. Le caractère d'autosubsistance et la possession collective des moyens de production (la terre, les outils, les rivières...) sont deux

---

(31) R. Savard, op. cit., pp. 77-78; voir aussi le Rire précolombien dans le Québec d'aujourd'hui, Montréal, L'Hexagone/Parti Pris, 1977, p. 49; G. Bourque et A. Legaré, le Québec : la question nationale, Paris, Maspero, 1979, pp. 9-10.

traits qu'il est essentiel d'identifier pour comprendre les bases matérielles de la famille. Ainsi, dans ces sociétés, la famille en tant
qu'unité de production doit donc voir à se reproduire (et en même temps
reproduire les équipes de travail, de chasse, etc.). Se trouve ainsi
posée la question de la reproduction de la force de travail. Voyons-en
brièvement quelques-unes des diverses composantes démographiques.

Si un enfant sur deux ne survit pas jusqu'à son premier anniver-
saire, on peut se demander quelle est la probabilité de survie jusqu'à
l'âge "productif"[32]! On peut imaginer que la mortalité foetale
(mort-né, fausse-couche) est également très élevée. Devant cette dure
réalité, il est concevable que les populations autochtones aient développé un *régime matrimonial* qui maximise la reproduction biologique :
mariage quasi universel, âge au mariage précoce pour les femmes, absence de "divorces" ou alors encouragement au remariage, etc. Il s'ensuit un système complexe d'échanges matrimoniaux exogamiques. Mais,
compte tenu de la mortalité foetale et infantile élevée, compte tenu
aussi de l'espacement des naissances dû à l'allaitement prolongé et de
la mortalité maternelle, le *régime procréateur* ne suffit pas à assurer
le renouvellement des ressources humaines, d'où l'existence d'institu-
tions comme l'adoption, l'échange des enfants, etc. Néanmoins, on peut
affirmer que la clef de la reproduction démographique demeure la procréation à l'intérieur d'un système organisé d'échanges matrimoniaux
interbandes. Quant à la migration, il s'agit presque toujours de déplacements de "groupes" dictés par les nécessités de la chasse, de la
pêche, des échanges de produits, etc. Enfin, une question épineuse,
mais cruciale demeure : comment se faisait le contrôle de la reproduction démographique dans ces sociétés (e.g. qui exerçait le contrôle sur
les échanges matrimoniaux, quel était le rôle des femmes dans la reproduction, etc.)?

---

(32) La mortalité étant omniprésente dans ces sociétés, on peut facilement imaginer qu'elles aient développé des connaissances "médica-
les" qui nous sont largement inconnues. De plus, il serait étonnant qu'il ne se soit pas développé toute une série de pratiques
visant à maximiser la survie des nouveau-nés.

À partir de ce modèle général, on peut se demander en quoi le développement capitaliste, à partir du 17e siècle surtout, a modifié les conditions de la reproduction. D'un côté, le capital marchand, puis le capital industriel qui, soit directement, soit le plus souvent par l'intervention de l'État, s'accapare des territoires appartenant aux autochtones. De l'autre, les populations autochtones décimées par les maladies contagieuses et les guerres[33] qui, pour avoir résisté à l'assimilation, se sont vues de plus en plus confinées dans des réserves; tout leur équilibre traditionnel est menacé:

> Le destin des bandes indiennes du Québec, sous l'action conjuguée des missionnaires et des commerçants de fourrure, allait donc dans le sens du regroupement, de la sédentarisation en des lieux faciles d'accès, de la propriété privée, de la patrilinéarité et de l'endogamie[34].

Pour être complet, il faut dire que la dépopulation s'inscrit dans un ensemble plus complexe de facteurs dont le plus important est probablement la destruction de l'équilibre productif vivrier, entraînée par l'expropriation et provoquant une malnutrition telle que les populations autochtones devenaient vulnérables aux maladies contagieuses. Les bases de la production se transforment donc : les groupes qui survivent à la maladie arrivent de plus en plus mal à vivre uniquement de la production traditionnelle. On voit donc apparaître une nouvelle forme de migration, celle de l'individu partant à la recherche d'un travail salarié. Il s'agit d'un mouvement parfois temporaire, très souvent permanent, impliquant la prolétarisation, ou plutôt la sous-prolétarisation[35].

---

(33) Voir H. Charbonneau, op. cit., infra; G. Bourque et A. Légaré, (op. cit., p. 11) parlent de cas où "on remet parfois aux Amérindiens, en échange des fourrures, des vêtements qu'on avait fait volontairement porter par des varioliques"!

(34) R. Savard, le Rire précolombien dans le Québec d'aujourd'hui, op. cit., p. 50.

(35) Partout dans les villes canadiennes, les Indiens occupent les emplois les plus bas dans la hiérarchie sociale et économique.

Aujourd'hui, la situation demeure complexe. En effet, il existe une variété de modèles démographiques selon qu'il s'agit de réserves constituées de quelques familles, isolées dans les territoires du Nord-Ouest, du Yukon et du Nord du Québec, ou des réserves hautement urbanisées. Dans les deux cas, les conditions de la reproduction démographiques ont été radicalement transformées. Dans le cas des réserves urbaines, il reste peu de chose du régime démographique antérieur. La survie économique est assurée (!) par l'assistance sociale, l'assurance-chômage et pour certains, par un travail salarié intermittent. La famille n'est donc plus une unité de production. Du point de vue démographique, la fécondité baisse, surtout depuis 1960, mais elle demeure encore aujourd'hui relativement élevée. Il n'est pas facile d'expliquer cette haute fécondité : les explications de type "culturaliste" insistent sur la "culture de pauvreté" qui favorise une haute fécondité par l'absence de planification, le fatalisme, l'ignorance des méthodes contraceptives, la désorganisation sociale, etc.[36]. Cette explication par la négative (absence de...) relève de l'ethnocentrisme de classe[37]. D'autre part, les explications étroitement "économistes" posent que plus le revenu est faible, plus la charge des coûts de reproduction devrait être élevée. Or, la fécondité plus élevée des catégories les plus démunies de la société demeure un fait généralisé dans les sociétés capitalistes avancées. Seule une recherche approfondie sur les coûts et les avantages comparatifs de la procréation dans ces populations permettrait d'aborder la question autrement que par le biais de jugements de valeur qui font référence à des déficiences culturelles. Il se pourait bien que dans ces couches, les enfants continuent à représenter une valeur économique qui l'emporterait sur les coûts.

La migration est souvent rendue nécessaire pour combler des revenus autrement insuffisants : l'exode des réserves documenté dans le

---

(36) Une bonne illustration de cette approche est : L. Rainwater, And the Poor Get Children.

(37) Pour une critique de cette approche, voir B. Bernier, E. Elbaz et G. Lavigne, "Ethnicité et lutte de classes", Anthropologie et sociétés, vol. 2, n° 1, 1978, pp. 15-61.

chapitre de F. Bernèche[38], exprime ce mouvement de prolétarisation qui incorpore une fraction de la population indienne dans le mode de production capitaliste à des niveaux d'emploi les plus bas. Il y a également un lien entre ce type de mobilité et la baisse de fécondité, car plus les familles sont intégrées dans la production capitaliste, plus la rationalité économique capitaliste de la procréation joue et plus le nombre d'enfants devient important dans le calcul de la promotion économique des couples[39].

Un dernier mot sur la mortalité. Tant dans les réserves urbanisées qu'isolées, même si elle a diminué d'une façon importante, la mortalité demeure élevée; elle atteint parfois le double de celle de l'ensemble des Canadiens et des Québécois. Pour nous, il s'agit là d'une situation scandaleuse, car elle indique à quel point ces populations paient cher (i.e. par la mort) leur situation économique dépendante et leurs conditions matérielles insalubres.

Les causes principales de décès, dans les réserves, sont les accidents et les maladies respiratoires essentiellement provoqués par les conditions de logement dans des baraques insalubres surpeuplées et enfumées par les poêles à bois ou à mazout. La tuberculose atteint les Indiens vingt fois plus que la moyenne nationale[40].

Conclusion

En terminant, nous aimerions attirer l'attention sur la nécessité d'effectuer des recherches telles "qu'elles entraînent des changements positifs pour le peuple impliqué"[41]. Le savoir est porteur de

---

(38) F. Bernèche, op. cit., infra.

(39) J. Caldwell, "Towards a Restatement of the Demographic Transition Theory", Population and Development Review, vol. 2, 1976, pp. 322-346.

(40) S. Hargous, op. cit., p. 68.

(41) P. Ittinuai, "Points de vue inuit sur la recherche nordique", Point Nord (Bulletin de l'Association universitaire canadienne d'études nordiques), vol. 2, n° 1, 1982, p. 2.

pouvoir : qui amorce les recherches et le genre de recherches effec-
tuées ne sont pas indépendants de qui possède le pouvoir et qui contrôle les fonds. De plus en plus, les populations autochtones luttent
pour s'assurer le contrôle réel de leur existence et à ce titre reven-
diquent le contrôle des recherches qui les concernent.

> Nous avons résolu de prouver que la recherche sociale et
> scientifique peut servir nos intérêts au même titre qu'elle
> sert les intérêts de tout autre groupe[42].

Pour les démographes, cela appelle un regard engagé sur les conditions historiques et matérielles de la reproduction de la force de travail autochtone. Dans les faits, cela revient à démontrer comment ces
populations - celles qui ont survécu au génocide - ont été mises dans
une situation de dépendance extrême où même la démographie joue contre
elles. En effet, sont mis au monde bon nombre d'enfants qui sont sou-
mis à une forte mortalité et dont les survivants ne trouvent d'issue
que dans la migration vers les centres urbains où ils iront renflouer
les rangs du sous-prolétariat comme l'ont fait tant d'autres avant eux.

---

(42) Ibid.

Trois siècles de dépopulation amérindienne

Hubert Charbonneau

Les autochtones du Canada sont négligés dans les travaux de démographie historique. Cela tient avant tout à la rareté des sources. Il n'y a guère de démographie possible sans statistiques et pas de statistiques sans observations. Or, celles-ci font cruellement défaut pour tout le passé antérieur à l'implantation européenne et les sources écrites mêmes demeurent très imparfaites avant le XXe siècle. La paléodémographie, dont le développement repose principalement sur l'existence d'ossuaires et de vestiges d'habitations, offre sans doute un champ encore peu exploré, mais combien difficile et limité si on en juge par la complexité des études réalisées jusqu'à maintenant[1]. Pour les périodes plus récentes cependant, les registres de baptêmes, mariages et sépultures de certaines missions amérindiennes ont été assez bien tenus au Québec et il n'est pas interdit de croire qu'on en pourrait tirer des résultats inédits, en dépit des incessants mouvements migratoires qui ont caractérisé ces populations.

---

(1) C. Masset, Problèmes de démographie préhistorique, Paris, Université de Paris I, Thèse de Préhistoire, 1979, 254 p.
G. Acsadi et J. Nemeskeri, History of Human Life Span and Mortality, Budapest, Akademiai Kiado, 1970, 346 p.
J.N. Biraben, "Les méthodes de la démographie préhistorique", Congrès international de la population, Union internationale pour l'étude scientifique de la population, Londres, 1969, vol. IV, pp. 2315-2320.
M.A. Katzenberg and R. White, "A Paleodemographic Analyses of the Os Coxal from Ossossané Ossuary", Canadien Review of Physical Anthropology, vol. 1, nᵒ 1, pp. 10-28.
C.S. Churcher and W.A. Kenton, "The Tabor Hill Ossuaries : a study in Iroquois demography", Human Biology, 32, pp. 249-273.

En attendant d'en savoir davantage, nous nous limiterons au cours des prochaines pages à la description des grands traits de l'évolution démographique amérindienne entre 1600 et 1900, c'est-à-dire jusqu'au moment où les effectifs ont probablement atteint leur plus haut niveau dans le cadre des limites actuelles du Canada. Pendant quelque trois siècles, en effet, les mécanismes autorégulateurs traditionnels ont fait place à un bouleversement considérable qui s'est traduit par la diminution progressive de la population amérindienne. L'extinction a été évitée de justesse, sauf pour quelques tribus qui sont complètement disparues. Le déclin a été masqué par l'accroissement de la population de souche européenne, comme l'a déjà souligné L.E. Hamelin, l'un des rares auteurs qui se soient intéressés à cette question[2]. Il n'empêche que la population totale du Canada a mis plus de deux siècles à doubler après la fondation de Québec : une telle constatation n'étant évidemment possible que si l'on inclut, comme il se doit, les effectifs amérindiens.

Malgré l'absence de données chiffrées, le démographe ne peut ignorer ces faits fondamentaux de l'histoire de la population canadienne qu'il lui faut nécessairement replacer dans leur juste perspective. Les conditions de la décroissance peuvent à tout le moins être examinées de même que les transformations du régime démographique. Cela implique que nous nous penchions au préalable sur les caractéristiques démographiques des Amérindiens avant l'invasion des Blancs.

A. Les populations aborigènes avant le heurt des civilisations

1. Évaluation des effectifs

Le problème de l'évaluation de la population indigène au moment du contact avec l'Européen a beaucoup retenu l'attention depuis le siècle

---

(2) L.E. Hamelin, "La population totale du Canada depuis 1600", Cahiers de géographie du Québec, vol. 9, no 18 (avril-septembre 1965), pp. 159-167.

dernier(3). En dépit des obstacles, un point essentiel paraît d'o-
res et déjà acquis : sur tout le territoire canadien actuel, la densité
était très faible. Tous les ouvrages, rapports, mémoires ou notes des
explorateurs, missionnaires, administrateurs ou autres personnes confirment la faiblesse généralisée des effectifs. Trois difficultés
principales doivent cependant être mentionnées à ce sujet:

a) Estimer ces populations dans le cadre de limites territoriales
   précises n'a guère de signification, car de nombreuses tribus nomades se déplaçaient constamment sur d'immenses étendues qui font
   maintenant aussi bien partie des États-Unis que du Canada : par
   exemple, les Abénaquis erraient du Massachussets au Saint-Laurent,
   les Iroquois de déplaçaient du sud des Grands Lacs à la moyenne
   vallée laurentienne et les Assiniboines parcouraient tant le Da-
   kota que la Saskatchewan.

b) Le heurt des civilisations s'est fait progressivement au cours des
   siècles et généralement d'est en ouest. Les contacts étaient déjà
   fréquents sur l'Atlantique durant la première moitiée du XVIe siècle, alors que certaines tribus de l'Ouest n'ont vraiment côtoyé
   les Blancs qu'assez tard au XVIIIe siècle. Les compilations
   établies par les historiens et les anthropologues reposent donc
   sur des témoignages qui s'étalent considérablement dans le temps.
   Rien ne permet pourtant de supposer que les effectifs étaient

---

(3) F.W. Hodge ed., Handbook of American Indians North of Mexico,
    Washington, Bureau of American Ethnology, vol. I, 1907, p. 972, et
    vol. II, 1910, p. 1221.
    J. Mooney, The Aboriginal Population of America North of Mexico,
    Washington, Smithsonian Institution. Miscellaneous Collections,
    vol. 80, no 7, 1928, pp. 1-40.
    D. Jenness, Indians of Canada, Toronto, University of Toronto
    Press, 1977, p. 432.
    Z.W. Sametz, "The Progressive Integration of Man with the Environ-
    ment" in P. Camu, E.P. Weeks, Z.W. Sametz, Economic Geography of
    Canada, Toronto, Macmillan, 1964, pp. 33-51.
    J.N. Biraben, "Le peuplement du Canada français", Annales de démo-
    raphie historique, 1966, pp. 105-138.
    H.F. Dobyns, "Estimating Aboriginal American Population: An Ap-
    praisal of Techniques with a new Hemispheric Estimate", Current
    Anthropology, vol. 7, no 4, octobre 1966, pp. 395-416.

stables avant la colonisation. On en est donc réduit à se satis-
faire d'estimations globales à caractère quelque peu théorique.

c) Toutes les estimations procèdent d'observations postérieures aux
premiers contats entre autochtones et Européens. Comme on sait
par ailleurs que le choc de deux mondes très différents a rapidement décimé les populations indigènes, le sous-dénombrement paraît
fort à craindre, malgré les corrections apportées par les divers
compilateurs. Le premier dénombrement connu d'une fraction des
Aborigènes du Canada confirme ces appréhensions. L'auteur, le
père Pierre Biard, y fait état des populations occupant toute la
partie orientale et maritime du pays, mais il prend soin également
des effectifs autochtones depuis la multiplication des contacts
avec l'homme blanc[4].

Les données du tableau 1 proviennent des évaluations traditionnelles que nous avons presque systématiquement augmentées pour mieux tenir
compte des lacunes inhérentes aux diverses sources consultées par les
auteurs[5]. Les effectifs sont dans l'ensemble de près de 40% plus
élevés que ceux que l'on propose habituellement, mais ils restent bien
modestes compte tenu de l'immensité des territoires impliqués. La densité générale n'atteint que trois individus par 100 km^2, mais elle
s'accorde avec ce que l'on sait des peuplades vivant dans des conditions climatiques et techniques comparables.

Les recherches récentes les plus approfondies, sur les Hurons en
particulier, n'ont pu enlever aux immenses estimations leur caractère

---

(4) "Ils s'estonnent et se plaignent souvent de ce que dès que les
François hantent et ont commerce avec eux, ils se meurent fort et
se dépeuplent. Car ils asseurent qu'avant ceste hantise et fré-
quentation, toutes leurs terres étaient fort populeuses, et histo-
rient par ordre, caste par caste, qu'à mesure qu'ils ont commencé
à trafiquer avec nous, ils ont plus esté ravagez de maladies",
Relations des Jésuites de 1611, Montréal, Editions du Jour, 1972,
vol. 1, pp. 14-15.

(5) Voir référence (3).

Tableau 1 : Estimation des effectifs autochtones avant la colonisation européenne par région et par paroisse (territoire canadien actuel)

Région	Effectifs (en milliers)	Province	Effectifs (en milliers)	Densité (pour 100 km²)
Nomades des forêts orientales	80	Terre-Neuve	1	0,9
		Maritimes	9	6,8
Semi-sédentaires des basses terres du Saint-Laurent	45	Québec et Labrador	40	2,2
Nomades des Prairies	35	Ontario	75	7,0
Nomades des hauts plateaux	35	Manitoba	15	2,3
		Saskatchewan	20	3,1
Sédentaires de la Côte du Pacifique	60	Alberta	20	3,0
Nomades des Rocheu-ses septentrionales	7	Colombie-Britannique	90	9,5
Nomades du nord-ouest (bassin du Mackenzie)	25	Territoires	30	0,8
Inuit	25			
Ensemble	300	Canada	300	3,1

conjecturel. C'est ainsi que Heidenreich pense que la population huronne oscillait entre 14 000 et 33 000 avant l'arrivée des Européens[6].
Il opine cependant, tout comme Trigger[7], pour un effectif d'environ 20 000 Hurons. Après eux, Dickinson propose plutôt 25 000 à 30 000,
ce qui correspond à la fois aux estimations de Champlain et aux chiffres que nous avons retenus[8]. Il s'agit toutefois de valeurs probablement maximales. Plusieurs auteurs, influencés en cela par l'école
de Berkeley[9], ont exagérément relevé les chiffres classiques. Par
exemple, Virginia Miller suggère que les Micmacs ont pu constituer un
effectif de 35 000 à 70 000 personnes[10]. Mais un remarquable article
du statisticien anglais R.A. Zambardino[11] a suffi à dégonfler ces
extrapolations téméraires dont Dobyns a été le plus retentissant promo-
teur à l'échelle de tout l'hémisphère occidental[12].

Les groupes les plus importants comprennent dans l'Est les Hurons,
les Cris et les Sauteux, dans les Prairies les Assiniboines et les
Pieds-Noirs et sur la Côte du Pacifique les Salishs et les Haidas.
C'est dans cette dernière région que s'élèvent les plus fortes densités, soit jusqu'à environ un individu par km^2 pour les plus grosses

---

(6) G. Heidenreich, Huronia. A History and Geography of the Huron Indians, 1600-1650, Toronto, McClelland and Stewart Ltd., 1971, p.
103.

(7) B.G. Trigger, The Children of Aatrentsic. A History of the Huron
People to 1660, Montreal and London, McGill - Queen's University
Press, 1976, 2 vol., 913 p.

(8) J.A. Dickinson, "The Pre-contact Huron Population. A reappraisal",
Ontario History, vol. LXXII, no 1, mars 1980, pp. 173-179.

(9) S.F. Cook and W. Borah, Essays in population history : Mexico and
the Caribbean, Berkeley, University of California Press, vol. 1,
1971, 455 p.; vol. 2, 1973, 512 p.; vol. 3, 1979, 333 p.

(10) V.P. Miller, "Aboriginal Micmacs Population : A Review of the Evi-
dence", Ethnohistory, vol. 23, no 2, printemps 1976, pp. 117-127.

(11) R.A. Sambardino, "Mexico's Population in the Sixteenth Century :
Demographic Anomaly or Mathematical Illusion?", Journal of Inter-
disciplinary History, vol. XI, 1980, no 1, pp. 1-27.

(12) H.F. Dobyns, loc. cit.

tribus qui se livrent à la pêche. Ailleurs, ce sont les groupes semi-sédentaires des basses terres laurentiennes qui apparaissent comme les plus populeux avec des densités trois à quatre fois moindres cependant. Si les Iroquois occupaient surtout des territoires actuellement américains, les Hurons atteignaient suivant Heideriech une densité de 24 individus par km^2(13). Mais ce calcul se rapporte exclusivement aux terres cultivées vers le début du XVIIe siècle; il ne prend en compte ni les déplacements cycliques par suite de l'épuisement des sols, ni le fait que ces populations vivaient aussi de chasse et de pêche.

L'intérieur forestier présente les plus faibles concentrations, alors que les zones subarctiques et hémiarctiques sont de véritables déserts. Ainsi les Naskapis du Nouveau-Québec n'ont jamais dû représenter beaucoup plus qu'une personne par 300 km^2(14). Selon Clermont, les nomades d'autrefois devaient avoir dans la forêt boréale, une densité constamment inférieure à 2 par 100 km^2(15). Les Inuit par contre rassemblaient à proximité des côtes des effectifs relativement denses : au siècle dernier, il pouvait y avoir jusqu'à 5 individus par kilomètre de côte en moyenne sur une distance de 800 kilomètres dans la Baie de Mackenzie.

2. Le régime démographique traditionnel

Quand on pense que les premières traces humaines attestées dans le nord-ouest du pays remontent à plus de 40 000 ans, il faut admettre que la croissance démographique a été très faible au cours des millénaires, même si le territoire canadien actuel n'a été libéré des glaciers qu'il y a 10 000 ans seulement. À long terme, les effectifs

---

(13) C. Heidenreich, op. cit., p. 103.

(14) F.G. Speck, "Montagnais - Naskapi Bands and Early Eskimo Distribution in the Labrador Peninsula", American Anthropologist, vol. 33, n° 4, octobre-décembre 1931, pp. 557-600.

(15) N. Clermont, "Le sylvicole initial", Images de la préhistoire du Québec. Textes réunis sous la direction de C. Chapdeleine, Recherches amérindiennes au Québec, vol. VII, n° 1-2, 1978, pp. 31-32.

- 35 -

étaient pratiquement stationnaires : dans l'hypothèse d'un taux moyen
annuel de croissance de seulement 0,001, il aurait fallu environ 1100
ans pour que la population amérindienne passe de 100 000 à 300 000 personnes. Avec un taux de natalité vraisemblable de 37 pour 1 000, il
aurait suffi que le taux de mortalité atteignit 34 pour 1 000 en moyenne pour qu'un pareil accroissement fût assuré; un taux de mortalité de
32 pour 1 000 aurait même permis une multiplication par 5 en 500 ans
environ : or, un tel rythme de croissance paraît invraisemblable à N.
Clermont à propos des sédentaires que Jacques Cartier rencontra dans la
vallée laurentienne(16). Mais les variations régionales et surtout
les variations dans le temps devraient être considérables. Il n'en
reste pas moins que ce que les anthropologues nous ont appris de ces
populations anciennes permet de donner une idée approximative de leur
régime démographique.

La nuptialité devait favoriser une forte croissance en principe.
La plupart des tribus d'Amérique du Nord pratiquaient la polygamie,
mais celle-ci s'avérait relativement rare dans le quart nord-est du
continent, notamment chez les Algonquins et plus encore chez les Hu-
rons-Iroquois(17). Là où de robustes guerriers réussissaient à monopo-
liser plusieurs femmes, la polyandrie pouvait s'ensuivre. Comme le divorce était très rare, il arrivait que des femmes se trouvassent isolées. Le régime matrimonial comportait donc à l'occasion certains
freins à la croissance. Le mariage se révélait par contre précoce et
quasi universel : à 18 ou 19 ans pour les hommes et à 15-17 ans pour
les femmes. Le célibat était méprisé. Avant le mariage, la liberté
sexuelle était totale et même parfois ce comportement se poursuivait
dans le mariage jusqu'à la première naissance. Il n'est pas sûr toutefois que la précocité des relations sexuelles n'ait pas eu pour effet
de limiter la descendance. À partir du mariage, l'autorité de l'homme
était totale et il pouvait décider d'écarter une femme, surtout avant
que ne survienne le premier enfant.

(16) Ibid., p. 41.

(17) H.E. Driver et W.C. Massey, Comparative Studies in North American
Indians, Philadelphia, The American Philosophical Society, 1957,
pp. 398-400.
C. Heidenreich, op. cit., pp. 76-77.

La natalité était sans doute élevée, bien que limitée par les rigueurs du milieu singulièrement chez les populations nordiques. La fécondité était réduite par de nombreux obstacles et avant tout par l'absence de lait autre que celui des femmes. L'allaitement prolongé augmentait nettement les intervalles entre naissances, car il durait trois ou quatre ans dans les tribus qui ne cultivaient pas de céréales. Des tabous sexuels existaient également dans certains groupes. Le rôle de l'avortement et plus encore de l'infanticide n'était pas non plus négligeable, principalement chez les nomades où les femmes pouvaient difficilement se déplacer avec deux enfants sur le dos.

Tout cela explique un peu pourquoi les premiers observateurs européens ont fait état de familles peu nombreuses, sans compter que la mort multipliait ses coupes sombres. Il n'empêche que Monseigneur de St-Vallier écrivait à la fin du XVIIe siècle à propos des peuplades de la Côte Atlantique : "quoique les femmes mariées y soient très fécondes, elles vivent d'une manière si réglée avec leur mari, que sans péril d'incontinence de part et d'autre, elles n'ont communément des enfants que de deux ans en deux ans"[18]. Pareille observation, rappelons-le, aurait pu tout aussi bien s'appliquer à la forte fécondité des premiers Français du Canada.

Chez les Amérindiens, comme dans toutes les populations anciennes, la mort était omniprésente. Si l'épidémie ne paraît pas avoir exercé, en raison du climat, le rôle qu'elle jouait dans l'Ancien Monde, la famine et la guerre par contre ne faisaient pas défaut. La dureté et la longueur de l'hiver provoquaient souvent la malnutrition et l'affaiblissement des individus : la famine entraînait la suppression des

---

(18) "Lettre de Monseigneur l'Évêque de Québec où il rend compte à un de ses amis de son premier voyage au Canada, et de l'état où il a laissé l'Église et la colonie" (1687?), in H. Têtu et C.O. Gagnon, Mandements, lettres pastorales et circulaires des évêques de Québec, vol. 1, Québec, A. Côté et cie, 1887, p. 203. Dès 1611, le père Biard écrivait : "Leurs femmes aussi, à cause du grand travail, ne sont pas si fécondes : car c'est le plus si elles enfantent de deux ans en deux ans. Aussi ne pourraient-elles nourrir leur fruit, si elles accouchaient plus souvent, veu mesme qu'elles allaitent leurs enfants jusques à trois ans, si elles peuvent." Relations des Jésuites de 1611, op. cit., p. 15.

faibles, des vieillards et des infirmes. Chez les peuples migrateurs, la maladie pouvait à la limite empêcher quelqu'un de suivre le groupe. D'autre part, les nombreux accidents liés au genre de vie (chasse et pêche) freinaient la multiplication de l'espèce. La guerre prenait parfois d'énormes proportions lorsque les vainqueurs massacraient toute une population sans distinction de sexe ni d'âge; dans l'Ouest, l'esclavage remplaçait souvent le massacre, mais comme les mariages avec les esclaves étaient généralement mal vus, la croissance démographique ne profitait guère de ces habitudes.

La surmortalité masculine paraît avoir été largement compensée par l'infanticide féminin. L'extension de ce dernier phénomène engendrait fréquemment, semble-t-il, une forte disproportion entre les effectifs de chaque sexe, ce qui favorisait la polyandrie. Chez les Inuit en particulier, la plupart des communautés examinées comptaient plus d'hommes que de femmes en dépit de la plus forte mortalité masculine. Certains ont même estimé que dans l'Arctique central près de la moitié des nouveau-nés de sexe féminin pouvaient être supprimées dès la naissance[19]. À l'autre extrémité de la vie les vieillards n'attendraient pas de devenir des "bouches inutiles" et exigeaient même, dans certaines tribus, qu'on aille jusqu'à les étrangler.

On a prétendu que les squelettes amérindiens trouvés dans les fouilles paraissaient appartenir à des êtres en bonne santé. Le problème de la représentativité affecte malheureusement toutes les tentatives paléodémographiques et la prudence doit empêcher toute conclusion hâtive. À l'échelle des siècles, il est certain qu'il y eut des périodes et des régions relativement favorisées où la mort s'est révélée moins brutale. Il n'en reste pas moins que la faiblesse des effectifs amérindiens au nord du 45ᵉ parallèle atteste d'un très lent accroissement démographique général avant même la colonisation européenne. L'équilibre démographique était pour le moins précaire et il suffisait de peu pour substituer la décroissance à la croissance.

---

(19) H.E. Driver et W.C. Massey, op. cit., p. 400.

B. <u>Chute des effectifs du XVIIe au XXe siècle</u>

Isolés géographiquement, protégés par un rude climat, ignorant la plupart des maladies qui dévastaient séculairement l'Ancien Monde, les Nord-Amérindiens vont subir à partir du XVIIe siècle les conséquences néfastes de la présence européenne. Ces contacts n'étaient certes pas nouveaux, mais ils étaient demeurés jusque-là nettement superficiels, exception faite des tribus qui fréquentaient le littoral atlantique et le golfe Saint-Laurent au XVIe siècle. L'apport brutal de nouvelles techniques va rompre l'équilibre traditionnel. Plus encore, l'intrusion non moins subite des épidémies véhiculées par les Blancs provoquera aussitôt le déclin démographique.

1. Les ravages de la variole

Au premier rang du cortège des nouveaux agents destructeurs apparaît la "picote" ou "petite vérole" c'est-à-dire la variole. D'après Heagerty, elle sévit dès l'origine du peuplement européen, aussi bien en Nouvelle-Angleterre qu'en Nouvelle-France[20]. La première grande épidémie connue décime entre 1635 et 1640 la majorité des tribus situées à l'est du lac Supérieur. Propagé par les migrations incessantes de ces nomades, le mal s'étend avec la rapidité de l'éclair de l'Atlantique aux Grands Lacs et des colonies anglaises à la baie James. En 1636 par exemple, l'épidémie éclate chez les Hurons de la baie Georgienne : à vrai dire, la maladie s'installe et exerce ses ravages pendant au moins quatre années consécutives, de sorte que le père Lallemand écrira en 1640 : "nous en avons baptisé plus d'un millier, la plupart durant l'épidémie de variole qui les frappe tous indifféremment; un très grand nombre décèdent et parmi eux plus de 360 enfants de moins de 7 ans, sans compter une centaine d'autres petits enfants"[21]. Rappelons ici que le baptême équivalait pratiquement à une sépulture, puisque les Jésuites hésitaient généralement à baptiser des Amérindiens

(20) J.J. Heagerty, <u>Four centuries of Medical History in Canada</u>, Toronto, Macmillan, 1928, vol. 1, pp. 17-65.

(21) <u>Relations des Jésuites de 1640</u>, Montréal, Éditions du Jour, 1972, vol. 2, p. 52.

qui n'étaient pas à l'article de la mort, par crainte de revirements ultérieurs des nouveaux convertis. Heidenreich a d'ailleurs calculé que la population huronne a pu se réduire de 21 000 à 9 000 environ durant la première moitié du XVIIe siècle[22].

D'après Scott, les Jésuites étaient à peine installés dans la mission de St-Joseph de Sillery "que la petite vérole apportée par quelques Algonquins de l'Île d'Orléans, se répandit rapidement parmi les Français nés au pays, et parmi les Sauvages pour qui elle était presque toujours mortelle. La bourgade de Sillery fut fort éprouvée. Du mois d'août 1639 au mois de mai suivant, plus de 100 malades furent soignés et plus de 200 Sauvages assistés, soit en passant, soit en couchant à l'hôpital une nuit ou deux ou davantage. Vingt-quatre environ moururent. Pendant la durée de l'épidémie, le père Le Jeune, à son grand regret, avait dû refuser l'entrée de la bourgade à quatre familles; il avait même conseillé à celles qui y étaient réunies de se disperser pour un temps"[23]. On comprend dès lors comment se propageait l'épidémie.

À compter de cette époque, la variole frappe les tribus à l'état endémique. Des poussées virulentes sont s'observées de façon intermittente jusqu'à la fin du XIXe siècle. Vers 1665-1670, une nouvelle flambée emporte plus d'un millier d'Iroquois et, en quelques mois seulement, plus de 250 Montagnais de la région de Tadoussac. "Les Algonquins de Sillery en sont quasi tous morts" écrit le père Chaumonot en 1670[24]. Vers 1690-1694, les Amérindiens de l'Acadie sont terriblement touchés par la contagion. Puis, à partir du début du XVIIIe siècle, les "villagiers" vont connaître les mêmes épidémies que les Blancs : en 1699-1703, 1731-1738 et surtout 1755-1758. Le fléau s'étend alors vers l'Ouest. En 1738, les Cris et les Assiniboines voient

(22) C. Heidenreich, op. cit., p. 103.

(23) H.A. Scott, Notre-Dame de Sainte-Foy, 1541-1670, Québec, J.A.K. Laflamme, 1902, pp. 107-111.

(24) Ibid., p. 492.

fondre leurs effectifs. En 1770, les 300 Sauteux de Fond-Du-Lac (Atha-
baska) sont presque tous enlevés par la variole qui, à cette époque,
sème la désolation de la baie d'Hudson à la Côte du Pacifique.

Au début du XIXe siècle, alors que le vaccin de Jenner profite
déjà aux Blancs, les Amérindiens de Sault-Ste-Marie sont pratiquement
anéantis par la variole. Il faut attendre 1823 pour que soient inocu-
lées les premières tribus à Oka et Caughnawaga, afin de contrer l'épidémie menaçante. Malgré tout, le mal continue de provoquer la mort,
principalement dans l'Ouest : en 1836, la contagion réduit de 1200 à
400 le nombre des cabanes des Assiniboines du lac Winnipeg. Entre 1842
et 1856, les quelque 3 000 Pieds-Noirs et Assiniboines du nord-ouest
des Prairies voient leurs effectifs tomber à environ 1 350 personnes.
La part des migrations n'était certes pas négligeable dans ces variations locales, mais la contrepartie de ces déplacements consistait dans
l'extension de la contagion à d'immenses superficies.

On peut s'étonner aujourd'hui en constatant que les méfaits de la
variole s'étendirent très tard au XIXe siècle. Tous les Amérindiens
étaient loin d'être vaccinés, s'il faut en juger par l'hécatombe qui
accompagna la colonisation de la Colombie-Britannique après 1850. Environ 2 500 Cris disparurent encore en 1870 au cours d'une épidémie qui
a laissé de terribles souvenirs dans toutes les Prairies; en quelques
semaines seulement à St-Albert, le père Lacombe relève 120 décès parmi
les Indiens et Métis. Par la suite, la maladie ne sévira plus avec la
même intensité. C'est peut-être qu'il ne restait plus que des lambeaux
de tribus.

Ainsi, pendant plus de deux siècles et demi, la variole a conti-
nuellement harcelé les Amérindiens. L'ampleur de ses ravages prouve
qu'elle y a trouvé un milieu d'élection, un terrain vierge et sans dé-
fense. Faisant office de maladie nouvelle, elle a surpris les autochtones incapables de lutter contre ce fléau inconnu. Ignorant quelle
en était la source, ils attribuèrent d'abord le mal aux mauvaises divi-
nités et aux missionnaires. Les remèdes qu'ils employaient, comme par
exemple de se plonger dans l'eau froide après avoir sué dans une étuve,
se révélaient inutiles, voire même fatals.

2. Les méfaits des trois Parques

Mais la variole n'était pas seule en cause, même si on l'a souvent confondue, sous le nom de "fièvre", avec d'autres maladies. Avant l'arrivée des Blancs, les Amérindiens ignoraient semble-t-il le typhus, le choléra, la diphtérie, la pneumonie et même la grippe et la rougeole. Les deux premières de ces maladies atteignirent surtout les "villagiers", l'une au XVIIIe siècle, l'autre au XIXe siècle. C'est ainsi qu'en 1746 environ le tiers des Micmacs d'Acadie furent emportés par le typhus, la fameuse "fièvre pourpre des navires". Une maladie relativement bénigne comme la grippe aurait aussi fait de nombreuses victimes, s'il faut en juger par ses effets au cours des périodes récentes. Par ailleurs, la tuberculose multiplia les décès à la fin du siècle dernier, de même que la syphilis qui se répandit notamment lors de la colonisation de la Côte du Pacifique chez les Haidas de l'archipel de la Reine-Charlotte.

Il faut également mentionner le rôle de l'alcoolisme. Si l'eau-de-vie ne tua pas directement beaucoup d'indigènes, elle prépara le terrain à l'épidémie et fut à cet égard un agent destructeur de premier plan. Tous les témoignages attestent des répercussions fatales de ce fléau qui contribua lourdement à affaiblir et à démoraliser les Amérindiens au moment où ceux-ci avaient le plus besoin de toutes leurs ressources physiques et morales.

Bien qu'elles n'eussent pas, et de loin, l'effet destructeur des épidémies, les guerres prirent dans certains cas des proportions considérables. L'extermination des Béothuks par les Micmacs à Terre-Neuve est tristement célèbre. Le massacre des Hurons par les Iroquois constitue de même une sorte de génocide. Avec ou sans la complicité des Blancs, les tribus amérindiennes se livrèrent à des luttes beaucoup plus meurtrières qu'avant l'arrivée de ceux-ci, à l'aide des nouvelles armes que leur procurait la traite des fourrures. L'apparition de l'arme à feu dans ce milieu eut aussi pour conséquence la destruction systématique de la population animale au profit du commerce. Après avoir vidé leur territoire de tout gibier, la plupart des tribus durent envahir les domaines de leurs voisins. C'est ainsi que les Inuit furent refoulés de la Côte-Nord et de la baie James, que les Iroquois recherchèrent le castor jusqu'au lac Winnipeg, que les Sauteux envahirent les pays de la rivière Rouge et que les Cris opérèrent des raids jusqu'au delta du Mackenzie. Ayant obtenu des fusils à Churchill, les Chipewyans opprimèrent les autres Athapascans. Plus au sud, les divers groupes des Prairies se disputèrent le bison avec acharnement.

Ainsi la guerre et la confusion régnaient en permanence pendant que disparaissaient le castor, le rat musqué, le bison, le saumon. Une immense pauvreté suivra les courts moments de richesse relative et la famine sévira pour compléter le tableau de la désolation. Les méfaits des trois Parques, c'est-à-dire de l'épidémie, de la guerre et de la famine, s'entremêlèrent et se conjuguèrent, au prix d'une terrible désorganisation sociale et d'un important recul démographique.

Faut-il s'étonner qu'après trois siècles de décroissance continue, il soit resté encore des descendants de ces peuples si éprouvés par le heurt des civilisations? Le métissage masqua sans doute un déclin plus important encore et empêcha peut-être l'anéantissement. Avant même la vaccination, les Européens avaient en effet acquis une sorte d'immunité naturelle à l'égard de certaines maladies contagieuses comme la variole qui emportait surtout les enfants. Au contraire, chez les Amérindiens adultes, même la rougeole pouvait se révéler très meurtrière. La plupart de ces maladies perdirent peu à peu leur caractère de nouveauté, mais cette évolution paraît avoir été très lente. Les nombreuses unions consensuelles avec les Blancs ont sûrement eu des effets plus importants en procurant aux uns les anticorps des autres. Dès le début de la colonisation, le métissage fut favorisé par le commerce des fourrures : les voyageurs des Pays-d'en-haut ont manifestement laissé une abondante progéniture au sein des diverses tribus, à la suite d'unions plus ou moins durables; de sorte qu'à la fin du XIXe siècle, la majorité des Amérindiens avaient des ancêtres d'origine européenne. Paradoxe de l'histoire, ceux-là mêmes qui avaient provoqué le déclin ont du même coup contribué à la survie de ces populations menacées d'extinction.

3. Le cas Inuit

L'évolution numérique des Inuit mérite une attention particuliè-re[25]. Au XVIe siècle, ils occupaient un territoire plus grand qu'au-jourd'hui, puisque leur domaine reconnu par les Amérindiens était cons-titué de tout ce qui s'étend au-delà de la ligne des arbres. Mais l'apparition des armes à feu bouleversa cette entente traditionnelle et on les chassa vers le nord. En 1771 par exemple, les Chipewyans massa-crèrent tout un groupe à Bloody Falls, près de l'embouchure de la ri-vière Coppermine et l'on prétend que les Inuit du Mackenzie se ven-geaient encore de cette tuerie quelque 80 ans plus tard près de Fort McPherson.

Les contacts avec les Blancs resteront dans l'ensemble assez res-treints jusque vers 1840. C'est à cette époque que les baleiniers com-mencent à hiverner dans l'Arctique orientale et que la Compagnie de la Baie d'Hudson installe un poste dans le delta du Mackenzie. Les effec-tifs ne semblent pas avoir nettement diminué avant la seconde moitié du XIXe siècle et ils ne s'effondreront que vers le tournant du siècle actuel. Il y a donc un important décalage chronologique avec les au-tres groupes autochtones. On commença par distribuer de l'alcool aux Inuit puis on leur montra à en fabriquer. Ce fut ensuite le cortège des maladies inconnues jusque-là : grippe, syphilis, tuberculose, rou-geole ... Dans l'hiver de 1902-1903, le typhus a complètement supprimé la population de l'île de Southampton, au nord de la baie d'Hudson. La même année, une épidémie de rougeole emportait environ 20% des 500 Inuit de Fort McPherson. En 1952 encore, la même maladie ravageait le Nouveau-Québec, provoquant la mort de 120 des quelque 700 Inuit de la baie d'Ungava. Ce fut la dernière grande épidémie. La liste des mé-faits va ainsi s'allonger très avant dans le XXe siècle, entraînant

---

(25) D. Jenness, Eskimo Administration : II. Canada, Arctic Institute of North America, Technical Paper no. 14, May 1964, p. 186.

G. Carrière, "L'oeuvre des Oblats de Marie-Immaculée dans le Nord canadien oriental", le Nouveau-Québec : contribution à l'étude de l'occupation humaine, publié sous la direction de Jean Malaurie et Jacques Rousseau, Paris et La Haye, Monton & Co., 1964, pp. 395-425.

la décroissance relativement tardive de populations qui ont connu somme toute récemment ce que les autres groupes amérindiens avaient vécu durant les trois siècles précédents.

C. État des effectifs autochtones vers 1900

Les étapes de la diminution progressive de la population amérindienne ne peuvent être chiffrées, faute de recensements ou d'évaluations suffisamment précises. Tout au long des siècles, on dispose bien de données sur les "villagiers", mais ceux-ci ne forment qu'une fraction minoritaire de l'effectif total. D'autre part, les rares estimations faites à propos des Amérindiens avant le milieu du XIXe siècle sont nettement imparfaites et recouvrent généralement une partie du territoire américain.

Il faut attendre le recensement de 1881 pour que soit dressé un tableau à peu près satisfaisant de la population autochtone[26]. La première véritable tentative de mesure correcte fut d'ailleurs faite un peu plus tôt par J.C. Taché à partir des observations recueillies lors du recensement de 1871[27]. Les statistiques officielles de ce dernier recensement ne comptaient que 23 000 Amérindiens pour les quatre provinces faisant alors partie de la Confédération. Le grand mérite de Taché fut d'évaluer cette population dans le cadre du territoire actuel du Canada : il proposa le total de 106 000 autochtones pour 1871. D'après Sametz, ce résultat restait encore inférieur à la réalité, de sorte que l'effectif de 123 000 paraît davantage probable pour cette époque[28]. Il n'en demeure pas moins que la qualité des recensements subséquents a été fortement influencée par l'exercice de Taché. En 1881, on ne recense vraiment que 74 500 Amérindiens, mais on apporta une correction d'environ 34 000 personnes pour tenir compte du sous-dénombrement.

---

(26) Recensement du Canada de 1881, vol. I, Ottawa, 1882, pp. xv et 205-301.

(27) Recensement du Canada de 1871, vol. IV, Ottawa, 1876, pp. lii-lxxxv.

(28) Z.W. Sametz, op. cit., p. 35.

Voici les données officielles[29], accompagnées des corrections proposées par Sametz, pour les recensements de la période où les effectifs amérindiens ont sans doute atteint leur valeur minimale:

Tableau 2 : Estimation des effectifs autochtones
du Canada pour la période 1881-1911

Année	Effectifs (en milliers)	
	Recensement	Estimation de Sametz
1881	108,5	121,9
1901	127,9	106,6
1911	105,5	113,8

Les variations ci-dessus s'expliquent par les nombreuses difficultés entourant le dénombrement des populations autochtones. On peut en dresser la liste suivante à l'aide des indications contenues dans le recensement partiel de 1885[30]:

-   problème de la définition de la qualité "d'Amérindien", compte tenu du métissage;

-   ignorance des langues autochtones par les agents recenseurs;

-   méfiance des Amérindiens craignant que cette opération administrative se révèle dangereuse et préjudiciable à leur égard;

-   nomadisme, isolement et inaccessibilité de plusieurs groupes.

---

(29) Recensement du Canada en 1931, vol. I, Ottawa, 1936, p. 245.

(30) Recensement des territoires du Nord-Ouest de 1885, Ottawa, 1886, pp. xi-xvii.

Le principal obstacle à tout essai d'évaluation reste le métissage. Ainsi, le résultat officiel de 1901 est inutilisable, parce que de nombreux Métis furent en cette occasion recensés avec les autochtones. Comme il s'agit de mesurer avant tout un phénomène culturel, on est forcé d'admettre une marge d'erreur liée à l'arbitraire de toute définition administrative analogue. Le plus important consiste dès lors dans le maintien des critères et des procédés, de façon à permettre la comparaison d'un recensement à l'autre. Quoi qu'il en soit, tous les renseignements indiquent que la population amérindienne aurait atteint son effectif minimal vers 1900.

Pour mieux apprécier les effets démographiques du choc subi par les Amérindiens, nous préférons pour notre part nous référer aux évaluations minimales rapportées par les anthropologues pour chaque tribu. On aboutit alors à des résultats quelque peu théoriques, mais qui offrent le grand avantage de pouvoir être comparés avec les chiffres donnés comme valeurs maximales. Les données du tableau 3 s'étalent en effet dans le temps, car le déclin dans la partie orientale du Canada a de beaucoup précédé celui de l'Ouest; la population inuit est même tombée à son plus bas niveau que vers 1920. Mais comme le total de 94 000 auquel nous arrivons en procédant ainsi n'est que légèrement inférieur à l'effectif estimé pour le début du XXe siècle, notre calcul n'en paraît que moins audacieux.

L'invasion européenne aurait donc fait perdre les deux tiers de leurs effectifs aux Amérindiens. En dépit des inévitables approximations, il ressort clairement que les taux de décroissance furent partout considérables. Dans l'ensemble, il semble difficile d'affirmer que les écarts observés ici entre provinces sont significatifs. Il se pourrait, par exemple, que le recul ait été aussi important dans les Prairies que sur la Côte du Pacifique, mais que le métissage ait dissimulé le phénomène. D'autre part, les échanges migratoires avec les États-Unis n'ont jamais cessé : des tribus ont envahi les Prairies en provenance des territoires américains au XIXe siècle; de même de nombreux Inuit d'Alaska, à la recherche de caribous, ont immigré dans le delta du Mackenzie à la fin du siècle dernier. Il y eut, semble-t-il, des mouvements de compensation, les uns occupant l'espace abandonné

par les autres. Dans l'Est, l'émigration vers les États-Unis est devenue peu à peu traditionnelle, quoi qu'il soit difficile d'estimer la
fraction des retours. On ne saurait donc aucunement considérer les
Amérindiens du Canada comme une population fermée.

Tableau 3 : Taux de décroissance brute des populations
autochtones par province

Province	Effectifs (en milliers)		Taux de décroissance brute (en %)
	Maximal	Minimal	
Terre-Neuve	1	0	-100
Maritimes	9	4	- 55
Québec et Labrador	40	15	- 62
Ontario	75	23	- 69
Manitoba	15	6	- 60
Saskatchewan	20	9	- 55
Alberta	20	7	- 65
Colombie-Britannique	90	20	- 78
Territoires	30	10	- 67
Canada	300	94	- 69

CONCLUSION

Rendue quasi inévitable par le heurt des civilisations, la décroissance de la population amérindienne fut d'autant plus brutale que
le régime démographique traditionnel des autochtones était déjà d'une
grande fragilité. Il a suffi que, durant trois siècles en moyenne, le
taux de mortalité s'élève légèrement (par exemple de 34 à 37 pour
1 000) et que le taux de natalité baisse très peu (par exemple de 35 à
34 pour 1 000) pour que se produise la catastrophe. Un faible taux annuel moyen de -0,003 correspond en effet au terrible recul observé entre 1600 et 1900. On conçoit dès lors que la disparition complète des

Amérindiens ait été évitée de justesse, ceci grâce à la lente prise de possession du continent par les Blancs et à la faveur des unions mixtes qui ont progressivement accru la résistance des indigènes à la maladie. On s'explique mieux aussi qu'en plein XXe siècle la forte baisse de la mortalité, accompagnée d'un relèvement de la natalité, ait pu en moins de 50 ans ramener les autochtones aux effectifs antérieurs à la colonisation.

Au terme de cet essai sans prétention et parsemé d'hypothèses et d'approximations, nous mesurons à la fois l'insuffisance de notre effort et la nécessité d'entreprendre des travaux susceptibles de nous éclairer sur ce pan obscur de nos connaissances. L'objectif est ardu, mais la tâche reste possible. Nous croyons en particulier que l'exploitation systématique des registres de baptêmes, mariages et sépultures de certaines missions de "villagiers" permettrait de franchir une étape décisive dans l'étude du comportement démographique des anciens Amérindiens. L'intérêt du sujet mérite qu'on s'y arrête.

Estimation des taux de natalité
chez les Indiens du Canada, 1900-1969

Anatole Romaniuk et Victor Piché

Il y a environ un quart de million d'Indiens au Canada. Un peu plus de 90% d'entre eux vivent dans des réserves, relativement isolés du reste de la population. Ces Indiens présentent des caractéristiques démographiques qui les rapprochent davantage des populations des pays en développement que la population à laquelle ils sont associés depuis plus d'un siècle. Étant donné les progrès de la médecine, leur mortalité a été réduite à un taux comparable à ceux des pays du monde occidental, mais leur fécondité demeure élevée et atteint le double de celle de l'ensemble de la population du Canada. Par suite de cette fécondité élevée, le taux annuel d'accroissement naturel est actuellement d'environ trois pour cent. À ce rythme, la population doublerait tous les vingt-cinq ans. Une période prolongée de forte fécondité se traduit par une population dont la composition par âge est dominée par une large proportion d'enfants et, par conséquent, un rapport de dépendance élevé.

En dépit de la singularité de ses caractères démographiques, le groupe des Indiens du Canada n'a éveillé, chez les démographes, que peu d'intérêt. En particulier, on connaît peu de chose sur l'important sujet de la fécondité des populations indiennes. Nous espérons par cette étude, en déterminant les taux et les tendances de la natalité, combler les lacunes les plus manifestes dans la connaissance des phénomènes

---

* Originalement publié en anglais dans la <u>Revue canadienne de sociologie et d'anthropologie</u>, vol. 9, no 1, 1972, pp. 1-20.

démographiques chez les populations indiennes du Canada et poser les jalons des futures enquêtes sur leur comportement procréateur.

Étant donné que les données officielles d'avant 1960 sont très inadéquates, l'estimation de la natalité au cours de cette période doit être établie par des méthodes indirectes. Nous ferons particulièrement appel à deux méthodes; la première utilise les données sur la distribution par âge de la population depuis 1900, l'autre celles du recensement de 1961 sur les enfants déjà nés suivant l'âge de la mère. Dans les deux cas, on se sert de modèles de population stable comme instrument d'analyse des données statistiques sous-jacentes et comme fondement de l'estimation des taux de natalité.

A. Insuffisance des données officielles sur les taux de natalité avant 1960

Les données officielles sur la natalité avant 1960 sont caractérisées par des taux anormalement bas et des sauts brusques. Ainsi, pour les Indiens enregistrés[1], la natalité, qui était demeurée stable, dans une marge de 20 à 25 pour 1 000, pendant toutes les années antérieures à 1940, a fait un bond à 48 pour 1 000 en 1960. Les données officielles fondées sur les recensements successifs montraient des discordances semblables dans les taux et les tendances, pour la population indienne. Selon les recensements, les taux de natalité n'étaient que de 28,4 en 1931 et de 33,2 en 1941 mais se sont élevés à 52,8 en 1951 et 59,7 pour 1 000 au recensement de 1961.

---

(1) Le terme "enregistré" s'applique aux Indiens (surtout ceux des réserves) définis comme tels par la Loi sur les Indiens et placés sous l'autorité directe du ministère des Affaires indiennes et du Nord. La population d'origine indienne, telle qu'elle est définie pour le recensement, inclut à la fois des personnes appartenant à la catégorie définie ci-dessus et les personnes d'origine indienne jouissant du statut de la majorité de la population du Canada. En 1961, par exemple, ce dernier groupe dépassait en novembre le premier par environ 10%. Les statistiques relatives aux Indiens enregistrés sont recueillies et publiées par le ministère des Affaires indiennes tandis que les statistiques sur la population d'origine indienne sont recueillies par la Division du recensement et de la statistique de l'état civil.

Des taux de natalité aussi faibles que ceux qui ont été observés dans le passé chez les Indiens du Canada sont inconciliables avec plusieurs observations qui peuvent être faites sur les modèles de fécondité qui ont probablement caractérisé cette population. On peut supposer un taux de fécondité élevé chez les Indiens, étant donné que, parmi eux, le mariage est quasi universel, que la contraception n'a sûrement pas été pratiquée très largement dans les années passées et que rien ne permet de croire à une forte incidence de stérilité physiologique[2]. On peut également conclure à la prédominance d'un haut degré de fécondité, comme nous le démontrerons d'une façon plus probante dans les sections qui suivent, à partir des données sur la répartition de la population indienne par âge. Étant donné l'existence de définitions différentes de la population indienne et la sous-énumération, différente selon les années, il est très difficile d'estimer le véritable taux d'accroissement de cette population. Il y a cependant des preuves de l'augmentation rapide de son nombre. Cette augmentation ne saurait être attribuée aux faibles taux de natalité observés, en face d'une mortalité assez élevée, soit de 20 à 30 pour 1 000[3] et de l'inévitable perte due à l'assimilation. Il n'existe aucun fondement raisonnable à des bonds de 28 à 60 pour 1 000 dans les taux de natalité indiqués par les statistiques officielles. Enfin, bien que certaines différences dans les taux de natalité entre Indiens enregistrés et Indiens recensés soient prévisibles, l'écart de 48 à 60 pour 1 000 actuellement observé entre les deux groupes pour l'année 1961 est hautement suspect et jette un doute sérieux sur la validité des statistiques sur lesquelles on s'est appuyé.

Les limites de ce travail ne permettent pas d'examiner en détail les sources possibles des biais qui affectent les données officielles sur la natalité. L'existence de ces biais est assez clairement démon-

---

(2) R. Chénier, les Facteurs de fécondité des populations indiennes du Canada, Thèse de maîtrise, Département de sociologie, Université d'Ottawa, 1971.

(3) C. Latulippe-Sakamoto, Estimation de la mortalité des Indiens du Canada, 1900-1968, Thèse de maîtrise, Département de sociologie, Université d'Ottawa, 1971.

trée par ce rapide examen pour justifier l'adoption de méthodes alter-
natives d'estimation.   Il suffit de mentionner ici quelques sources de
ces biais.   La faible natalité observée dans les premières années,
c'est-à-dire plus ou moins pendant toute la période antérieure à 1960,
est sans doute l'indication d'un sous-enregistrement considérable des
naissances.   De plus, étant donné que les taux de natalité calculés par
la méthode traditionnelle tiennent compte de deux quantités, les naissances au numérateur et la population moyenne de l'année au dénominateur, on peut soupçonner des incohérences plus ou moins importantes entre ces deux quantités, attribuables à des sous-enregistrements différentiels ou à des différences dans la façon de définir les Indiens.
Cette dernière incohérence est facile à démontrer par l'examen des
changements dans les méthodes employées dans les recensements pour déterminer l'origine des Indiens.   Dans les recensements antérieurs à
1941, l'origine ethnique étant établie en fonction de la mère, les personnes qui avaient des mères indiennes étaient classées comme Indiens.
Le recensement de 1941 fait une distinction explicite entre les Indiens
et les personnes d'origine mixte.   Dans les recensements ultérieurs,
l'origine indienne, comme chez les autres groupes ethniques, est déterminée en fonction du père.   Cependant, cette règle ne s'appliquait
qu'aux personnes vivant hors des réserves; ceux qui vivaient dans les
réserves étaient classés comme "autochtones" si le père ou la mère
était Indien.

    Certains sont d'avis qu'on pourrait recourir, comme moyen d'amé-
liorer les estimations, à la correction pour le sous-enregistrement
différentiel et à l'ajustement des données pour les erreurs dues à
l'incohérence des définitions.   Mais ce que nous avons dit plus haut
sur la nature des biais affectant les statistiques officielles suffit
à décourager toute tentative dans ce sens.   L'opération serait extrêmement fastidieuse et on peut douter sérieusement qu'elle soit possible.
Les auteurs de cette étude ont préféré, par conséquent, employer une
méthode moins courante mais qui leur a semblé plus adéquate : l'estimation des taux de natalité à partir de modèles de population stable.
La description de cette méthode fait l'objet des deux sections qui suivent.

B. <u>Taux de natalité dérivés de la distribution par âge</u>

On sait que, pour une population fermée à la migration, la distribution par âge est déterminée par la fécondité et la mortalité passées. De plus, la distribution par âge de cette population est dite stable si, pendant de nombreuses années, ses taux de fécondité et de mortalité sont restés constants. Le rapport entre la distribution par âge et les taux démographiques d'une population stable est exprimé par l'équation suivante:

$$c_x = be^{-rx} L_x/l_o$$

où c_x représente la proportion de la population à l'âge x, b est le taux de natalité, L_x/l_o la proportion survivant de la naissance à l'âge x, r le taux d'accroissement de la population et e la base du logarithme.

On peut simplifier de beaucoup les calculs en utilisant les modèles de population stable plutôt que les méthodes qui utilisent la précédente équation. Les modèles de population stable établis par Coale et Demeny sont parmi les plus connus[4] et nous les utiliserons pour les présentes estimations. Ces modèles appartiennent à quatre familles différentes : ouest, est, nord et sud, ainsi désignées d'après les pays dont les tables de mortalité ont servi à établir ces modèles. Chaque famille ainsi constituée est "homogène" par rapport à la mortalité type par âge. La famille "ouest", par exemple, est constituée de modèles fondés sur les tables de mortalité de pays d'Europe de l'Ouest, des États-Unis, de l'Australie, de la Nouvelle-Zélande et du Canada. Dans le cadre de chaque famille, les modèles sont ordonnés en fonction du niveau de mortalité mesuré par l'espérance de vie à la naissance, le taux de mortalité infantile ou par une autre fonction des tables de mortalité.

La population indienne ne répond pas à toutes les conditions d'une population stable, mais il est raisonnable d'affirmer que, jusqu'à ces

---

(4) J.A. Coale et P. Demeny, <u>Regional Model Life Tables and Stable Populations</u>, Princeton, Princeton University Press, 1966.

dernières années, elle ne s'est pas sérieusement écartée des normes d'une population stable. On peut donc avancer l'hypothèse, corroborée par des preuves empiriques qui seront exposées plus loin, que la fécondité est demeurée, dans le passé, à son niveau élevé. Comme d'autres populations comparables, les Indiens n'ont vraisemblablement pas pratiqué la contraception de façon générale. Cette affirmation au moins a été confirmée par une enquête démographique intensive, entreprise par les auteurs de cette étude dans la région de la Baie James. Ce n'est qu'au cours de la dernière décennie qu'il y a eu des indices d'une baisse substantielle de la fécondité.

La baisse de la mortalité a commencé plus tôt, mais elle s'est manifestée graduellement et, jusqu'à 1940, assez lentement. De plus, il a été largement démontré que la mortalité a relativement peu d'effet sur la distribution par âge et le rapport entre la fécondité et la distribution par âge, contenu dans l'équation précédemment citée, est toujours valable, approximativement[5]. Par conséquent, la population indienne, du moins celle d'avant 1960, peut à bon droit être considérée comme une population "quasi stable"[6] si non tout à fait stable.

En ce qui concerne la migration, il se produit des mouvements de sortie des réserves indiennes vers les régions métropolitaines mais rien n'autorise à croire que ces mouvements soient le fait de certains groupes d'âges particuliers. De plus, il se produit une certaine assimilation des Indiens qui prennent le statut de la majorité de la population du Canada ou qui font des mariages interraciaux, mais il est peu probable que cette situation affecte considérablement la normalité de la distribution par âge tel que le suppose une population quasi stable[7]. La pyramide des âges basée sur le recensement de 1961,

---

(5) J.A. Coale, "Estimates of Various Demographic Measures through the Quasi-Stable Age Distribution", in Emerging Techniques in Population Research, Milbank Memorial Fund, pp. 175-193.

(6) Le terme "quasi stable" s'applique aux populations qui connaissent une diminution de la mortalité tout en gardant un taux de fécondité constant.

(7) Il n'y a eu, en 1969, que 714 Indiens émancipés.

indiquée à la Figure 1, montre tous les traits réguliers d'une population caractérisée par la persistance d'une fécondité relativement élevée et est apparemment sans distorsions marquées.

Pour l'utilisation des modèles fondés sur une population stable,
la connaissance des éléments suivants est essentielle : i) la composition par âge (proportion des individus classés dans un groupe d'âges
particulier); ii) une indication de la mortalité type par âge (pour
déterminer la famille des modèles); iii) une mesure du niveau de mortalité (afin de choisir le modèle approprié indiquant le rapport entre la
composition par âge et par natalité). Nous allons maintenant évaluer
la validité de ces éléments.

1. Niveau et variation de mortalité par âge

C'est en 1960 seulement que le ministère des Affaires indiennes a
introduit un système d'enregistrement des décès pour l'ensemble de la
population indienne sous sa juridiction. Cette année marque également
le début du calcul des taux de mortalité par sexe et par groupe d'âges
et l'établissement de tables de mortalité. D'après ces tables de mortalité, l'espérance de vie à la naissance est d'environ 62 ans et les
taux de mortalité infantile les plus récents sont d'environ 60 pour
1 000 naissances.

Depuis 1900 on a recueilli des données sur la mortalité chez les
Indiens, avec certaines interruptions. Mais les données recueillies
avant 1960 ne peuvent servir que pour établir le taux brut de mortalité
et, pour certaines époques, le taux de mortalité infantile. Les taux
de mortalité présentent les mêmes lacunes fondamentales et que les taux
de natalité calculés par les méthodes ordinaires, notamment l'incohérence entre le numérateur (décès) et le dénominateur (population, ou
naissances dans le cas du taux de mortalité infantile). Quoiqu'il y
ait certaines indications de sous-enregistrement dans les premières
années, l'enregistrement des décès est probablement plus complet que
celui des naissances, vu l'obligation légale de déclarer les décès.

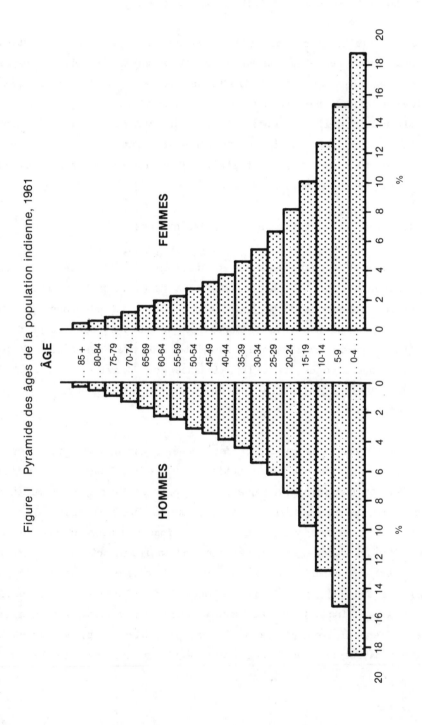

Figure I Pyramide des âges de la population indienne, 1961

Après une étude attentive des tendances et des niveaux et après certaines rectifications destinées à rendre plus cohérents le numérateur (décès) et le dénominateur (population totale), les auteurs ont calculé une série de taux de mortalité. Ceux-ci semblaient raisonnablement élevés, de façon à être acceptables pour deux époques en particulier, 1940-1960 et 1911-1917. Les taux pour les années intermédiaires (1918-1939) ont été établis par interpolation et pour les années de 1911 à 1900 par extrapolation de la tendance[8].

Les taux de mortalité infantile, q_o, ont été utilisés comme critère de sélection des modèles de population stable pour dériver les taux de natalité. Pour les années où q_o n'était pas disponible, celui-ci a été estimé à partir des taux bruts de mortalité au moyen des modèles de population stable en prenant en considération la structure par âge. Les séries officielles des taux de mortalité à partir de 1960 paraissent suffisamment fiables pour être utilisées comme telles.

Selon ces estimations, q_o a diminué d'abord très lentement d'un haut niveau d'environ 235 décès infantiles pour 1 000 naissances au début du siècle à environ 200 autour de 1940. Il est ensuite tombé à un rythme croissant, pour atteindre 60 pour 1 000 en 1968.

Il reste à élucider la structure par âge de la mortalité, ceci pour déterminer la famille de population stable pertinente à la population indienne. Tel que mentionné au début de cette section, des données fiables sur les décès par âge ne sont disponibles que depuis 1960 et par conséquent, nous ne pouvons faire référence ici qu'à cette période récente. L'analyse du rapport de la mortalité au groupe d'âge pertinent a révélé que la structure par âge de la mortalité indienne s'approche davantage de la famille "ouest" que de toute autre famille connue, "est", "nord" ou "sud". Deux raisons additionnelles justifient le choix de la famille "ouest". Premièrement, la mortalité canadienne est comprise dans la famille "ouest" et on peut faire l'hypothèse que les Indiens qui ont été exposés à des conditions de santé similaire, du

---

(8) Pour plus de détails, voir C. Latulippe-Sakamoto, op. cit.

moins dans les années plus récentes, possèdent une structure de morbi-
dité et de mortalité semblable à l'ensemble de la population du Canada.
Deuxièmement, la famille "ouest" des tables de mortalité couvre une
gamme d'expériences plus large que les trois autres familles et, par
conséquent, elle risque davantage d'inclure l'expérience indienne.

2. Distribution par âge

Il existe deux séries de données sur la distribution par âge. La
première provient du ministère des Affaires indiennes pour les Indiens
inscrits et remonte à 1900. La deuxième concerne la population d'origine indienne dont font état les recensements de 1921, 31, 41, 51, et
1961.

Les séries publiées par le ministère des Affaires indiennes comprennent des catégories d'âges telles que moins de 6 ans et de 6 à 15
ans (inclusivement) pour les périodes plus lointaines, et moins de 7
ans et de 7 à 16 ans (inclusivement) pour les périodes plus récentes.
À des fins de comparaison, les proportions de ces catégories d'âges ont
été ajustées pour obtenir des groupes d'âges standards de 5 ans. L'a-
justement a été réalisé en utilisant les modèles de population stable
impliquant un taux brut de reproduction de 3,3[9] est une espérance
de vie de 32,5 ans. Ce dernier chiffre qui réflète probablement la
mortalité des années plus lointaines a été gardé constant pour faciliter les calculs. Néanmoins, les hypothèses qui impliquaient une mortalité décroissante n'auraient pas sérieusement affecté le facteur d'a-
justement utilisé. Une telle correction de la distribution par âge n'a
pas été nécessaire à partir de 1960 pour les Indiens inscrits, et, pour
les années de recensements des personnes d'origine indienne. Celle-ci
est donnée sous forme standard.

Dans l'hypothèse d'une stabilité parfaite, et à condition que les
données initiales soient également fiables, le segment d'âge utilisé
pour dériver les taux de natalité importe peu. Là où l'on soupçonne

(9) Ce taux est comparable aux estimations des taux de natalité.

des variations dans les taux de fécondité, on peut établir les taux de
natalité à partir de la proportion d'enfants, cette proportion étant la
plus sensible aux fluctuations de la fécondité. Les taux de natalité
établis de cette façon reflètent d'aussi près que possible la natalité
des années qui ont précédé celles pour lesquelles on possède la distribution par âge. Les proportions d'enfants qui peuvent être utilisées
pour calculer le taux de natalité sont indiquées aux Tableaux 4 et 5 et
illustrées à la Figure II.

L'étude attentive des Tableaux 4 et 5 et de la Figure II suscite
quelques remarques. Tout d'abord, on constate une forte croissance des
proportions d'enfants, particulièrement pendant la décennie 1950-1960.
Cette tendance peut être attribuée à la fois à une énumération plus
complète, à une meilleure classification des enfants de ce groupe d'âge
et au déclin de la mortalité. L'analyse des données de recensement
semble révéler le sous-enregistrement des jeunes enfants et les erreurs
dans leur classification pour les années les plus reculées. Selon les
chiffres du recensement de 1921, la proportion des enfants de 0-4 ans
est inférieure à la proportion des 5-9 ans. On soupçonne également un
sous-enregistrement dans les recensements de 1931 et de 1941, parce que
l'excédent du groupe 0-4 par rapport au groupe 5-9 ans est inférieur à
ce qu'on pourrait normalement attendre. Une distorsion dans les âges,
attribuable aux différences dans le sous-enregistrement ou la classification, a été décelée dans les premiers registres de population produits par les Affaires indiennes. Mais les caractéristiques de ces
distorsions sont différentes. Pour des raisons encore obscures, le
déficit semble plus important chez les enfants plus âgés que chez les
plus jeunes. Ainsi, après une analyse attentive, au moyen de modèles
de population stable, nous avons découvert que le pourcentage de la
population qui appartient au groupe d'âges 5-14 ans est sous-estimé de
deux ou trois points par rapport au pourcentage du groupe d'âges 0-4
ans.

En second lieu, pour les premières années considérées, il y a des
discordances entre les proportions fondées sur le recensement et celles qui sont fournies par les Affaires indiennes, ce qui montre que,
soit le recensement, soit l'enregistrement, ou peut-être les deux,

Figure II   Pourcentage des enfants de groupes d'âges spécifiés par rapport
à la population totale, par sexe, chez les Indiens enregistrés

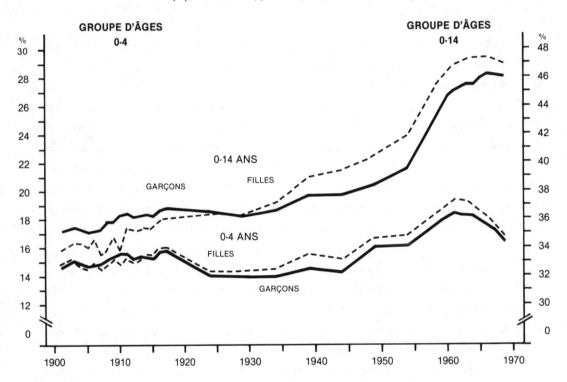

Tableau 4 : Pourcentage des enfants de certains groupes
d'âges, par sexe, chez les Indiens inscrits

	Garçons			Filles		
	0-4	5-9	0-14	0-4	5-9	0-14
1901	14,63	--	35,11	14,68	--	33,89
1902	14,93	--	35,22	15,03	--	34,07
1903	15,05	--	35,44	15,02	--	34,35
1904	14,77	--	35,23	14,68	--	34,27
1905	14,65	--	35,06	14,53	--	33,95
1906	14,79	--	35,10	14,83	--	34,56
1907	14,85	--	35,28	14,35	--	33,45
1908	15,12	--	35,78	14,69	--	33,74
1909	15,27	--	35,78	15,26	--	34,76
1910	15,56	--	36,25	14,67	--	33,69
1911	15,52	--	36,40	15,33	--	35,40
1912	15,13	--	36,14	14,94	--	35,19
1913	15,31	--	36,24	15,02	--	35,18
1914	15,24	--	35,25	15,26	--	35,41
1915	15,18	--	36,14	15,21	--	35,36
1916	15,62	--	36,55	15,74	--	35,80
1917	15,73	--	36,72	15,88	--	36,01
1924	13,96	--	36,48	14,22	--	36,29
1929	13,87	--	36,10	14,22	--	36,29
1934	13,88	--	36,53	14,41	--	37,07
1939	14,41	--	37,62	15,47	--	38,90
1944	14,17	--	37,63	15,08	--	39,37
1949	15,98	--	38,36	16,59	--	40,38
1954	16,03	--	39,55	16,78	--	41,94
1959	17,79	--	43,84	18,64	--	45,85
1960	18,1	14,2	44,1	19,0	14,8	46,3
1961	18,3	14,4	44,5	19,3	15,1	46,8
1962	18,2	14,8	44,7	19,2	15,5	47,0
1963	18,2	15,0	45,0	19,1	15,7	47,2
1964	18,1	15,2	45,2	18,8	16,0	47,3
1965	17,8	15,4	45,2	18,5	16,3	47,3
1966	17,5	15,7	45,4	18,0	16,5	47,3
1967	17,2	15,7	45,5	17,6	16,5	47,2
1968	16,8	15,8	45,4	17,0	16,6	47,0
1969	16,2	16,0	45,4	16,5	16,6	46,8

Source : Rapports annuels du ministère des Affaires Indiennes.

Remarque : Les proportions relatives aux années antérieures à 1960 ont
été ajustées de façon à représenter des groupes d'âges standards comme
on le voit dans ce tableau. Après 1960 aucun ajustement n'a été nécessaire. Il a été impossible de calculer la proportion appartenant au
groupe d'âges 5 à 9 ans à partir des données disponibles avant 1960.

renferment des erreurs. Par contraste, la discordance pour 1961 est
légère et ce fait même peut être considéré comme l'indice d'une amélioration dans l'énumération et dans l'enregistrement aussi bien que dans
la déclaration d'âge des Indiens au cours des dernières années. On ne
s'attend pas, d'ailleurs, à une concordance parfaite de ces deux sources, étant donné que le recensement couvre les Indiens d'origine ethnique tandis que le ministère des Affaires indiennes n'enregistre que les
sujets définis comme Indiens aux termes de la loi.

Une dernière remarque concerne la tendance à la baisse de la proportion des enfants de moins de cinq ans, depuis 1960[10]. En conséquence, les hypothèses de stabilité ou de quasi stabilité soutenues

Tableau 5 : Pourcentage des enfants de certains groupes
d'âges, par sexe, chez les Indiens d'origine,
pour les années recensées

Année	Garçons			Filles		
	0-4	5-9	10-14	0-4	5-9	10-14
1921	13,4	14,0	39,6	14,1	14,5	40,5
1931	14,6	13,8	39,8	15,1	14,7	41,7
1941	14,1	13,3	39,0	15,5	14,1	41,6
1951	_1	_1	42,1	_1	_1	44,0
1961	18,5	15,3	46,5	18,9	15,4	47,0

1   Non disponible par groupe d'âges de 5 ans.

Source : Tableaux non publiés fournis par Statistique-Canada, Division
du recensement.

(10) Cette remarque de même que l'analyse des taux de natalité calculés
directement à partir des données du ministère des Affaires indiennes et considérées comme fiables pour cette période, semble indiquer une baisse de la fécondité (voir Tableau 10).

tout au long de cet exposé ne sont plus valables après 1960. Cependant, si on s'en tient à la proportion des moins de cinq ans, particulièrement sensible aux fluctuations de la fécondité, on est en mesure d'établir des estimations valables et de les comparer aux taux de natalité calculés directement pour 1960 et les années qui suivent. Nous reviendrons sur ce point dans une autre partie.

3. Analyse des estimations dérivées à partir de modèles de population stable

Une fois que le taux de mortalité infantile, comme mesure du niveau de mortalité et la famille des modèles (dans le cas présent, ouest) ont été déterminés par l'analyse de la structure d'âge de la population et que les proportions des groupes d'âges ont été évaluées pour établir leur validité, il est assez simple de dériver le taux de natalité[11]. Il est cependant nécessaire d'utiliser une certaine mesure d'extrapolation, étant donné que les modèles ne couvrent pas toutes les gammes de mortalité. (Voir aux Tableaux 6 et 7 les taux de natalité ainsi établis.)

Toutes les estimations produites ici ne suscitent pas le même degré de confiance. Pour ce qui concerne les données tirées des recensements, il est préférable de se fier aux estimations basées sur la proportion des 5 à 9 ans, étant donné l'énumération plus complète pour ce groupe que pour les moins de 5 ans. C'est seulement pour le recensement de 1961 que la sous-énumération différentielle n'est plus apparente. Pour les Indiens recencés, la proportion des moins de cinq ans est plus fiable dans les premières années. Par conséquent, on recommande d'utiliser les estimations fondées sur la proportion des moins de cinq ans. Ceci est particulièrement vrai pour les années ultérieures à 1960 vu le déclin de la fécondité décelé à partir de cette année. Nous reviendrons plus tard sur ce point.

Nous devons souligner que nos efforts ont eu pour objet d'obtenir la meilleure estimation possible du niveau des taux de natalité pour

_____

(11) Ce taux est directement donné par le modèle choisi.

Tableau 6 : Taux de natalité pour 1 000, dérivés des proportions
d'enfants dans certains groupes d'âges, chez les
Indiens inscrits, 1901-1969

	0-4			0-14		
	M	F	(M + F)/2	M	F	(M + F)/2
1901	41,8	41,4	41,6	37,6	35,3	36,5
1902	43,0	42,2	42,6	37,8	35,5	36,7
1903	43,3	42,2	42,8	38,1	35,9	37,0
1904	42,4	41,4	41,9	37,8	35,8	36,8
1905	42,2	40,6	41,4	37,6	35,5	36,6
1906	42,4	41,6	42,0	37,6	36,3	37,0
1907	42,5	40,2	41,4	37,8	34,7	36,3
1908	43,6	41,4	42,5	38,7	35,1	36,9
1909	43,9	42,8	43,4	38,7	36,4	37,5
1910	45,0	41,4	43,2	39,3	35,1	37,2
1911	44,3	43,0	40,7	39,0	37,3	34,0
1912	43,6	42,2	42,9	38,8	37,1	38,0
1913	43,9	42,2	43,1	38,9	37,1	38,0
1914	43,9	42,8	43,4	38,9	37,3	38,1
1915	43,8	42,8	43,3	38,8	37,3	38,1
1916	45,0	45,0	45,0	39,7	37,9	38,8
1917	45,1	44,6	44,9	40,0	38,1	39,6
1924	40,0	39,6	39,8	39,5	38,5	39,0
1929	39,8	39,6	39,7	38,5	38,4	38,5
1934	38,6	38,9	38,7	38,1	39,1	38,6
1939	40,1	41,2	40,6	40,0	40,7	40,4
1944	37,4	39,6	38,5	37,5	40,4	39,0
1949	40,8	42,2	41,5	37,1	43,4	40,3
1954	39,5	41,2	40,4	37,4	40,3	38,9
1959	38,6	45,5	42,1	41,8	43,7	42,8
1960	43,8	45,4	44,6	41,8	44,0	42,9
1961	44,0	45,9	45,0	42,0	44,4	43,2
1962	44,0	45,5	44,8	42,3	44,6	43,5
1963	43,8	45,2	44,5	42,7	45,0	43,9
1964	43,4	43,8	43,6	42,8	43,8	43,3
1965	42,2	42,9	42,7	42,4	44,4	43,4
1966	41,4	41,5	41,4	42,8	44,4	43,6
1967	40,4	40,9	40,7	42,6	44,0	43,3
1968	39,1	39,0	39,1	42,7	43,8	43,3
1969	37,7	37,9	37,8	42,1	43,6	42,9

Note : Voir Sources au Tableau 4 et le texte pour les méthodes de calcul.

Tableau 7 : Taux de natalité pour 1 000, dérivés des proportions
d'enfants dans certains groupes d'âges, chez les Indiens
d'origine ethnique, pour les années recensées

Année du recensement	0-4 ans			5-9 ans			0-14 ans		
	G	F	(G + F)/2	G	F	(G + F)/2	G	F	(G + F)/2
1921	37,7	39,4	38,6	48,1	53,4	50,8	44,3	45,4	44,9
1931	41,2	42,0	41,6	48,9	52,5	50,7	44,1	45,4	44,8
1941	38,4	41,8	40,1	44,5	47,9	46,2	41,4	44,6	42,9
1951	—	—	—	—	—	—	41,6	44,2	42,9
1961	44,6	47,1	45,9	45,1	46,8	46,0	45,6	44,3	45,0

Note : Voir Sources au Tableau 5 et le texte pour les méthodes de calcul.

lesquels, par suite de l'inadéquation des données, il a été impossible
de mesurer la fécondité par les méthodes courantes. Nous ne pouvons
revendiquer l'exactitude de ces estimations, comme il ressort clairement de ce que nous avons dit au sujet de la fiabilité des données sur
la distribution par âge et au sujet des paramètres utilisés pour l'estimation. Cependant, en conclusion de cette partie, nous décrivons
brièvement quelques sources possibles d'erreurs dans nos estimations,
pour mieux éclairer la nature et peut-être l'ampleur des erreurs qui
ont pu s'y glisser.

En premier lieu, il y a l'incertitude au sujet du niveau exact de
mortalité. À ce sujet il faut cependant considérer que la mortalité
n'a qu'un effet secondaire sur la distribution par âge et qu'une erreur
dans l'estimation de la mortalité entraîne une erreur proportionnelle-
ment moins grande dans les estimations des taux de natalité dérivés de
la distribution par âge. En second lieu, il y a l'incertitude sur la
famille spécifique de population stable à laquelle la population indienne appartient vraiment. Le modèle "ouest" a été choisi à cause des
données des dernières années et celles-ci ne reflètent probablement
pas fidèlement la mortalité par âge des années antérieures. Un modèle
d'une autre famille, par exemple "est" ou "nord", produirait un résultat quelque peu différent. La différence dépend cependant des estima-
teurs utilisés pour l'opération. Quand la proportion des jeunes enfants (particulièrement ceux de moins de cinq ans) est combinée à la
mortalité infantile, comme dans le cas qui nous occupe, les quatre familles de modèles produisent des résultats très semblables[12].

En troisième lieu, la mortalité a décliné et, surtout depuis la
Deuxième Guerre mondiale, très rapidement. En soi, ce phénomène est
une cause de distorsion. Mais de toute façon, les variations de la
mortalité, si elles sont graduelles, ne causent pas d'erreurs considérables dans les estimations par les techniques de population stable.
Les corrections à cause du processus de déstabilisation dû au déclin de

(12) A. Romaniuk, "Estimation of the Birth Rate for the Congo through
     Nonconventional Techniques", Demography, vol. 4, 1967, pp. 688-709.

la mortalité sont faisables[13] mais l'ampleur du travail qu'elles exigent et les incertitudes au sujet du rythme du déclin sont hors de proportion avec la légère amélioration qui serait obtenue dans les estimations. Il suffit de mentionner que l'absence de correction pour le déclin de la mortalité aurait pour effet un très léger biais à la hausse dans les taux de natalité dérivés de la proportion des moins de cinq ans.

Enfin, il est très clair que la fécondité accuse une baisse graduelle depuis 1960. Le processus de déstabilisation qui en résulte est beaucoup plus puissant que celui que nous avons mentionné plus haut. Il a été démontré que les estimations des taux de natalité, dérivées de la distribution par âge déstabilisée par un déclin de la fécondité, seront biaisées à la hausse dans une mesure qui dépend du rythme et de la durée du déclin et du groupe d'âges utilisé pour l'estimation[14]. Le biais sera faible si l'on utilise, comme dans le cas présent, la proportion des moins de cinq ans.

Coale et Demeny ont mis au point des méthodes pour la correction des biais causés par le type de déstabilisation dont il est question ici[15]. Au lieu d'avoir recours à ces méthodes (et probablement avec le même succès), on a décalé de 2,5 années les taux de natalité dérivés de la proportion des moins de cinq ans depuis 1960, de façon qu'ils correspondent aux années où en moyenne, les enfants de zéro à quatre ans sont nés. Les taux de natalité qui en résultent sont présentés au Tableau 10 et commentés plus loin.

---

(13) P. Demeny, "Estimation of Vital Rates for Population in the Process of Destabilization", Demography, vol. 2, 1965, pp. 516-530.

(14) A. Romaniuk, op. cit.

(15) United Nations, Methods of Estimating Basic Demographic Measures from Incomplete Data, Manual IV, ST/SOA/Series A/42, 1967.

C. Taux de natalité dérivés du nombre moyen d'enfants nés de femmes mariées ou ayant été mariées

Dans une situation où les renseignements directs sur les taux de natalité sont si incertains, il est important d'accorder toute l'attention nécessaire à tous les éléments d'information que l'on possède et qui permettent de tirer des conclusions sur la fécondité. Après avoir considéré la distribution par âge dans la partie précédente de notre exposé, nous allons maintenant tenter de tirer parti de l'information spécifique fournie par les données du recensement de 1961 : le nombre moyen d'enfants nés de femmes mariées ou ayant été mariées, présenté au Tableau 8, et de convertir les données en taux de natalité.

La conversion du nombre d'enfants nés de femmes non célibataires en taux de natalité a été réalisée au moyen des modèles de population stable montrant la relation entre le taux de natalité et le taux brut de reproduction. Pour exécuter cette opération, nous avons dû passer par un certain nombre d'étapes et obtenir une information additionnelle.

Tout d'abord, le nombre moyen d'enfants a été calculé pour les femmes de tout état matrimonial. Cette opération a été accomplie, comme l'indiquent les colonnes 3 et 4 du Tableau 8, en multipliant le nombre moyen d'enfants nés de femmes non célibataires par la proportion de femmes non célibataires de chaque groupe d'âges. Étant donné que le recensement de 1961 ne donne pas les proportions de femmes mariées, ces proportions ont été extraites des données du recensement de 1951. Que ces proportions reflètent exactement la nuptialité des cohortes de femmes en cause, voilà une question qui demeure pour le moment sans réponse. On peut toutefois supposer que la nuptialité avant 1951 n'a pas varié de façon assez considérable pour affecter sérieusement les résultats de l'opération.

Seulement 4% des femmes qui avaient dépassé l'âge fécond sont demeurées célibataires. Cette opération repose sur l'hypothèse qu'aucune des femmes célibataires n'a donné naissance à un enfant.

En second lieu, le modèle suppose un rapport entre le taux de natalité et le taux brut de reproduction, lequel, par définition, considère les naissances de filles seulement. Afin de dériver le taux de
natalité du nombre moyen de naissances, au moyen du modèle, il est nécessaire de convertir le nombre moyen de naissances en taux brut de reproduction. À cette fin, il faut connaître le rapport de masculinité
ou la proportion des naissances de filles. À partir des données de la
dernière décennie cette proportion a été estimée à 0,49.

Tableau 8 : Nombre moyen d'enfants nés par âge des
femmes, dérivé du recensement de 1961

Âge (1)	Nombre moyen de naissances par femme mariée ou ayant été mariée, recensement de 1961 (2)	Femmes mariées ou ayant été mariées en % de toutes les femmes, re- censement de 1951 (3)	Estimation du nom- bre de naissances par femme sans considération de l'état matrimonial (2 x 3) (4)
15-19	1 262	15,8	0,20
20-24	2 267	59,7	1,35
25-29	3 786	79,0	2,99
30-34	5 106	90,0	4,595
35-39	6 259	94,0	5,883
40-44	6 761	95,0	6,423
45-49	6 702	96,0	6,434
50-54	6 131	96,0	5,886
55-59	6 013	96,0	5,772
60-64	6 009	96,0	5,769
65 et plus	5 804	96,0	5,572

Sources : Colonne (2) : B.F.S., recensement 1961, vol. 4.1, Bulletin
4.1-8. Colonne (3) : données inédites, Division du recensement B.F.S.

Enfin, pour l'utilisation du modèle, il est nécessaire de connaître l'âge moyen des femmes à la maternité. On l'obtient à partir des
taux de fécondité par âge spécifique, pondérés par l'âge de la mère à
la maternité. Selon les données disponibles, l'âge moyen à l'accouchement a varié de 29,6 en 1931 à 28,2 en 1968.

Le taux de natalité dérivé est indiqué au Tableau 9. Il est clair
que seul le nombre des naissances chez les femmes qui ont passé l'âge
fécond ou dont la famille a atteint sa dimension finale peut être utilisé pour l'estimation du taux de natalité. Par ailleurs, nous avons
des indices d'omissions de la déclaration des naissances chez les femmes plus âgées, de sorte que les taux de natalité dérivés de la proportion des enfants nés de ces femmes sont moins fiables. L'estimation la
moins biaisée du taux de natalité est probablement celle qui touche les
femmes du groupe d'âges de 45 à 49 ans, qui est de 44 pour 1 000. Cependant, ce chiffre même est peut-être une sous-estimation parce que
quelques-unes des femmes comprises dans ce groupe peuvent encore avoir
des enfants et parce que, en convertissant la proportion d'enfants nés
de femmes mariées ou ayant été mariées en proportion pour toutes les
femmes, on assume implicitement l'hypothèse que la fécondité des femmes
célibataires est nulle. Pourtant, au moins quelques-unes des 4% des
femmes qui sont demeurées célibataires ont eu des enfants. Par conséquent, il est plausible d'affirmer que le taux réel de natalité est supérieur à 44, tous les autres facteurs étant égaux.

Tableau 9 : Taux de natalité dérivés du nombre moyen
de naissances estimé au Tableau 8

Age de la mère	Nombre moyen d'enfants par femme	Taux de natalité correspondant
45-49	6,43	43,9
50-54	5,89	41,5
55-59	5,77	40,3
60-64	5,77	40,3

Il n'y a aucun moyen de relier ce taux de natalité à une période en particulier, à moins d'accepter l'hypothèse que les femmes âgées de 45 à 49 ans à la date du recensement (1961) avaient donné naissance à tous leurs enfants à l'âge de 28 ans (âge moyen à la maternité). Dans ce cas, on peut relier ce taux de natalité aux années centrées sur 1942. Il est à remarquer que le taux de natalité dérivé de la distribution par âge pour cette année-là est de 46 pour 1 000.

D. Taux de natalité depuis 1960

Les tendances qui se sont manifestées depuis environ 1960 sont d'une telle importance pour l'étude du mouvement général de la population indienne dans ce pays qu'il est essentiel d'accorder une attention toute spéciale aux taux de natalité fondés sur les chiffres annuels de naissances et de la population au milieu de l'année pour les Indiens inscrits, tels que fournis par le ministère des Affaires indiennes et du Nord. Depuis quelques années ce ministère a accompli des progrès considérables dans ses méthodes de collecte des statistiques de population et on peut maintenant affirmer que les séries de taux de natalité calculées depuis 1960 peuvent être acceptées avec confiance.

La principale source d'erreurs qui continue à affecter les données officielles relatives à la natalité demeure toujours le retard à déclarer les naissances. Une étude attentive effectuée par Piché et George[16] a révélé qu'un certain nombre de naissances ont été déclarées et enregistrées avec des retards d'un an, de deux ans et même davantage. De plus, d'une année à l'autre il y a des variations importantes dans le nombre des déclarations tardives, ce qui a un effet très négatif sur le niveau et les fluctuations des taux de natalité. Les séries présentées dans la colonne 2 ont été ajustées pour tenir compte des déclarations tardives par les auteurs cités plus haut.

---

(16) V. Piché et M.V. George, A Note on the Evaluation and Adjustment of Registered Data on the Indian Population, 1960-1968, Ottawa, ministère des Affaires indiennes, Division des statistiques, 1970.

La colonne 3 montre les taux de natalité dérivés de la proportion d'enfants de moins de cinq ans par les méthodes fondées sur une population stable et décrites précédemment. La colonne 4 montre les taux de natalité dérivés de la proportion d'enfants de moins de cinq ans ajustés pour tenir compte de l'effet des déclarations tardives. Enfin, la colonne 5 montre les taux de natalité ajustés au décalage de 2,5 années.

Tableau 10 : Taux de natalité observés et estimés, 1960-1969

Année	Fondés sur les naissances enregistrées et ajustées pour les déclarations tardives	Dérivés au moyen de modèles de proportion stable, des proportions de moins de 5 ans		
		Non ajustés	Ajustés pour les déclarations tardives	Taux interpolés
(1)	(2)	(3)	(4)	(5)
1960	46,1	44,6	45,9	46,0
1961	46,2	45,0	46,1	45,8
1962	44,6	44,8	46,1	45,0
1963	44,1	44,5	45,9	44,2
1964	42,7	43,6	45,0	42,8
1965	43,5	42,7	44,4	41,0
1966	41,2	41,4	43,3	39,6
1967	39,5	40,7	41,9	--
1968	38,4	39,1	39,9	--
1969	36,8*	37,7	38,5*	--

Note : Les proportions d'enfants du groupe 0-4 ans, dont les taux de la colonne 4 sont dérivés, ont été ajustées pour les déclarations tardives de naissance comme les taux de natalité de la colonne 2 l'ont été. Les valeurs de la colonne 5 ont été interpolées des taux de la colonne 4 pour correspondre aux années de la colonne 1.

*L'ajustement pour les déclarations tardives pour 1969 est fondé sur la proportion des déclarations tarvives estimée pour 1968.

Cet ajustement s'imposait étant donné que la proportion des enfants de moins de 5 ans reflète non pas la fécondité de l'année à laquelle elle s'applique, mais celle des cinq ans précédant celle-ci. En
d'autres termes, il y a un décalage de 2,5 ans en moyenne, entre l'année à laquelle s'applique la proportion des moins de 5 ans et le taux
de natalité dérivé de cette proportion.

Que l'on considère la source directe - séries officielles de taux
de natalité ajustés pour les déclarations tardives - ou la source indirecte - taux de natalité dérivés de la proportion des enfants de moins
de 5 ans - le tableau d'ensemble est celui d'un déclin rapide de la
natalité. Le taux de natalité est tombé de 46,2 en 1961 à 36,8 pour
1 000 en 1969, ce qui représente une chute de 20% en huit ans, selon
les séries officielles. Un déclin d'une ampleur équivalente est confirmé par les séries de données fondées sur la proportion des enfants
de moins de 5 ans. Le fait que deux ensembles d'estimations tout à
fait indépendants l'un de l'autre s'accordent aussi étroitement, tant
sur le niveau que sur les tendances, confère une crédibilité considérable aux données sous-jacentes et conduit à la conclusion que ce mouvement de régression de la natalité est réel[17]. Cependant, on ne
saurait dire avec certitude, au stade actuel de la recherche, si le
mouvement de régression est le reflet d'un processus durable de diminution de la fécondité et s'il suit la tendance générale que les nations industrialisées ont connu depuis longtemps. Pour comprendre davantage ce phénomène, il faudrait une étude plus poussée de leur comportement procréateur. Il faudrait examiner attentivement la fécondité

---

(17) Il y a un facteur structurel dont on pourrait croire qu'il a pour
effet le fléchissement du taux de natalité : c'est le processus
d'assimilation sélective affectant les femmes indiennes à l'âge de
la fécondité. Cependant, pour engendrer une baisse du taux de natalité aussi rapide que celle qui a été enregistrée depuis 1960,
il aurait fallu que le processus affecte une proportion assez importante de femmes à l'âge de la fécondité. Mais comme nous l'a-
vons mentionné ailleurs, rien dans les séries dérivées de la distribution par âge n'indique qu'il en est ainsi. On trouve également des indices d'un déclin de la fécondité dans les séries de
données sur les taux de fécondité par âge que le manque d'espace
nous empêche d'étudier ici. Il suffit de mentionner qu'à l'exception du groupe de 15 à 19 ans, la fécondité est en baisse dans
tous les groupes d'âges.

différentielle par âge et par cohorte, de même que la fécondité différentielle des divers sous-groupes d'Indiens, stratifiés selon le degré
"d'occidentalisation" auquel ils sont exposés. L'investigation devrait
inclure également de nombreux facteurs sociaux, économiques et biologi-
ques affectant les régimes de reproduction. Tel n'est pas l'objet du
présent exposé.

CONCLUSION

L'analyse que nous avons décrite dans cette étude nous a fourni
une série d'estimations, améliorées mais encore disparates, des taux de
natalité. Afin de présenter au lecteur un tableau plus clair des niveaux et des tendances de la natalité, nous avons réuni, au Tableau 11
et à la Figure III, une sélection de ce que nous considérons, à la lumière de l'analyse décrite ici, comme les estimations les plus plausibles des taux de natalité chez les Indiens du Canada. Pour la période
antérieure à 1960, vu l'incertitude qui subsiste au sujet de la fiabilité des données sous-jacentes, nous avons choisi deux séries d'estimations, l'une exprimant la limite inférieure et l'autre la limite supérieure des taux de natalité. La première s'appuie sur la proportion
des enfants de moins de 5 ans indiquée par le ministère des Affaires
indiennes, la deuxième s'appuie sur la proportion des enfants de 5 à 9
ans tirée des données du recensement. Pour les années 1960 à 1969, les
taux sont fondés sur les données d'enregistrement des naissances et de
la population, provenant du ministère des Affaires indiennes et du Nord
et ajustées pour les déclarations tardives des naissances.

Deux époques bien distinctes émergent de ces séries d'estimations.
La première, celle de 1900-1960, paraît caractérisée par une natalité
relativement élevée. Les deux séries d'estimations présentent cependant des images contradictoires des tendances à longue échéance : la
série la plus basse indique une augmentation de la fécondité, et la
plus élevée, un déclin de la fécondité. Cependant, aucune des séries
n'est d'une qualité assez indiscutable pour permettre une conclusion
ferme à ce sujet. Les variations à longue échéance, s'il en fut, ont
été probablement très lentes.

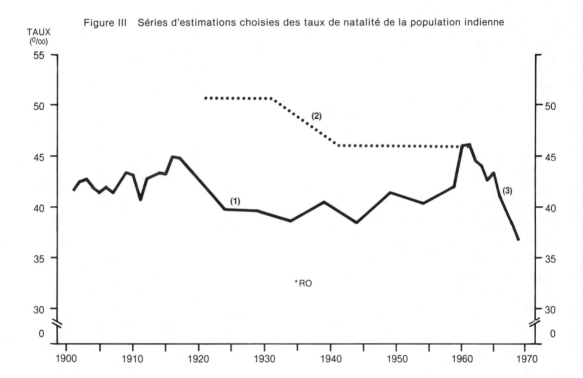

Figure III   Séries d'estimations choisies des taux de natalité de la population indienne

1)   Taux de natalité fondé sur la proportion d'enfants de 0 à 4 ans, Indiens inscrits.

2)   Taux de natalité fondé sur la proportion d'enfants de 5 à 9 ans, données des recensements de 1921, 1931, 1941 et 1961.

3)   Taux de natalité depuis 1960, Indiens inscrits, ajustés pour les déclarations tardives des naissances.

Tableau 11 : Séries d'estimations choisies des taux de natalité
chez la population indienne du Canada, 1901-1969

Année	Indiens inscrits	Indiens d'origine
1901	41,6	
1902	42,6	
1903	42,8	
1904	41,9	
1905	41,4	
1906	42,0	
1907	41,4	
1908	42,5	
1909	43,4	
1910	43,2	
1911	40,7	
1912	42,9	
1913	43,1	
1914	43,4	
1915	43,3	
1916	45,0	
1917	44,9	
1921	--	50,8
1924	39,8	
1929	39,7	
1931	--	50,7
1934	38,7	
1939	40,6	
1941	--	46,2
1944	38,5	
1949	41,5	
1951	--	
1954	40,4	
1959	42,1	
1960	46,1	
1961	46,2	46,0
1962	44,6	
1963	44,1	
1964	42,7	
1965	43,5	
1966	41,2	
1967	39,5	
1968	38,4	
1969	36,8	

Note : Les taux de natalité pour les Indiens inscrits sont les taux dérivés de la proportion d'enfants de 0 à 4 ans par la méthode de
population stable, pour les années antérieures à 1960 et les
taux publiés officiellement par les Affaires indiennes et ajustés pour les déclarations tardives de naissance après 1960.

Les auteurs de cette étude sont portés à croire que le taux réel de natalité des populations indiennes pour cette période a été plus près de l'estimation la plus élevée (50) que de la plus basse (40 pour 1 000). Au moins deux des conclusions présentées dans ce texte confirment cette option. La première, fondée sur l'analyse des données du recensement de 1961 concernant tous les enfants nés des femmes qui ont dépassé l'âge fécond, suggère que le taux de natalité pour les années voisines de 1940 dépasse 44 pour 1 000. L'autre conclusion, fondée sur l'analyse des statistiques officielles récentes de la natalité, considérées comme très faibles, révèle un taux de natalité de 46 pour 1 000 pour 1960.

La seconde époque à remarquer, celle des années 1960-1969, est une période de baisse constante de la natalité, qui est tombée de 46 en 1961 à 36,8 en 1969, ce qui représente une baisse de plus de 2% par année. Comme nous l'avons déjà souligné, nous ne savons pas de façon sûre si ce phénomène est une tendance de fond qui se continuera jusqu'à ce que les comportements reproducteurs modernes soient établis ou s'il n'est qu'un phénomène passager dont les causes échappent à notre perception immédiate.

Les taux de natalité pour les personnes d'origine indienne sont dérivés des proportions d'enfants de 5 à 9 ans, par la méthode de population stable.

Pour brosser un tableau exhaustif du phénomène, il faudrait une étude systématique des divers aspects du comportement procréateur de la population indienne, étude qui ne saurait être entreprise ici. Aucune prévision de la fécondité ne peut être avancée avant que les facteurs qui sous-tendent l'actuel déclin de la natalité ne soient déterminés.

Modernisation et fécondité :
le cas des Indiens de la Baie James

Anatole Romaniuk

On a souvent affirmé que le processus de modernisation s'accompagne, à son stade initial, d'une augmentation du taux de fécondité, grâce notamment aux progrès de la médecine et au relâchement des contraintes traditionnelles qui affectent la procréation[1]. Cependant, il existe peu de preuves empiriques à l'appui de cette assertion. L'objet du présent chapitre est de démontrer que, chez les Indiennes de la Baie James, le stade initial de la modernisation a suscité une hausse du taux de fécondité. Nous fondons cette hypothèse sur des conclusions tirées de l'examen des intervalles intergénésiques chez les mères indiennes de plusieurs générations successives. L'enquête a révélé que ces intervalles diminuent au fur et à mesure que l'on passe des générations plus âgées aux générations plus jeunes.

Nous affirmons de plus que cette tendance est due essentiellement à trois facteurs. Le premier de ces facteurs est le changement dans les habitudes des mères indiennes en matière d'allaitement maternel : un grand nombre de jeunes mères allaitent moins longtemps leurs enfants

---

* Originalement publié en anglais dans la Revue canadienne de sociologie et d'anthropologie, vol. 11, n° 4, 1974, pp. 344-359.

(1) P.O. Olusanya, "Modernization and the Level of Fertility in Western Nigeria", Actes de la Conférence mondiale sur la population, Londres 1., 1969, pp. 812-825.
R.A. Henin, "Nomadic Fertility as Compared with that of Rain Cultivators in Sudan", Actes de la Conférence mondiale sur la population, Londres 1., 1969, pp. 792-800.
A. Romaniuk, "Fertility Trends in Africa", Actes de la Conférence mondiale sur la population, Londres 1., 1969, pp. 739-750.

ou même ne les allaitent plus du tout. Le second facteur est la diminution probable de la mortalité intra-utérine, grâce surtout aux soins
médicaux et hospitaliers dont les femmes indiennes bénéficient maintenant. En outre, on peut faire l'hypothèse qu'elles sont moins exposées
à l'existence pénible et aux accidents de grossesse du fait que les
Indiens de la Baie James vivent aujourd'hui une existence plus sédentaire. Enfin, l'abrégement des intervalles génésiques s'explique par
un troisième facteur : les longues séparations vécues dans le passé par
les époux indiens sont sans doute moins fréquentes aujourd'hui. Comme
nous le verrons plus loin, ceci est une conséquence du mode de vie plus
sédentaire des collectivités indiennes des environs de la Baie James et
de l'amélioration des communications entre les villages.

Les données de base de cette étude ont été recueillies au moyen
d'une enquête démographique effectuée par l'auteur en 1968, auprès des
Indiens cris de six villages situés le long des côtes est et ouest de
la Baie James : Moosonee, Moose Factory, Fort Albany, Attawapiskat,
Fort Rupert et Fort George. Cette enquête a porté sur plusieurs caractéristiques démographiques de la population : la répartition par âge,
l'état matrimonial, la composition des familles et des ménages, la mortalité et la migration. L'enquête, cependant, s'attachait particulièrement à la caractéristique fécondité et a tenté de reconstruire aussi
complètement que possible l'histoire génésique de toutes les femmes de
14 ans et plus. Des questions concernant les comportements liés à la
procréation, par exemple, attitude à l'égard de la procréation (nombre
d'enfants désirés), pratiques contraceptives, etc., ont été posées à
chaque femme, en plus des questions sur la formation de la famille et
la descendance atteinte. Environ 2 670 personnes de tous les âges, vivant dans les six villages mentionnés plus haut, ont été touchées.
L'histoire génésique de 427 femmes non célibataires a été recueillie[2].

Traditionnellement, les Indiens de la région dépendaient, pour
leur subsistance, de la chasse, de la pêche, du piégeage et du commerce

---

(2) Pour plus de détails sur cette enquête, voir V. Piché et A.
    Romaniuk, "Une enquête socio-démographique auprès des Indiens de
    la Baie James : 1968", Anthropologica, XIV (2) 1972, pp. 219-230.

des fourrures. Avec le temps, ils sont passés de la vie nomade à une existence plus sédentaire. Leurs moyens traditionnels de subsistance ont alors été remplacés par des régimes d'aide gouvernementale, à laquelle s'ajoute un faible revenu tiré de quelques travaux dans la région. Ils sont encore relativement isolés de la vie courante du reste de la population canadienne, mais, depuis la Seconde Guerre mondiale, ils participent de plus en plus à la modernisation, particulièrement en ce qui a trait à l'instruction et au progrès dans le domaine médical.

A. Analyse des intervalles intergénésiques

Les données sur la fécondité, pour chaque mère et pour chaque grossesse successive, portent sur des événements comme l'issue de la grossesse - avortement, naissance de mort-né, naissance vivante - la date de l'accouchement, la date de la mort de l'enfant, l'état matrimonial de la mère à l'accouchement, etc. À partir de ces données, il est possible de reconstituer les intervalles entre les naissances en se fondant sur des critères comme le rang de naissance, l'âge de la mère au début de l'intervalle, l'âge de la mère au moment de l'enquête, la durée de la survie de l'enfant et d'autres croisements de données pertinentes à l'étude de l'espacement des naissances. L'analyse des intervalles intergénésiques est limitée à ceux qui ont été jugés utiles à la présente étude.

Dans les plus jeunes générations de femmes indiennes, la tendance à des intervalles intergénésiques moins longs, par rapport à ce qui se produit pour les générations plus âgées, est indiquée au Tableau 12, colonne 2. Par exemple, tandis que l'intervalle intergénésique moyen est d'environ 18 mois chez les mères âgées de 15 à 19 ans, il était de plus de 30 mois chez celles qui ont plus de 60 ans.

Si l'on fait intervenir l'âge de la mère à l'entrevue avec la durée de l'intervalle entre les naissances, deux causes évidentes expliquent la diminution observée de la durée moyenne de l'intervalle intergénésique. La première est la tendance, chez les femmes plus âgées, à négliger de déclarer certains de leurs enfants, particulièrement ceux qui sont morts en très bas âge. D'où il résulte que des intervalles de

Tableau 14 : Intervalles entre les naissances vivantes successives observées chez les mères dont le mariage
n'a pas été interrompu dans l'intervalle, pour les deux premiers intervalles, par âge de la mère
à l'enquête; Indiennes de la Baie James, enquête 1968

Âge à l'enquête (1968)	Tous les intervalles				Intervalles de moins de 9 mois et de plus de 48 exclus			
	Nombre d'intervalles	Intervalle moyen (déclaré)	Intervalle moyen (ajusté 1er degré)	Écart type	Nombre d'intervalles	Intervalle moyen (déclaré)	Intervalle moyen (ajusté 1er degré)	Écart type
(1)	(2)	(3)	(4)	(5)	(6)	(7)	(8)	(9)
-20	4	17,25	17,28	3,96	4	17,25	17,70	3,96
20-24	32	18,59	18,58	6,53	32	18,59	18,53	6,53
25-29	41	19,78	19,88	10,14	39	18,08	19,35	6,91
30-34	47	22,49	21,18	11,19	45	20,76	20,17	7,74
35-39	33	21,61	22,48	6,32	33	21,61	21,00	6,32
40-49	52	24,38	24,43	13,12	47	22,40	22,23	7,09
50-59	29	26,55	27,03	9,92	28	25,64	23,88	8,83
60+	16	30,63	28,98	19,75	13	22,15	25,12	9,56
Inconnu	2	20,50	-	7,50	2	22,50	-	7,50
Tous âges	256	22,71	-	11,46	243	21,05	-	7,71

48 mois ou plus peuvent dissimuler en réalité des enfants morts et non déclarés. La présence d'intervalles anormalement longs est démontrée dans la variance qui augmente avec l'âge des mères (Tableau 12, colonne 5). Chez les Indiennes de la Baie James, 6,5% de tous les intervalles intergénésiques relevés dépassent 48 mois; ce pourcentage est de 3,8% chez les Huttérites[3] et 5,3% chez les femmes de l'île Cocos-Keeling[4]. Cependant, les intervalles plus longs que la normale indiqués par les mères plus âgées peuvent être dus à d'autres facteurs que l'omission de la déclaration de naissance. En effet, une stérilité passagère, causée par une santé déficiente ou par les difficultés de la vie nomade, pendant une période antérieure, peut être en cause.

Afin d'améliorer la comparabilité des intervalles intergénésiques de différentes cohortes, on a éliminé de l'analyse les intervalles anormalement longs, ceux de plus de 48 mois. Par souci de cohérence, les quelques intervalles plus courts que la normale, ceux de moins de 9 mois, ont également été éliminés. La colonne 7 du Tableau 12 présente les intervalles intergénésiques après rejet de ceux qui sont présumés incongrus et qui ont été éliminés. Cette opération a abaissé la durée moyenne globale des intervalles génésiques de 24,9 mois à 22,8 et la durée moyenne a diminué de 27 mois pour les mères de plus de 60 ans à 18 mois pour les mères de moins de 20 ans.

La seconde cause de la diminution de la durée moyenne des intervalles génésiques, recoupée avec l'âge des mères à l'entrevue, est liée à la parité et à l'âge des mères à l'accouchement. Il est évident que, durant la période procréative, la proportion des intervalles génésiques des parités plus élevées augmente avec l'âge de la mère.

Naturellement, les intervalles génésiques chez les très jeunes femmes sont fondés sur une faible parité tandis que, chez les femmes

---

(3) C. Tietze, "Reproductive Span and Rate of Reproduction Among Hutterite Women", Fertility and Sterility 8, 1957, pp. 89-97.

(4) T.E. Smith, "The Cocos-Keeling Island : a Demographic Laboratory", Populations Studies, vol. 14, 1960, pp. 94-130.

plus âgées, ils sont fondés sur un mélange de faible et de forte parité. Il est reconnu que les intervalles sont plus longs entre les
naissances d'un rang plus élevé et pour les femmes plus âgées à l'accouchement, mais on ne sait pas au juste lequel de ces deux facteurs
prime l'autre. De même, il y a peu de preuves empiriques permettant
de démontrer pourquoi ces intervalles augmentent avec l'âge et la parité. On croit cependant que c'est à cause de l'augmentation du niveau
de la mortalité intra-utérine et de la diminution des risques de conception avec l'âge et en fonction du rang de naissance.

Afin d'améliorer la comparabilité des intervalles génésiques chez
différentes générations de femmes, on a jugé bon de limiter l'analyse
aux deux premiers intervalles, d'une part, et aux intervalles chez les
mères qui étaient âgées de moins de 25 ans au début de l'intervalle,
d'autre part. La durée moyenne des intervalles intergénésiques pour
ces deux catégories est présentée dans les Tableaux 13 et 14 respectivement. Par suite de cette double homogénéisation, une pour les intervalles de longueur inusitée et une pour la composition par âge et parité, l'écart type global a été considérablement diminué (comparez les
colonnes 5 et 9). Il n'en reste pas moins que la différence dans la
longueur des intervalles génésiques demeure substantielle, puisqu'elle
atteint 6 mois environ entre la génération la plus jeune et la génération la plus âgée.

Il y a en particulier un effet sur les intervalles génésiques
classifiés par âge de la mère à l'enquête qu'il est impossible d'évaluer pleinement : c'est celui que l'on peut appeler l'effet des "intervalles tronqués". Il y a lieu de croire que les jeunes mères tendant
à avoir un second enfant longtemps après le premier ont été exclues de
l'observation. Cette exclusion introduit évidemment une erreur systématique tendant à raccourcir les intervalles intergénésiques pour les
mères encore jeunes au moment de l'observation et susceptibles d'avoir
un autre enfant plus tard. Les tableaux qui pourraient permettre d'é-
valuer, au moins approximativement, l'impact possible de ces intervalles
les tronqués n'ont pas été produits. Il importe toutefois de se rappeler que, les intervalles de 48 mois ayant été éliminés du calcul des
intervalles moyens par âge de la mère à l'enquête (1968), leur impact

Tableau 13 : Intervalles entre les naissances vivantes successives observées chez les mères dont le mariage n'a pas été interrompu dans l'intervalle, par âge de la mère (pour celles dont l'âge au début de l'intervalle est de moins de 25 ans); Indiennes de la Baie James, enquête 1968

Âge à l'enquête (1968)	Tous les intervalles				Intervalles de moins de 9 mois et de plus de 48 exclus			
	Nombre d'intervalles	Intervalle moyen (déclaré)	Intervalle moyen (ajusté 1er degré)	Écart type	Nombre d'intervalles	Intervalle moyen (déclaré)	Intervalle moyen (ajusté 1er degré)	Écart type
(1)	(2)	(3)	(4)	(5)	(6)	(7)	(8)	(9)
-20	5	17,80	17,72	3,71	5	17,80	18,54	3,71
20-24	74	18,69	19,08	6,56	74	18,69	19,25	6,56
25-29	157	19,54	20,45	8,06	155	19,10	19,96	7,14
30-34	177	22,43	21,82	10,30	171	21,32	20,67	7,43
35-39	97	23,78	23,18	10,90	94	22,34	21,38	7,37
40-49	176	24,52	25,23	12,21	163	22,84	22,44	6,58
50-59	77	29,74	27,96	18,72	72	26,01	23,86	8,91
60+	37	27,86	30,01	21,42	32	20,63	24,93	8,20
Inconnu	10	24,20	-	9,31	10	24,20	-	9,31
Tous âges	810	23,08	-	12,33	776	21,49	-	7,61

Tableau 14 : Intervalles entre les naissances vivantes successives observées chez les mères dont le mariage
n'a pas été interrompu dans l'intervalle, pour les deux premiers intervalles, par âge de la mère
à l'enquête; Indiennes de la Baie James, enquête 1968

| | Tous les intervalles | | | | Intervalles de moins de 9 mois et de plus de 48 exclus | | | |
Âge à l'enquête (1968)	Nombre d'intervalles	Intervalle moyen (déclaré)	Intervalle moyen (ajusté 1er degré)	Écart type	Nombre d'intervalles	Intervalle moyen (déclaré)	Intervalle moyen (ajusté 1er degré)	Écart type
(1)	(2)	(3)	(4)	(5)	(6)	(7)	(8)	(9)
-20	4	17,25	17,28	3,96	4	17,25	17,70	3,96
20-24	32	18,59	18,58	6,53	32	18,59	18,53	6,53
25-29	41	19,78	19,88	10,14	39	18,08	19,35	6,91
30-34	47	22,49	21,18	11,19	45	20,76	20,17	7,74
35-39	33	21,61	22,48	6,32	33	21,61	21,00	6,32
40-49	52	24,38	24,43	13,12	47	22,40	22,23	7,09
50-59	29	26,55	27,03	9,92	28	25,64	23,88	8,83
60+	16	30,63	28,98	19,75	13	22,15	25,12	9,56
Inconnu	2	20,50	-	7,50	2	22,50	-	7,50
Tous âges	256	22,71	-	11,46	243	21,05	-	7,71

ne saurait avoir une grande importance dans le cas des mères âgées de
plus de 25 ans. La plupart d'entre elles ont eu le temps de mettre au
monde leur second et même leur troisième enfant et elles sont donc probablement comprises dans les données, réduites aux deux premiers intervalles, comme dans le Tableau 14.

La question suivante concerne les facteurs reliés à la diminution
des intervalles intergénésiques chez les plus jeunes générations. Au
début de cet article, nous avons formulé trois hypothèses : 1) diminution de la mortalité intra-utérine et de la stérilité postpartum temporaire; 2) diminution des séparations prolongées des époux; 3) tendance
à abréger la période de l'allaitement maternel. Dans les trois sections qui suivent, nous nous proposons d'examiner la plausibilité de
ces hypothèses à la lumière de données empiriques et de certaines considérations sur les changements apportés dans les habitudes de vie des
Indiens de la Baie James par le processus de modernisation. Remarquons
au passage que l'assouplissement de certaines coutumes qui, en limitant
de ce fait la fécondité, de même que la disparition de certains tabous
sexuels postnatals ne sont pas inclus parmi les facteurs qui ont affecté le comportement des Indiens de la Baie James au cours du process-
sus de modernisation. Bien que ces facteurs jouent, en Afrique, un
rôle important[5], ni les documents anthropologiques ni les personnes qui ont fait l'enquête n'ont fourni la moindre preuve de leur importance chez les Indiens de la Baie James.

B. Mortalité intra-utérine

Dans l'enquête de la Baie James, les intervalles intergénésiques
renfermant un avortement déclaré sont, en moyenne, plus longs de 8 mois
que ceux qui ne renferment aucun échec de grossesse. Ceux qui renferment une naissance déclarée d'enfant mort-né sont, en moyenne, plus
longs de 14 mois. Cette constatation est conforme aux estimations de

_____

(5) A. Romaniuk, la Fécondité des populations congolaises, Paris, Edi-
tion Mouton, 1967.

Potter[6], selon lesquelles un avortement de 3 mois ou une naissance d'enfant mort-né ajoute, à l'intervalle entre deux naissances vivantes successives, en moyenne 9 et 16 mois respectivement. Le nombre de mois qu'un avortement ou une mortinaissance ajoute à la longueur moyenne générale de l'intervalle entre les naissances vivantes dépend du taux d'échec de grossesse (voir Tableau 15), calculé d'après une méthode mise au point par Potter. De sorte que si, par exemple, en l'absence de tout décès intra-utérin, l'intervalle moyen entre les naissances vivantes successives est de 25 mois, l'incidence de fausses couches de 10% et celui de mortinaissances de 2% allongeront l'intervalle moyen de 1,4 mois.

Les mères indiennes de la Baie James ont déclaré que 726 de leurs accouchements ont eu lieu à l'hôpital et que, de ce nombre, 16 (2,2%) étaient des mortinaissances. Ces naissances déclarées d'enfants mort-nés représentaient 2% de toutes les naissances chez les femmes, quel que soit le lieu de l'accouchement. Ces chiffres sont conformes aux estimations les plus plausibles de la mortinatalité établies par divers

Tableau 15 : Temps ajouté à un intervalle entre deux naissances
vivantes pour un taux donné de mortalité intra-utérine
(proportion du nombre total de grossesses)

Proportion de fausses couches	Proportion de mortinaissances	Temps moyen ajouté à un intervalle moyen entre deux naissances vivantes successives (mois)
0,05	0,01	0,6484
0,10	0,02	1,3856
0,15	0,03	2,2317
0,20	0,04	3,2104

(6) R.G. Potter Jr., "Birth Intervals : Structure and Change", Population Studies, vol. 17, 1963, pp. 155-166.

auteurs. En revanche, 5% seulement des mères interviewées ont déclaré avoir eu une fausse-couche, ce qui est nettement inférieur à la réalité.

On ne dispose pas de données directes sur la diminution du nombre des échecs de grossesse vécus par les Indiennes de la Baie James. Cependant, des données indirectes permettent de présumer que l'amélioration des soins médicaux aux populations de ces régions éloignées ont eu pour effet de diminuer ces incidents.

Tableau 16 : Lieu de l'accouchement par période,
Indiennes de la Baie James, 1968

Lieu de l'accouchement	Naissances ayant eu lieu ...			
	Avant 1940	1940-49	1950-59	1960 et après
Domicile	54,98	52,74	25,19	5,32
En campement	43,41	39,95	19,34	3,47
Hôpital	1,29	7,31	55,32	91,09
Indéterminé	0,32	-	0,15	0,12
Total	100%	100%	100%	100%

Premièrement comme l'indique le Tableau 16, il y a 20 ans, un très petit nombre d'accouchements avaient lieu à l'hôpital. Tandis qu'aujourd'hui, presque tous sont pratiqués en milieu hospitalier. En second lieu, l'examen des données du Tableau 17 sur la proportion des enfants nés vivants et morts avant l'âge de trois mois révèle que les taux de mortalité infantile ont décliné rapidement dans les deux dernières décennies. Enfin, pour les périodes dont on possède des données, le taux des mortinaissances a baissé, au Canada, de 1,5% en 1955 à 1,1% en 1968. Bien que ces chiffres ne soient pas nécessairement représentatifs des Indiens de la Baie James, ils donnent tout de même une bonne indication de la diminution de la mortinatalité à la suite de meilleurs soins dont bénéficient les femmes enceintes. Cependant, les progrès de la médecine ne sont peut-être pas l'unique facteur de la baisse de la mortinatalité. L'amélioration des conditions de vie des Indiens de la Baie James, surtout le passage de la vie nomade à la vie sédentaire, peut être un autre facteur important. Nous reviendrons sur ce point dans la section suivante.

La baisse du nombre des avortements spontanés et des mortinaissances représente certes un facteur de l'abrégement des intervalles génésiques signalé plus haut, mais ce n'est probablement pas le facteur principal. Comme l'indique le Tableau 15, si l'on suppose que les échecs de grossesse sont réduits de moitié, l'intervalle intergénésique moyen n'est abrégé que d'un peu plus d'un mois et demi.

Il y a un autre facteur, relié au précédent et qui peut avoir, le cas échéant, l'effet de raccourcir les intervalles génésiques : c'est la diminution de l'incidence de la stérilité postpartum anormale. Une stérilité pourrait être causée, notamment, par les maladies vénériennes mais il ne semble cependant pas que ce soit le cas.

Les femmes sans enfants sont très rares parmi les Indiennes de la Baie James (2% des femmes mariées seulement) et ce fait nous porte à croire que la stérilité postpartum due à des causes d'origine patholo-gique comme les maladies vénériennes n'est pas un problème sérieux chez elles.

Tableau 17 : Mortalité infantile dans les 3 premiers mois, par période, Indiens de la Baie James, enquête 1968

Période de naissance	Taux de mortalité pour 1 000 naissances vivantes
Avant 1940	65,14
1940-1949	73,68
1950-1959	50,38
après 1960	18,96

C. <u>Séparations conjugales prolongées</u>

Depuis plusieurs décennies et particulièrement au cours des années qui ont suivi la Seconde Guerre mondiale, la société indienne a évolué. La population semi-nomade, vivant de chasse, de pêche et de piégeage des animaux à fourrure s'est progressivement sédentarisée. Aujourd'hui une très large majorité d'Indiens vivent dans les réserves, soutenus par divers régimes gouvernementaux d'aide sociale et les hommes ne sont plus forcés de rester éloignés de leur foyer pendant des semaines et des mois, à la recherche du gibier nécessaire à leur subsistance et à celle de leur famille. De même, bien qu'un grand nombre de femmes soient nées dans un village éloigné de celui de leur mari, comme l'indique le Tableau 18, l'amélioration des moyens de communication et de transport leur permet probablement de réduire la durée de leurs absences.

Si l'incidence des séparations conjugales prolongées a baissé à cause des facteurs mentionnés plus haut, cette baisse a très probablement contribué à l'abrégement des intervalles génésiques chez les femmes indiennes des jeunes générations. Certes cette hypothèse nécessite une preuve empirique plus concluante, mais elle est toutefois conforme à certains rapports et documents qui décrivent des coutumes sociales, analogues à celles des Indiens, relevées dans certaines sociétés pré-industrielles[7]. Par exemple, Potter et ses collègues[8] ont attribué le nombre relativement faible de grossesses chez les femmes du Punjab à la coutume de faire de longues visites chez leurs parents pendant les premières années de leur mariage.

D. <u>Allaitement</u>

On tient généralement pour acquis que la durée de l'aménorrhée et donc celle des intervalles génésiques est en corrélation positive avec

(7) Voir A. Romaniuk, <u>op. cit.</u>

(8) R.G. Potter Jr., J.B. Wyon, M. Parker et E. Jordon, "A case of Birth Interval Dynamics", <u>Population Studies</u>, vol. 19, 1965, pp. 81-96.

la durée de l'allaitement maternel et que celui-ci est une cause de celle-là. Il y a peu de renseignements directs sur la nature exacte du rapport entre ces deux variables mais ces caractéristiques générales peuvent être inférées d'un certain nombre d'observations selon lesquelles en moyenne la longueur des intervalles génésiques augmente avec la période de survie de l'enfant. Les rapports entre fécondité, mortalité, allaitement maternel, comme Knodel et Van de Walle[9] ont tenté de le démontrer, sont sans doute beaucoup plus complexes, mais l'hypothèse que l'allaitement maternel tend à exercer un effet d'inhibition sur la conception a été largement acceptée[10].

Tableau 18 : Pourcentage des femmes nées dans un autre village
que leur mari, par groupe d'âges, Indiennes de la
Baie James, enquête 1968

Groupes d'âges	Pourcentage
14-19	33,3
20-29	36,3
30-39	43,9
40+	37,4

Parmi les trois facteurs avancés pour expliquer l'abrégement des intervalles génésiques chez les Indiennes de la Baie James, l'allaitement maternel est le mieux documenté. L'enquête de 1968 comportait une série de questions destinées à déterminer les habitudes des mères indiennes en matière d'allaitement. On a demandé à chaque mère si elle donnait le sein à ses enfants et, plus spécifiquement, si elle avait allaité son premier et son dernier-né et, dans l'affirmative, combien de temps elle l'avait fait. On avait le sentiment qu'il y avait un

(9) J. Knodel et E. Van de Walle, "Breast Feeding and Infant Mortality", Population Studies, vol. 21, 1967, pp. 109-131.

(10) C. Tietze, "The Effect of Breast Feeding on the Rate of Conception", Actes de la conférence mondiale sur la population, New York, 2, 1961, pp. 129-135.

certain intérêt à limiter les questions sur l'allaitement à ces deux
naissances, étant donné que le fait d'étendre ces questions à tous les
enfants risquait de susciter un certain ennui chez les personnes interrogées et d'obtenir à la fin des réponses stéréotypées. Au sujet de
l'enfant dernier-né, on risquait moins d'avoir des réponses erronées
par défaut de mémoire. C'est peut-être aussi vrai pour le premier-né
dans la mesure où les événements qui entourent la première naissance
marquent davantage la mémoire. Étant donné que l'enquête s'intéressait
particulièrement aux modifications du comportement procréateur avec le
temps, l'intervalle entre le premier et le dernier enfant était, dans
bien des cas, assez long pour que la comparaison des expériences d'allaitement de ces deux enfants soit significative.

Aux mères qui indiquaient qu'elles n'avaient pas allaité leur premier enfant, ou le dernier, ou les deux, l'enquêteur demandait de pré-
ciser, dans les deux cas, les raisons pour lesquelles elles ne l'a-
vaient pas fait et quelles autres méthodes elles avaient employées pour
l'alimenter. Ces questions avaient pour objet non seulement de dresser
un tableau plus complet des habitudes des mères indiennes en matière
d'allaitement mais aussi de confirmer les réponses sur l'allaitement
mentionnées plus haut.

Les réponses aux questions sur la durée de l'allaitement maternel,
posées séparément pour le premier et le dernier enfant, ont été recoupées avec la date de naissance de l'enfant et l'âge de la mère au moment de l'enquête. Dans le contexte de cette étude, nous ne nous inté-
ressions pas seulement au niveau absolu de l'incidence de l'allaitement
maternel, mais aussi aux changements qui s'étaient produits avec le
temps et d'une génération à l'autre dans les normes de durée de l'allaitement, illustrés aux Tableaux 19, 20 et 21. Les chiffres présentés
dans ces tableaux ne comprennent pas les enfants qui étaient encore al-
laités au moment de l'enquête, ce qui était le cas de plusieurs "der-
niers-nés". Ils ne comprennent pas non plus les enfants dont la mort
a mis fin à l'allaitement. Ils excluent également les quelques cas où
la date de la mort de l'enfant n'étant pas indiquée, on ignorait si la
période d'allaitement s'était terminée quelque temps avant la mort de
l'enfant ou au moment du décès.

Il serait présomptueux d'affirmer que tous les renseignements sur les pratiques d'allaitement sont exacts et que toutes les répondantes ont correctement indiqué la durée en mois de l'allaitement de leur premier et de leur dernier-né. Il est également reconnu que les renseignements sur l'allaitement maternel sont souvent entachés d'erreurs, dont la plupart sont dues à des défauts de mémoire qui augmentent avec l'âge de la mère. Un biais relié à l'attrait de certains nombres de mois comme 6, 12 et 24 intervient souvent dans les enquêtes sur l'allaitement maternel[11]. La tendance à donner des réponses stéréotypées au sujet de leurs expériences d'allaitement est aussi très fréquente. Étant donné l'optique particulière de cette étude, il est important de déterminer toute erreur systématique qui se serait glissée dans les réponses sur la durée de l'allaitement, par exemple la tendance des mères plus âgées à exagérer la durée des périodes d'allaitement de leurs enfants.

Il n'existe malheureusement aucune méthode sûre de déterminer l'importance de ce type d'erreur ni même de déterminer si elle s'est produite. Cependant, le fait que plusieurs répondantes plus âgées ont indiqué qu'elles n'avaient pas allaité du tout et que plusieurs ont indiqué une période d'allaitement relativement brève peut bien signifier que ce biais n'était pas si fréquent. Certaines mères, notamment les plus âgées, ont répondu qu'elles ne se rappelaient pas la durée de ces périodes et d'autres ont répondu qu'elles avaient allaité "jusqu'à ce que l'enfant soit capable de manger" ou "jusqu'à ce que survienne une nouvelle grossesse". Quant aux mères qui ont déclaré ne pas avoir allaité leurs enfants, elles semblaient avoir des raisons valables : "maladie", "lactation insuffisante", "conseil du médecin", "enfant allaité par une autre mère", "usage du biberon". Le type de réponses

---

(11) Voir en particuler la récente enquête sur la fécondité, contenant des questions sur les pratiques des femmes algériennes en matière d'allaitement, publiée dans un rapport intitulé "Étude statistique nationale de la population, complément d'analyse de l'enquête fécondité", Secrétariat d'État au Plan, Série 2, vol. 3, Algérie 1973.

recueillies témoigne d'un véritable effort de mémoire de la part des femmes interrogées et démontre que les questions n'ont pas été prises à la légère par la plupart d'entre elles.

Certaines incohérences dans les données des tableaux sur la durée de l'allaitement peuvent être dues à un petit nombre de cas dans certaines cellules.

Néanmoins les données, dans l'ensemble, donnant un tableau réel des tendances et constantes des variations entre les générations et des variations dans le temps pour la durée de l'allaitement, confirment

Tableau 19 : Répartition en % des femmes suivant la durée de l'allaitement de leur premier enfant, par période de naissance; Indiennes de la Baie James, enquête 1968

Durée de l'allaitement	Enfants nés depuis 1960	Enfants nés 1950-1959	Enfants nés 1940-1949	Enfants nés avant 1940
N'allaitant pas	24,7	15,7	11,3	4,0
Allaitant				
3 mois et moins	31,2	25,3	12,9	9,2
4-8 mois	20,8	13,5	11,3	6,6
9-15 mois	23,4	32,6	45,2	43,4
16-24 mois	-	6,0	14,5	14,5
Plus de 24 mois	-	3,6	3,2	10,5
Jusqu'à la nouvelle grossesse Jusqu'à capacité de manger	-	3,6	1,6	11,8
Total	100	100	100	100
Nombre de cas	77	83	62	76

Remarque : Les mères d'un seul enfant ont été classées dans la catégorie "premier enfant".

l'hypothèse que la modernisation tend à diminuer le temps d'allaitement. Le Tableau 19 révèle que le pourcentage des primipares qui n'allaitent pas leurs enfants a augmenté de 4% pour les enfants nés avant 1940 à 25% pour les enfants nés après 1960. Le pourcentage des mères qui déclarent avoir allaité pendant 9 à 15 mois a diminué de 43% pour la première catégorie (enfants nés avant 1940) à 23% pour la seconde (enfants nés après 1960). En général, la durée de l'allaitement tend à diminuer chez les plus jeunes générations.

On peut tirer des conclusions analogues de l'examen du Tableau 20 qui se rapporte à l'allaitement du dernier enfant. Il est particulièrement remarquable que, parmi les mères qui ont donné naissance à leur dernier enfant après 1960, environ 40% ont déclaré qu'elles ne l'ont pas allaité. Le plus haut pourcentage de mères qui n'ont pas allaité a été relevé à Moosonee qui est, de tous les villages étudiés, probablement le plus exposé à la modernisation.

Le Tableau 21 montre la durée moyenne de l'allaitement, par âge des mères à l'enquête, séparément pour le premier et le dernier enfant. Dans les deux cas la durée de l'allaitement a été de 5 mois chez les mères de moins de 25 ans, tandis que pour les mères de plus de 50 ans elle a été de 16 mois.

La durée de l'allaitement est moindre pour le dernier enfant que pour le premier. Ceci est sans doute dû au fait que les femmes plus âgées ont donné naissance à leur dernier enfant à une époque relativement récente, au moment où les jeunes et moins jeunes s'ouvraient à une conception plus moderne de l'alimentation infantile.

L'argument avancé dans cette section est que l'allaitement maternel exerce un effet inhibiteur sur la fécondité; une longue période d'allaitement retarde d'autant une nouvelle conception. Nous apportons à l'appui de cet argument deux preuves particulières aux Indiennes de la Baie James. En premier lieu, le Tableau 22 montre que l'intervalle entre naissances vivantes successives augmente avec la durée de survie de l'enfant.

Tableau 20 : Répartition en % des femmes suivant la durée de
l'allaitement du dernier enfant, par période de
naissance, Indiennes de la Baie James,
enquête 1968

Durée de l'allaitement	Enfants nés depuis 1960	Enfants nés 1950-1959	Enfants nés 1940-1949	Enfants nés avant 1940
N'allaitant pas	41,42	35,71	8,33	11,11
Allaitant				
3 mois et moins	23,07	21,43	8,33	7,41
4-8 mois	15,38	7,14	-	-
9-15 mois	15,98	14,29	37,50	44,44
16-24 mois	2,37	14,29	16,67	18,52
Plus de 24 mois		2,38	4,17	7,41
Jusqu'à la nouvelle grossesse Jusqu'à capacité de manger	1,78	4,76	25,00	11,11
Total	100	100	100	100
Nombre de cas	169	42	24	27

Remarque : Les mères d'un seul enfant ont été classées dans la catégorie "premier enfant".

Par exemple, après la naissance d'un enfant mort-né, l'intervalle génésique moyen n'est que de 18 mois; mais il est de 25 mois si l'enfant né au début de l'intervalle a survécu 24 mois[12].

_____

(12) Les intervalles génésiques indiqués au Tableau 22 ont été, pour une forte proportion, observés chez des jeunes femmes qui, selon les renseignements que nous avons recueillis, ont allaité leurs enfants moins longtemps que les mères plus âgées. L'augmentation de l'intervalle génésique en fonction de la survie de l'enfant serait probablement plus forte si les intervalles avaient été observés chez les mères plus âgées seulement.

Tableau 21 : Durée moyenne de l'allaitement, en mois,
par âge de la mère à l'enquête; Baie James 1968

Âge des mères à l'enquête	Allaitant et n'allaitant pas		Allaitant seulement	
	Premier enfant	Dernier enfant	Premier enfant	Dernier enfant
14-24	3,7	2,6	5,3	4,6
25-29	6,3	3,2	7,6	5,7
30-34	6,7	3,6	8,1	6,1
35-39	9,5	4,9	10,5	7,3
40-44	10,8	5,2	12,1	9,1
45-49	12,1	6,9	12,7	10,3
50+	15,0	11,9	16,7	15,9
Tous âges	9,2	6,1	10,9	9,6
Nombre de cas	285	248	243	158

La seconde démonstration, schématisée au Tableau 23, se rapporte à la corrélation entre la durée de l'allaitement du premier enfant et l'intervalle entre la première et la seconde naissance vivante, pour chacun des villages de la Baie James et pour l'ensemble de ces villages.

Rappelons que les intervalles de plus de 48 mois entre la première et la seconde naissance ont été exclus du calcul des coefficients de corrélation. L'auteur a tenu pour acquis que des intervalles aussi longs sont dus à d'autres causes que l'allaitement. La corrélation ainsi établie est assez importante dans le cas de certains villages et plutôt faible pour d'autres, mais dans tous les cas elle est positive, ce qui indique que les intervalles intergénésiques sont prolongés en fonction de la durée de l'allaitement. Les deux résultats que nous avons apportés ici démontrent bien que l'allaitement maternel est effectivement un facteur de la fertilité.

Tableau 22 : Intervalles entre les naissances vivantes successives
observées, chez les mères dont le mariage n'a pas été interrompu
dans l'intervalle, selon la durée de survie de l'enfant né
au début de l'intervalle; Indiennes de la Baie James,
1968 (les intervalles renfermant des fausse-couches
ou des mortinaissances sont exclus)

	Survie de l'enfant				
	Après une mortinais-sance	moins d'un mois	1 à 6 mois	7 à 12 mois	13 à 23 mois	au moins 24 mois
Intervalle moyen						
déclaré	18,23	20,42	21,48	23,40	26,22	25,05
ajusté (1er degré)	19,98	20,12	20,80	22,56	24,87	26,49
Écart type	8,82	10,98	12,09	13,26	7,34	13,76
Nombre d'intervalles	24	27	49	37	12	1 249

CONCLUSION

Les données de cet article confirment l'hypothèse que le processus
de modernisation, à son stade initial, entraîne un accroissement de la
fécondité dans les populations qui ne pratiquent pas la contraception.
La réduction de l'allaitement au sein et la baisse de la mortalité intra-utérine, alliées au relâchement de certaines coutumes restrictives
de la fécondité, qui existent encore dans les sociétés traditionnelles,
entraînent une réduction des intervalles intergénésiques; cette réduction est un facteur majeur de l'accroissement de la fécondité. Les
données relatives aux Indiens de la Baie James sont globalement cohé-
rentes avec la logique de cette argumentation. On a constaté chez
cette population que les mères des générations plus jeunes avaient tendance à donner naissance à leurs enfants à des intervalles plus courts
que celles des générations plus âgées. Dans les jeunes cohortes, le
nombre de mères qui n'allaitent pas ou qui allaitent pendant une courte

période est plus élevé que dans les cohortes plus âgées et nous considérons ce fait comme un important facteur de l'abrégement des intervalles intergénésiques constaté parmi les jeunes cohortes de femmes. Nous
croyons aussi que deux autres facteurs ont contribué à réduire l'espacement des naissances dans cette population. Le premier est la réduction de la mortalité intra-utérine par suite des progrès de la médecine; le second est la diminution des longues séparations des époux par
suite du passage des populations indiennes de la vie semi-nomade à une
existence sédentaire et par suite aussi de l'amélioration des communications entre les villages d'origine des époux dans la région de la
Baie James.

Tableau 23 : Coefficient de corrélation entre la durée de
l'allaitement du premier enfant et la longueur de
l'intervalle entre la naissance du premier et
celle du deuxième enfant, Indiennes de
la Baie James, enquête 1968

Villages	Coefficient de corrélation	Nombre de cas
Fort Albany	0,68	28
Attawapiskat	0,30	17
Moosonee	0,46	33
Moose Factory	0,43	43
Rupert House	0,61	30
Fort George	0,62	45
Tous les villages	0,66	184

L'argumentation de la présente étude concernant la hausse de la
fécondité suite à la modernisation serait plus convaincante s'il était
possible de l'illustrer non seulement par des données sur les intervalles intergénésiques mais aussi par des données directes sur la fécondité en tant que telle. Des données sur les taux de fécondité cumulés
par âge pour chaque cohorte successive, éventuellement standardisés

pour des durées de mariage, permettraient de comparer la fécondité de
plusieurs cohortes de femmes, à 25 ans, par exemple, ou à 30 ans. Malheureusement les données relatives à la fécondité ne sont pas pour le
moment disponibles sous cette forme. Cependant, même si elles l'é-
taient, il n'est pas certain que l'on puisse déterminer dans quelle mesure les différences entre générations pour ce qui est de la fécondité
cumulée reflètent exactement le comportement génésique des diverses
cohortes de mères et dans quelle mesure elles sont trompeuses par suite
des différences dues aux omissions de déclaration de naissance. Il est
généralement admis que la tendance à omettre la déclaration de naissance augmente avec l'âge de la mère. Dans le cas des intervalles génésiques, cependant, nous avons vu précédemment que l'effet des omissions de déclaration de naissance peut être atténué par l'exclusion,
pour toutes les cohortes, des intervalles génésiques de longueur inusitée, comme ceux de 48 mois. Aucune méthode ne permet actuellement de
faire, dans les taux de fécondité par âge, des ajustements raisonnables
pour corriger l'omission de la déclaration de naissance. De plus, la
standardisation par des facteurs comme la durée du mariage, dont nous
avons déjà parlé, serait également difficile étant donné que, pour une
proportion considérable de femmes indiennes, le mariage n'est pas une
condition essentielle à la procréation. L'auteur de la présente étude
a établi dans une autre étude[13] qu'un très fort pourcentage des
conceptions et même des naissances d'un premier enfant avaient eu lieu
avant le mariage.

Pour toutes ces raisons, les données sur les intervalles génésiques restent la meilleure méthode pour déterminer s'il y a eu des modifications dans le comportement procréateur d'une population au cours
des dernières décennies et, le cas échéant, quels sont les principaux
facteurs qui ont suscité ces changements. De plus, les données sur les
intervalles intergénésiques peuvent logiquement être reliées à des variables comme l'allaitement, la mortalité intra-utérine et d'autres
facteurs inhibant la fécondité. Bien que les divers éléments de preuve

---

(13) Voir A. Romaniuk, "Comportement procréateur d'une petite communauté indienne du Canada", infra.

utilisés dans cet article présentent certes des lacunes, si on les considère dans leur ensemble ils constituent une indication cohérente et sûre de la nature des interrelations.

L'hypothèse concernant les Indiens de la Baie James que la fécondité a augmenté suite au processus de modernisation peut sans doute être élargie à la population indienne autochtone du Canada en général. En effet, en analysant les séries chronologiques de données sur la fécondité relatives à cette dernière population, Romaniuk et Piché[14] ont constaté certains indices d'accroissement de la fécondité au cours des années d'après-guerre et jusqu'à 1960 environ. À ce moment-là ils considéraient cette preuve statistique avec un certain scepticisme, mais après les constatations de la présente étude, l'hypothèse que les populations indiennes du Canada ont connu un accroissement de fécondité résultant du processus de modernisation acquiert une crédibilité accrue.

_____

(14) Voir A. Romaniuk et V. Piché, "Estimation des taux de natalité chez Indiens du Canada, 1900-1969", infra.

Comportement procréateur d'une petite communauté indienne du Canada

Anatole Romaniuk

Les comportements procréateurs des Indiens de la Baie James sont caractérisés par ce qu'on pourrait appeler la "fécondité naturelle", signifiant par là que les naissances ne sont pas limitées par des mesures délibérées de prévention. Comme nous l'indiquerons plus loin, ni les questions directes sur la contraception ni l'analyse des données sur les intervalles génésiques n'ont permis de conclure que la population étudiée se livre à des pratiques contraceptives de façon systématique tout au moins en ce qui concerne les couples mariés. Et pourtant, la natalité parmi cette population n'est pas aussi élevée que celle d'autres populations reconnues pour leur fécondité non limitée. Nous espérons que cette étude, tout en contribuant à la connaissance, jusqu'ici fort incomplète, de la démographie des Amérindiens du Canada, apportera des renseignements utiles à ceux qui étudient la fécondité "naturelle" et permettra aussi d'élucider le paradoxe apparent de leur natalité comparativement faible.

Dans la première partie, l'auteur tentera de déterminer les niveaux de natalité et de fécondité générale de la population indienne de la Baie James. La seconde partie sera axée sur les intervalles génésiques et dans la troisième partie, l'auteur se propose d'identifier

_____

(1) Cette étude porte sur les mêmes six localités indiennes que celles du chapitre précédant et utilise les mêmes données. Pour plus de détails, voir A. Romaniuk, Modernisation et fécondité : le cas des Indiens de la Baie James (ci-inclus), voir aussi V. Piché et A. Romaniuk, "Une enquête socio-démographique auprès des Indiens de la Baie James : 1968", Anthropologica, vol. XIV, no 2, 1972, pp. 219-230.

quelques-uns des facteurs de la fécondité et d'examiner de façon plus
générale le contexte culturel des comportements procréateurs de cette
population.

A. Niveaux de natalité et de fécondité

Pour déterminer approximativement la fécondité effective de la population indienne de la Baie James, l'auteur a utilisé le taux brut de
natalité et le nombre moyen d'enfants par femme par âge, pendant la période reproductive. Pour ce qui concerne le taux de natalité, il y a
deux types d'estimation : l'un direct, fondé sur le nombre de naissances déclarées pendant les douze mois précédant l'enquête; l'autre, in-
direct, dérivé de la distribution par âge.

Pendant les douze mois précédant l'enquête, 121 naissances ont été
signalées, pour une population enquêtée de 2 556 individus (résidents
présents et visiteurs), ce qui représente un taux brut de natalité de
47,3 pour 1 000. Ce taux, qui est fondé sur un nombre plutôt limité de
naissances, est cependant corroboré par les estimations indirectes dérivées des proportions d'enfants de moins de 15 ans, telles que calculées à partir des données de l'enregistrement annuel de la population
indienne par le ministère des Affaires indiennes et du Nord (voir Tableau 24). Il convient de remarquer que le nombre des enfants ainsi
enregistrés souffre d'une certaine sous-estimation due à l'enregistrement tardif des naissances. Selon que l'on utilise les données non
corrigées et les données corrigées pour l'enregistrement tardif des
naissances, le taux de natalité estimé varie, selon le groupe d'âge
particulier, entre 45,8 et 46,8 ou 48,7 et 51,5 naissances pour 1 000
habitants. Les estimations basées sur les proportions des enfants 0 à
4 ans, respectivement 46,7 et 48,7, reflètent la natalité de cinq années antérieures à l'enquête (1968), ce qui explique leur meilleure
concordance avec le taux de 47,3 pour 1 000 basé sur les naissances
rapportées dans l'enquête.

Il est à remarquer que ces estimations ont été dérivées au moyen
des modèles de population stable de la famille Ouest de Coale-Demeny.
Les renseignements sur la mortalité sont également nécessaires pour

Tableau 24 : Estimation des taux de natalité, à partir des pourcentages de la population par âge, d'une espérance de vie à
la naissance de 60 ans, et du modèle Ouest de population
stable de Coale-Demeny, Indiens de la Baie James 1968

Groupe d'âges	Pourcentage*	Taux de natalité pour 1 000	
		non ajustés	ajustés**
0-4	19,64	46,7	50,4
0-9	35,59	46,8	48,8
0-14	47,90	45,8	47,0

*Ces pourcentages représentent les moyennes pour une période de 3
ans (1966, 1967, 1968) des données sur la distribution par âge
fondées sur l'enregistrement annuel des populations indiennes effectué par le ministère des Affaires indiennes et du Nord.

**Ajustés pour l'enregistrement tardif des naissances.

établir les estimations des taux de natalité à partir de la distribution par âge. À cause de l'absence de données significatives sur la
mortalité courante chez les Indiens de la Baie James, nous avons dû
nous appuyer sur les données relatives à la mortalité pour toute la population indienne du Canada. D'après les tables de mortalité que nous
possédons sur la période 1967-1968, l'espérance de vie à la naissance
pour cette population était de 63 ans[2]. Nous avons formulé l'hypothèse que la mortalité, dans la région relativement isolée de la Baie
James, est un peu plus élevée et que l'espérance de vie est probablement d'environ 60 ans.

---

(2) La démarche suivie pour l'utilisation des modèles de population
stable pour l'estimation des taux de natalité de la population
indienne du Canada est décrite dans l'étude intitulée "Estimation
des taux de natalité chez les Indiens du Canada : 1900-1969", A.
Romaniuk et V. Piché, infra. Il convient cependant de remarquer
que la population indienne n'est pas tout à fait du type "stable".
D'abord la mortalité a connu une baisse prononcée depuis la dernière guerre mondiale; ensuite, ainsi que les recherches ultérieures à cette étude ont révélé, il y a eu une augmentation de la
fécondité parmi les femmes indiennes durant les années d'après
guerre jusqu'au milieu des années 1960.

L'estimation des taux de fécondité a exigé une technique un peu plus élaborée. Nous avons commencé par calculer le nombre moyen de naissances chez les femmes déjà mariées qui avaient mis au monde au moins un enfant, car on peut supposer que, pour ces femmes, l'énumération lors de l'enquête fut plus complète que pour les autres catégories de femmes. En multipliant le nombre moyen d'enfants par femme déjà mariés et féconde dans chaque groupe d'âges par la proportion de femmes déjà mariées dans le groupe d'âges correspondant, on obtient le nombre moyen de naissances, par âge, chez les femmes fécondes de toutes situations matrimoniales (mariées et non mariées).

Enfin, nous avons fait des ajustements pour un facteur de stérilité que nous avons établi, plus ou moins arbitrairement, à 6%(3), ce qui a permis d'arriver à un nombre moyen de naissances, pour toutes les femmes (fécondes ou non, déjà mariées ou non). Les étapes de ces calculs sont indiquées au Tableau 25.

Il semble, d'après ces estimations, que le nombre moyen de naissances est de 8,14 par femme déjà mariée ayant eu au moins un enfant, de 7,70 par femme ayant eu au moins un enfant, déjà mariée ou non et de 7,20 par femme en général (déjà mariée ou non, ayant eu au moins un enfant ou pas du tout), passée l'âge fertile.

Afin de vérifier la convergence des estimations des Tableaux 24 et 25, nous avons converti les taux de natalité du Tableau 24 en nombre moyen d'enfants par femme. Les résultats sont présentés au Tableau 26. Pour réaliser cette conversion, il est nécessaire de posséder deux autres éléments d'information : l'âge moyen des femmes à la naissance de leurs enfants (âge moyen à la naissance) et le rapport de masculinité à la naissance. Aucun de ces paramètres n'est connu de façon exacte dans le cas des Indiens de la Baie James. L'âge moyen à la naissance a été placé par hypothèse entre 28 et 30 ans. Cet écart correspond avec

(3) D'après l'enquête, 2,1% seulement des femmes déjà mariées qui ont dépassé 45 ans ont déclaré n'avoir jamais donné naissance à un enfant vivant. Le pourcentage des femmes sans enfants doit être plus élevé si l'on considère toutes les femmes sans tenir compte de leur situation matrimoniale.

Tableau 25 : Nombre de naissances par femme, par groupe d'âges, Indiennes de la Baie James, 1968

Âge	Nombre de femmes fécondes déjà mariées	Nombre de naissances vivantes	Nombre moyen de naissances par mère (3 - 2)	Femmes déjà mariées, %	Ajusté.....	
					au % femmes déjà ma- riées (4x5)	à 6% stéri- lité
(1)	(2)	(3)	(4)	(5)	(6)	(7)
Moins de 20	5	10	2,00	11,57	,23	
20-24	50	130	2,60	61,39	1,60	
25-29	47	224	4,77	81,82	3,90	
30-34	54	333	6,17	95	5,86	
35-39	38	283	7,45		7,08	
40-44	41	362	8,83	95	8,39	
45-49	33)	284)	8,61		8,18	7,69)
50-59	50) 133	410) 1 082	8,20)8,14	95	7,79)7,70	7,32)7,20
60-70	26)	223)	8,58)		8,15)7,70	7,66)
70-	24)	165)	6,88)		6,54	6,15

l'âge moyen à la naissance fondé sur les taux de fécondité par âge pour tous les Indiens du Canada qui, selon une époque particulière, varie de 28 à 29,5[4]. Certaines indications, que nous verrons en détail plus loin, nous permettent de conclure que le calendrier de la fécondité, chez les Indiennes, est relativement tardif. Nous avons constaté, par exemple, que chez les femmes déjà mariées dont la descendance est complète et qui ont donné naissance au moins à un enfant, l'âge moyen de la mère à la naissance des enfants est de 30,22. Quant au rapport de masculinité, qu'il est nécessaire de connaître pour convertir le taux brut de reproduction en taux de fécondité générale ou au nombre moyen de naissances par femme en âge de procréer, il est, par hypothèse, de 1,03.

Tableau 26 : Nombre moyen d'enfants dérivé des
estimations des taux de natalité par groupe
d'âges indiqués au Tableau 24

Âge moyen de la mère à la naissance de l'enfant	Taux bruts de reproduction correspondant aux taux de natalité indiqués au Tableau 24			Nombre moyen de naissances (TBR x 2,03)		
	T.B.R.			Fécondité totale		
	0-4	0-9	0-14	0-4	0-9	0-14
28,0	3,26	3,28	3,20	6,62	6,66	6,50
29,0	3,40	3,44	3,35	6,90	6,98	6,80
29,5	3,48	3,52	3,43	7,06	7,15	6,96
30,0	3,58	3,60	3,50	7,27	7,31	7,11

Le taux de natalité associé à des estimations plus élevées de l'âge moyen à la naissance donne une fécondité générale coïncidant avec les mêmes taux estimés au Tableau 24. On peut donc conclure que les Indiennes de la Baie James (célibataires et déjà mariées) pour l'ensemble donnent naissance en moyenne à 7 enfants par femme.

(4) A. Romaniuk et V. Piché, op. cit.

Même en tenant compte des possibilités d'erreurs dans nos estimations, il est encore permis de conclure que le taux de natalité des Indiens de la Baie James ne dépasse probablement pas 50 pour 1 000 et que le taux de fécondité générale est de moins de 8 naissances par femme. Entre le niveau de fécondité de cette population et celui d'autres populations connues pour leur haute fécondité, il existe une marge considérable. Chez les Huttérites, par exemple, dont le niveau de fécondité a souvent servi de norme pour comparer le comportement procréateur des populations recourant très peu ou pas du tout aux pratiques contraceptives, le nombre moyen des naissances est de 9,6 par femme et de 9,8 par mère[5]. La population des îles Cocos-Keeling[6] également citée pour sa prolificité a un taux de fécondité de 8 à 9 naissances vivantes par femme en âge de procréer. Le taux brut de natalité, pour cette population observée de 1888 à 1947, a oscillé de 50 à 60, avec une moyenne, pour la période, de 55,8 naissances pour 1 000. Henripin rapporte, pour les familles canadiennes-françaises[7] du XVIIIe siècle, que le taux de natalité était très au-dessus de 50, et plutôt de 60 pour 1 000. Ces taux élevés ne sont nullement exceptionnels. Par exemple, dans plusieurs populations africaines, il est fréquent d'observer des taux de 50 et 60, comme le révèle un groupe de démographes de Princeton, dans une analyse très soignée de données sur la fécondité[8].

Quelle est donc la raison de cette fécondité relativement faible chez une population qui n'a pas recours à la prévention des naissances de façon sensible? Avant d'essayer de répondre à cette question, il nous faut examiner certaines caractéristiques de la distribution de la fécondité selon l'âge de cette population.

---

(5) Ch. Tietze, "Reproductive Span and Rate of Reproduction Among Hutterite Women", Fertility and Sterility, vol. 8, 1957, pp. 89-97.

(6) T.E. Smith, "The Cocos-Keeling Islands : A Demographic Laboratory", Population Studies, vol. 14, 1960, pp. 94-130.

(7) J. Henripin, la Population canadienne au début du XVIIIe siècle, Presses Universitaires de France, 1954.

(8) W. Brass et coll., The Demography of Tropical Africa, Princeton University Press, 1968.

B. Caractéristiques de la reproduction

Dans la partie qui précède, nous avons examiné les mesures du niveau de la fécondité. Dans cette seconde partie, nous allons axer notre étude sur les caractères particuliers de la reproduction tels
qu'ils apparaissent à la lumière de l'analyse des intervalles entre le
premier accouchement et le dernier et entre les accouchements successifs.

Nous avons enregistré l'âge de la mère à la première maternité
(naissance vivante) de 101 femmes qui ont vécu au moins jusqu'à 45 ans
et se sont mariées au moins une fois. L'âge moyen de ces femmes à la
naissance de leur premier enfant était de 21,9 ans. Chez les Huttérites, cet âge est de 22,2 selon les données de Tietze[9]. Au Punjab,
au cours d'une étude faite dans onze villages[10], on a constaté que
l'âge de la mère au premier accouchement est d'environ 20 ans. Mais
aucun renseignement de cette nature n'a été publié sur deux autres populations à fécondité élevée : celles des îles Cocos et les Canadiens-
français du XVIIIe siècle.

Selon les données recueillies sur les femmes qui ont survécu au
moins jusqu'à 45 ans et qui sont toujours mariées ou qui se sont mariées au moins une fois avant l'âge de 45 ans, l'âge moyen auquel elles
ont donné naissance à leur dernier enfant est de 38,71 ans. Le chiffre
très voisin de 38,65 a été obtenu dans le cas des mères qui ont vécu
jusqu'à 50 ans. Chez les Huttérites l'âge de la mère au dernier accouchement est de 40,9[11], tandis que chez les femmes des îles Cocos-
Keeling, toujours mariées à 47 ans mais pas nécessairement au même
mari, cet âge est de 39,1 ans[12]. Dans leur étude de onze villages du

---

(9) Ch. Tietze, op. cit.

(10) Robert Potter Jr., John B. Wyon, Margaret Parker et John E. Gor-
     don, "A Case of Birth Interval Dynamics, Population Studies, vol.
     19, 1965, pp. 81-96.

(11) Robert Potter Jr. et coll., op. cit.

(12) T.E. Smith, op. cit.

Punjab, mentionnée précédemment, Potter et ses collègues[13] signalent que l'âge moyen des femmes à la naissance de leur dernier enfant est de 37 ans. Les auteurs sont d'avis que cet âge est assez précoce pour laisser supposer que des mesures subséquentes de prévention de naissances peuvent être mises en oeuvre plus tard au cours de la période de fécondité, parmi ces populations. Pour prendre un exemple plus rapproché de la scène canadienne, chez les Canadiens-français du XVIIIe siècle, l'âge moyen de la mère à la naissance du dernier enfant, selon Henripin est de 41 ans pour les mariages qui durent jusqu'à l'âge de 50 ans[14].

Il peut être intéressant de noter qu'il n'y a qu'une faible corrélation (,26) entre les âges à la première et à la dernière maternité pour 93 femmes au sujet desquelles on possédait des renseignements sur le début et la fin de la période féconde. Il s'ensuit donc que l'âge auquel les femmes commencent à donner naissance à leurs enfants a peu d'effet sur l'âge terminal de leur période de fécondité.

La durée moyenne de l'intervalle entre le premier et le dernier accouchement, chez les Indiennes de la Baie James, est de 16,8 ans si on le calcule en soustrayant l'âge au premier accouchement de l'âge au dernier et de 16,6 si on l'obtient par dérivation directe des dates de naissance du premier et du dernier enfant.

Nous possédons des données plus détaillées sur l'espacement des naissances pour les Indiennes de la Baie James. Les histoires génésiques qui ont été recueillies dans l'enquête de 1968 contiennent des renseignements comme les dates des accouchements successifs; l'issue de chaque accouchement : naissance vivante, mortinatalité ou fausse-couche; la survie de l'enfant ou sa mort et la date de sa mort; l'âge de la mère à l'accouchement; sa situation matrimoniale, etc. À partir de ces données, nous avons été en mesure de calculer les intervalles génésiques moyens recoupés par l'âge de la mère à l'enquête, le rang de

---

(13) R. Potter et coll., op. cit.

(14) J. Henripin, op. cit.

naissance, la durée de survie de l'enfant, les intervalles renfermant un accident de grossesse (mortinatalité ou fausse-couche), etc. Pour rester dans les limites de l'espace qui nous est alloué, nous n'examinerons pas tous les tableaux croisés. Nous nous limiterons au Tableau 27 à indiquer les intervalles par âge de la mère au début de l'intervalle.

On voit que la durée de l'intervalle augmente graduellement avec l'âge de la mère au début de l'intervalle : de moins de 20 mois pour les femmes âgées de 16 ans à presque 26 mois pour celles qui étaient âgées de 25 à 29 ans au début de l'intervalle donné. Des facteurs comme l'augmentation de la mortalité intra-utérine, la durée plus longue de l'aménorrhée postpartum, la fertilité réduite à cause de facteurs physiologiques ou de la diminution de la fréquence des rapports sexuels sont liés à l'âge et contribuent par conséquent à la prolongation des intervalles génésiques à mesure que la femme avance en âge[15].

De l'analyse des données ci-haut mentionnées, il découle que les Indiennes de la Baie James ont un rythme de reproduction élevé. Les intervalles entre naissances successives sont aussi brefs ici que dans certaines populations connues pour leurs très hauts niveaux de fécondité. Cependant, leur reproduction semble caractérisée par un calendrier de procréation relativement tardif. Non seulement ces femmes commencent-elles leur famille à un âge relativement avancé ou du moins plus tard que bien d'autres populations non contraceptives, mais elles la terminent relativement plus tôt. En conséquence, leur période de reproduction est plus courte. Et ceci explique probablement le fait que leur natalité et la taille de leurs familles, en termes du nombre d'enfants par femme, sont inférieures aux standards de la fécondité naturelle.

---

(15) Il est à noter que le tableau 27 relève tous les intervalles génésiques pour les femmes dont la descendance est complète aussi bien que pour celles qui sont encore d'âge fertile, ce qui tend à sousestimer les intervalles pour les jeunes mères.

Tableau 27 : Intervalles génésiques moyens entre les naissances
vivantes successives enregistrées, chez les femmes dont
l'union subsiste pendant l'intervalle, par âge de
la mère au début de l'intervalle, Indiennes
de la Baie James, 1968

Âge de la mère au début de l'intervalle	Nombre d'intervalles	Intervalle moyen	Écart type
Moins de 16	7	21,29	10,86
16	11	18,00	4,75
17	30	20,27	9,37
18	46	22,61	10,37
19	66	22,29	12,11
Moins de 20	160	21,66	10,78
20	98	23,91	17,54
21	79	21,23	8,89
22	100	23,09	16,60
23	88	23,73	14,54
24	87	24,59	11,93
20-24	452	23,35	14,53
25-29	367	25,75	14,71
30-34	255	28,74	15,84
35-39	144	26,51	11,32
40+	29	29,90	12,27
Total	1 407	25.22	14.31

Si l'on en juge par les intervalles génésiques observés, il semble que la contraception parmi les femmes mariées ne soit pas pratiquée de façon sensible dans cette population. Cette conclusion, i.e.
l'absence de pratiques contraceptives, est corroborée par l'information fournie par les répondants eux-mêmes, comme nous le verrons dans
la section qui suit. De plus, nous n'avons aucune indication qui nous
permet de croire à l'existence de tabous sexuels postnatals comme on
en rencontre dans certaines populations en Afrique. Le début tardif et

la fin prématurée de la période de reproduction demeurent donc d'autant plus incompréhensibles. Nous reviendrons sur cette question dans une autre section de cette étude, quand nous examinerons les facteurs et les caractéristiques culturels qui influent sur la fécondité chez les Indiens de la Baie James.

C. Facteurs affectant la fécondité

Dans cette section, nous nous proposons d'examiner certains facteurs comme la situation matrimoniale, l'illégitimité, les pratiques anticonceptionnelles et l'allaitement, qui soit exercent une influence directe sur les comportements procréateurs, soit représentent les caractéristiques sociales et culturelles.

Suivant les statistiques recueillies pour diverses populations, l'âge au mariage apparaît comme un important facteur de fécondité, particulièrement dans les populations qui pratiquent peu ou ne pratiquent pas du tout la contraception. Le mariage en tant qu'institution, offre indiscutablement les conditions optimales pour la maternité et pour l'éducation des enfants. Presque inévitablement, l'union régulière et légale produit une descendance plus nombreuse que ne le fait l'union consensuelle, plus vulnérable et plus instable[16]. L'instabilité aiguë des mariages, qui est souvent l'indice d'une société désorganisée, a un effet dépressif sur la fécondité, par suite de la baisse de l'exposition de la femme au risque de conception, ou parce que la femme qui a des difficultés conjugales serait plus disposée à recourir à la contraception et à l'avortement[17]. De plus, la mobilité du mariage (fréquence du divorce et des remariages) si elle s'accompagne d'une promiscuité sexuelle largement répandue, entraîne la dissémination des maladies vénériennes, qui atteignent les organes de la reproduction et

---

(16) J. Blake, Family Structure in Jamaica, The Free Press of Glencoe, 1961.

(17) A. Romaniuk, la Fécondité des populations congolaises, Édition Mouton, Paris, 1967.

sont une cause de stérilité[18]. Ces observations suffisent à justifier la nécessité d'examiner les coutumes conjugales qui serviront de toile de fond à l'étude du comportement procréateur de la population indienne.

Tableau 28 : Pourcentage des femmes indiennes célibataires
dans les groupes d'âges spécifiées

Âge	Indiennes du Canada Indiennes d'origine (recensement 1961)	Indiennes de la Baie James enquête 1968 (1)	
10-14	100,0	100,0	
15-19	83,8	88,4	
20-24	39,1	38,6	
25-29	15,7	18,2	10,8
30-34		3,1	
35-39	7,4	2,3	4,5
40-44		6,4	
45-49	4,4	2,7	4,5
50-54		6,9	
55-59	3,7	0,0	2,0
60-64		5,3	
65+	3,2	2,5	

Source : (1) Enquête démographique à la Baie James, 1968.

Le portrait d'ensemble qui émerge des données indique que le mariage des femmes est à toute fin utile universel chez les Indiennes de la Baie James. Le Tableau 28 qui donne les proportions de célibataires par groupe d'âges pour les Indiennes de la Baie James et celles de l'ensemble du Canada (recensement 1961), révèle que moins de 5% des Indiennes de la Baie James étaient célibataires au moment où elles ont atteint la ménopause et cessé d'être fécondes. Sauf pour le groupe de 15 à 19 ans, la proportion des femmes non mariées dans la région de la Baie James s'approche sans l'atteindre du niveau observé pour toutes

(18) A. Romaniuk, "Infertility in Tropical Africa", in Population of Tropical Africa, Ed. Caldwell and Okonjo, Longmans, London, 1968.

les Indiennes du Canada d'après les données du recensement. Cette différence peut être attribuable à la définition moins légaliste de l'union conjugale adoptée dans l'enquête de la Baie James par rapport à celle du recensement. Dans celle-ci, seule l'union des couples mariés légalement est considérée comme un mariage, tandis que l'enquête de la Baie James peut avoir inclus un certain nombre d'unions de fait.

Fait assez étonnant, chez les Indiennes, l'âge au mariage est assez avancé par rapport aux populations des pays en développement avec lesquelles les Indiens du Canada partagent par ailleurs un certain nombre de caractéristiques démographiques. Les jeunes Indiennes ne se marient pas plus tôt que l'ensemble des Canadiennes. Un peu plus de 20% seulement se marient avant l'âge de vingt ans et le pourcentage est à peu près le même pour les Canadiennes du même groupe d'âges. Même dans le groupe des 20 à 24 ans, il y a encore presque 40% des Indiennes qui ne sont pas mariées.

À la Baie James, on a enregistré l'âge au mariage de 86 femmes qui avaient 45 ans et plus à l'enquête (1968). L'âge moyen de ces femmes au premier mariage était de 22,7, exactement le même que pour les Canadiennes en 1970. Des valeurs analogues ont été dérivées par deux méthodes indirectes d'estimation de l'âge moyen au mariage. L'une de ces méthodes, mise au point par Hajnal[19], dérive l'âge moyen au mariage de la proportion des célibataires par âge à moins de 50 ans. L'autre méthode consiste à mettre en relation l'âge moyen au mariage avec l'âge auquel la proportion des célibataires de moins de 50 ans correspond à la proportion des célibataires dans une distribution par âge dans le modèle de population stable de Coale-Demeny[20], Famille Ouest[21]. Le Tableau 29 résume les diverses estimations de l'âge

(19) Hajnal, "Age at Marriage and Proportions Marrying", Populations Studies, VII, 2, novembre 1953.

(20) Ansely Coale et Paul Demeny, Regional Model Life Tables and Stable Populations, Princeton University Press, 1968.

(21) E. Van de Walle, "The Relation of Marriage to Fertility in African Demographic Inquiries", Demography, vol. II, 1965.

moyen pour les Indiens hommes et femmes et les compare à quelques populations reconnues pour leur forte fécondité.

La stabilité du mariage est une autre caractéristique remarquable du comportement matrimonial des Cris de la Baie James. Il n'est pas étonnant que les enquêteurs n'aient pas relevé un seul cas de divorce, étant donné que, jusqu'en 1968, l'adultère était la seule cause de divorce admise et que le divorce était extrêmement difficile à obtenir. Il faut signaler aussi un autre indice de la stabilité de l'union conjugale : c'est le fait que, parmi les 403 femmes mariées qui ont été interviewées, six seulement étaient séparées de leur mari. Il serait certes intéressant de découvrir quels sont les facteurs sociaux et

Tableau 29 : Estimation de l'âge moyen au premier mariage dans quelques groupes choisis pour leur forte fécondité

	Femmes	Hommes	Différence
Indiens (Baie James, 1968)			
Méthode directe	22,7	25,6	2,9
Population stable	22,5	24,6	2,1
Méthode de Hajnal	21,6	24,7	3,1
Îles Cocos-Keeling (1)	18,1	-	
Hutterites (2)	20,7	-	
Canadiens-français (XVIIIe siècle) (3)	21,9	26,8	4,9
Zaire (méth. population stable) (4)	16,7	21,5	4,8

(1) T.E. Smith, "The Cocos-Keeling Islands: A Demographic Laboratory", Population Studies, vol. XIV, n° 2, 1960, pp. 94-130.

(2) C. Tietze, "Reproductive Span and Rate of Reproduction Among Hutterite Women", Fertility and Sterility, vol. 8, 1957, pp. 89-97.

(3) J. Henripin, la Population canadienne au début du XVIIIe siècle, Presses Universitaires de France, 1954.

(4) A. Romaniuk, la Fécondité des populations congolaises, Mouton, Paris, 1967.

culturels qu'on peut associer à ce haut degré de stabilité des unions conjugales parmi ce groupe d'Indiens, stabilité qui ne se retrouve dans aucun autre groupe d'Indiens. Ainsi, par exemple, les statistiques du ministère des Affaires indiennes révèlent une proportion de femmes séparées de l'ordre de 8% pour certains groupes d'âges.

La haute fréquence d'illégitimité des naissances est une autre caractéristique importante du comportement matrimonial et du comportement procréateur des Indiens. Nous voyons au Tableau 30 que 26% de toutes les mères ont déclaré au moins une conception prénuptiale. Le tableau révèle aussi que le nombre des conceptions prénuptiales tend à décroître à mesure que l'on avance des jeunes générations vers les plus âgées. On pourrait attribuer ce phénomène au fait que la communauté indienne, en participant de plus en plus à la modernisation relâche graduellement la "discipline traditionnelle" en matière sexuelle. Une autre interprétation possible serait que nous nous trouvons devant un phénomène de biais statistique dû à des défauts de mémoire qui augmentent avec l'âge. Ou encore que les mères, en légalisant leur situation à la suite d'une conception prénuptiale, dissimulent délibérément une conception plus ou moins éloignée. Si cette dernière explication est exacte, il est possible que la fréquence des conceptions prénuptiales se rapproche davantage des 40% de la jeune génération des femmes que des 26% qui représentent la moyenne pour toutes les générations.

La haute fréquence des naissances illégitimes n'est pas une caractéristique particulière au groupe des Cris, mais plutôt un trait commun à toute la communauté indienne du Canada, comme on peut le déduire au Tableau 31. Ce tableau montre en effet la proportion représentée par les naissances illégitimes par rapport au nombre total des naissances par groupe d'âges des mères à la naissance, chez les Indiens inscrits, au Canada, en 1969. Environ 38% de tous les enfants nés en 1969 sont déclarés illégitimes. Le terme "illégitime" semble comprendre les enfants nés de mères non "légalement" mariées. La hausse du taux d'illégitimité suivant l'âge de la mère reflète le fait que la plupart des naissances illégitimes sont des premières naissances.

Tableau 30 : Pourcentage des femmes qui ont donné naissance à au
moins un enfant avant leur mariage ou moins de 8 mois après,
par groupe d'âges, Indiennes de la Baie James, 1968

Âge de la mère à l'enquête	Nombre de mères	Pourcentage des mères ayant conçu avant le mariage
-15	0	-
15-19	110	4,5
20-24	92	42,4
25-29	62	38,7
30-34	65	33,8
35-39	43	23,3
40-44	47	25,5
45-49	35	34,3
50-54	27	25,9
55-59	32	31,3
60-64	19	26,3
65-69	7	14,3
70+	34	5,9
Tous les âges	573	26,0

Source : Enquête démographique à la Baie James, 1968.

Au début de cette section nous avons affirmé que la promiscuité sexuelle conduirait, même sous un strict contrôle médical, à une incidence relativement élevée de maladies vénériennes et à la stérilité qui en résulteraient. Bien que nous ne possédons pas d'information sur l'incidence des maladies vénériennes, nous savons que l'incidence de la stérilité est très faible. D'après le recensement de 1961, il n'y avait qu'environ 6% des femmes indiennes sans enfants qui avaient passé l'âge de la procréation. Dans l'enquête de la Baie James, il n'y avait que 2% des femmes déjà mariées sans enfant.

Tableau 31 : Naissances illégitimes en pourcentage de toutes les
naissances déclarées en 1969, Indiens enregistrés du Canada

Âge	Total des naissances	Pourcentage des naissances illégitimes par rapport au total
Moins de 20	1 697	64,2
20-24	2 892	43,6
25-29	1 888	27,6
30-34	1 163	22,6
35-39	700	16,7
40-44	292	17,8
45-49	32	3,1
50+	70	4,3
Total	8 734	37,9

Source : Ministère des Affaires indiennes.

Il y a une question que nous avons délibérément évitée jusqu'ici,
mais dont le lien direct avec le sujet de la présente section est très
évident : c'est de savoir si les Indiens ont recours à des pratiques
anticonceptionnelles dans le but de limiter le nombre de leurs enfants.
Pour ce que nous savons des Indiens de la Baie James, ils n'utilisaient
pas de moyen de contraception de façon significative. L'enquête de
1968 comprenait quelques questions comme le nombre d'enfants désiré, si
les femmes tentaient d'éviter la grossesse et à quelles mesures préven-
tives elles avaient recours. Les réponses à ces questions nous ont
permis de conclure à l'absence de la contraception comme phénomène
social généralisé. Les femmes ont indiqué qu'elles n'empêchaient ni
la conception ni la naissance des enfants et qu'elles désiraient une
grande famille. À peine 4% des femmes mariées ont avoué avoir tenté
occasionnellement d'éviter une conception en recourant à un moyen con-
traceptif quelconque. Les données sur les intervalles génésiques entre

naissances vivantes successives, dont il a été question dans la section précédente, nous fournissent une preuve indirecte de l'absence de pratiques contraceptives largement répandues.

On croit généralement que la durée de l'aménorrhée postpartum, et donc de l'intervalle intergénésique, est en relation directe avec la longueur de la période d'allaitement maternel et que l'allaitement est la cause de l'aménorrhée. Bien qu'on ait peu de connaissance de la nature exacte de la relation entre ces deux variables, plusieurs observations nous ont permis de conclure que la durée de l'intervalle génésique augmente avec la durée de la période de survie de l'enfant. Le rapport entre la fécondité, la mortalité et l'allaitement maternel, comme Knodel et Van de Walle[22] ont tenté de le démontrer, peut être beaucoup plus complexe, mais l'hypothèse de l'effet inhibiteur de l'allaitement sur la conception est largement acceptée.

Lors de l'enquête de 1968, on a demandé à chacune des femmes interrogées si elle avait allaité son premier enfant et son dernier et, dans l'affirmative, pendant combien de temps. Les réponses à ces questions ont été croisées avec la période de la naissance des enfants et l'âge des mères à l'enquête.

Nous avons déjà analysé ces données ailleurs[23]. On y remarquait que la proportion des mères n'ayant pas allaité avait beaucoup augmenté lorsqu'on comparaît celles dont le premier enfant est né avant 1940 à celles dont le premier enfant est né après 1940. De plus, la proportion des mères qui ont allaité leur premier enfant pendant 9 à 15 mois a diminué de 45% pour le premier groupe de mères à 20% pour le dernier.

D'autres différences entre les générations, pour ce qui est des habitudes d'allaitement ont également été notées. Que ce soit pour le premier ou le dernier enfant, la période d'allaitement a duré 5 mois

(22) J. Knodel et E. Van de Walle, "Breast Feeding and Infant Mortality", Population Studies, vol. 21, 1967, pp. 109-131.

(23) A. Romaniuk, "Modernisation et fécondité : le cas des Indiens de la Baie James", infra.

chez les mères âgées de moins de 25 ans et 15 mois chez les mères qui avaient plus de 50 ans à l'enquête. Les variations sont légèrement amenuisées dans le cas du dernier enfant par rapport au premier, si elles sont recoupées par l'âge des mères, mais ceci peut venir de ce que les mères plus âgées ont donné naissance à leur dernier enfant assez récemment, au moment où les jeunes et les aînées commençaient à adopter des habitudes d'allaitement plus modernes.

L'auteur de cette étude a déjà dit ailleurs que les changements dans les habitudes d'allaitement, alliés à la baisse de la mortalité intra-utérine ont eu pour résultat d'abréger les intervalles intergénésiques et possiblement d'entraîner la hausse du niveau de fécondité dans les récentes générations de femmes indiennes[24]. L'auteur considère ce phénomène comme une conséquence du courant de modernisation auquel les Indiens de la Baie James ont participé, particulièrement après la Seconde Guerre mondiale et du passage de la vie nomade à un mode de vie plus sédentaire.

D. Récapitulation

Chez les Indiens de la Baie James, la fécondité est favorisée par un certain nombre de facteurs. En premier lieu, le mariage est presque universel dans cette population : en effet, à peine 5% des femmes arrivées au terme de l'âge procréateur sont encore célibataires. De plus, le célibat ne constitue pas un obstacle à la procréation si l'on considère le taux très élevé d'illégitimité qu'on y observe. Le mariage jouit en outre d'un très haut degré de stabilité, si l'on en juge par le très petit nombre des cas de divorce et de séparation que l'enquête a permis de déceler. Enfin, le veuvage est rare parmi les femmes en âge de procréer, mais on ignore si ce phénomène doit être attribué au nombre élevé des remariages des veuves ou au fait que le risque de veuvage a considérablement diminué par suite du déclin rapide de la mortalité depuis quelques décennies.

---

(24) Voir A. Romaniuk, op. cit., infra.

En second lieu, les conditions de santé sont assez bonnes, comme en témoigne le faible niveau de mortalité. La plupart des femmes ont accès aux soins prénatals et presque tous les accouchements se font dans les hôpitaux, sous surveillance médicale. La stérilité est rare chez les femmes mariées et, pour autant qu'on en puisse conclure à partir de preuves indirectes, c'est également vrai pour les femmes en général.

En troisième lieu, à la différence de nombreuses populations d'Afrique dont la fécondité est freinée par divers interdits sexuels, comme les longues périodes d'abstinence que des couples doivent observer pendant l'allaitement du nouveau-né, les répondants indiens n'ont signalé aucun interdit sexuel. Dans les ouvrages et études anthropologiques touchant ces populations, nous n'avons relevé aucune allusion à des tabous de cette nature.

En quatrième lieu, il existe une motivation à la procréation, de nature économique et assez puissante, dans les prestations et allocations accordées par les gouvernements pour le bien-être de ces populations et qui dépendent du nombre d'enfants dans la famille.

Enfin, les pratiques anticonceptionnelles comme la contraception ou l'avortement, si elles ne sont pas totalement absentes, ne semblent pas largement utilisées parmi les femmes mariées. On en est venu à cette conclusion après analyse des intervalles génésiques et de l'information directe fournie par les répondants eux-mêmes.

Quant aux facteurs limitatifs de la fécondité, le seul à émerger nettement de l'analyse des données, c'est le début relativement tardif de la constitution de la famille indienne. L'âge moyen au premier mariage est à peu près le même que le reste de la population canadienne, soit 22,7 ans, tandis que pour nombre de pays en développement, cet âge se situe entre 15 et 20 ans. Le mariage n'est pas une condition essentielle à la procréation parmi les Indiens, où les naissances illégitimes et les conceptions prénuptiales sont fréquentes, comme nous l'avons déjà mentionné. Cependant, l'âge moyen de la mère à la naissance du premier enfant est plus élevé (21,9 ans) que l'âge observé dans les pays en développement.

Si la période de procréation commence tard chez les Indiennes de la Baie James, elle se termine tout de même relativement tôt, soit en moyenne à 38,7 ans. Les causes de ce phénomène ne sont pas très claires. Sont-elles d'ordre biologique? Sont-elles particulières au climat, aux conditions de vie, à la nutrition dans cette région subarctique? Ou serait-ce que, en dépit de ce que nous avons dit plus tôt de l'absence de pratiques anticonceptionnelles, un certain mode de prévention des naissances est pratiqué, sous la forme d'une exposition limitée aux relations sexuelles ou même d'une contraception directe, au moment où les mères atteignent un certain âge et où elles ont eu le nombre d'enfants désirés?

Tableau 32 : Quelques estimations de paramètres de la reproduction, Indiennes de la Baie James, enquête démographique 1968

Paramètres	Moyenne	Écart type	Nombre de cas
1. Âge moyen au premier mariage	22,65	-	86
2. Âge moyen à la première naissance	21,87	4,50	101
3. Âge moyen à la dernière naissance	38,71	6,42	107
4. Âge moyen à la naissance de tous les enfants	30,23	7,24	759
5. Intervalle moyen entre la 1re et la dernière naissance, calculé: a) âge moyen à la dernière naissance moins âge moyen à la première naissance (en années)	16,84	-	-
b) intervalle moyen dérivé des dates de la première naissance et de la dernière (années)	16,61	6,74	88
6. Intervalle moyen entre les naissances vivantes successives pour les femmes de tous âges continuellement mariées pendant l'intervalle (en mois)	25,22	14,31	1 407

Paramètres	Moyenne	Écart type	Nombre de cas
7. Nombre moyen de naissances par <u>mère</u> déjà mariée de 45 ans et plus	8,14	-	-
8. Nombre moyen de naissances par <u>femme</u> déjà mariée de 45 ans et plus	7,70	-	-
9. Nombre moyen de naissances par femme (déjà mariée et célibataire) de 45 ans et plus	7,20	-	-
10. Nombre déclaré de femmes déjà mariées sans enfant, 45 ans et plus (pourcentage)	2,1		
11. Taux de natalité (pour 1 000) selon les naissances déclarées dans les 12 mois précédant l'enquête	47,3	-	121
12. Taux de natalité estimé au moyen d'un modèle de population stable, (pour 1 000) a) proportion de moins de 5 ans (pour 1 000)	46,7	-	-
b) proportion de moins de 15 ans (pour 1 000)	45,8	-	-

Les articles 1 à 5 réfèrent aux mères déjà mariées âgées de 45 ans et plus au moment de l'enquête.

La nuptialité des Indiens du Canada

Ginette Lachance-Brulotte

Comme plusieurs autres caractéristiques démographiques et sociales de la population indienne du Canada, la nuptialité demeure un domaine qui, bien que mal connu et défini, laisse au premier abord présager un comportement différent à bien des points de vue de l'ensemble de la population canadienne.

Ce présent chapitre portera sur certains aspects de la nuptialité des Indiens du Canada, soit l'intensité et le calendrier du phénomène en tenant compte d'une part, des déficiences des données officielles et d'autre part, des unions consensuelles lesquelles jouent un rôle non négligeable dans l'analyse de la nuptialité des Indiens.

La population étudiée est celle des Indiens inscrits du Canada, population qui s'élevait à 295 898 au 31 décembre 1977. Les Indiens "inscrits" sont définis comme toute personne reconnue indienne aux termes de la Loi sur les Indiens en 1951 et inscrits sur le "Registre des Indiens".

La période couverte par cette analyse est récente, soit la période 1966-1974, le but étant plutôt d'obtenir une image aussi précise que possible de la situation actuelle, que de chercher à établir une série chronologique à partir des données peu fiables pour ce qui est des années antérieures à 1966.

La source principale de données concernant les Indiens inscrits demeure le registre des Indiens du ministère des Affaires indiennes, fichier permanent de population mis sur pied au début des années 50 et informatisé depuis 1965. Les données du recensement canadien de même que les données de l'état civil peuvent aussi à l'occasion servir de support à l'analyse.

A. La nuptialité des Indiens : connaissances actuelles

1. Aperçu démographique

Très peu de démographes ont abordé jusqu'à présent, le sujet de la nuptialité de la population indienne du Canada. Dans sa monographie du recensement de 1961, Henripin note l'âge élevé des Indiens au premier mariage[1]. À partir des données du recensement de 1951 et de données non ajustées du ministère des Affaires indiennes pour les années 1966, 1967 et 1968, Piché et George[2] ont estimé que la nuptialité des Indiens était relativement peu intense, tardive et qu'enfin il semblait y avoir une élévation de l'âge au mariage de 1951 à 1968. Piché et George expliquaient la coexistance chez les Indiens, d'une fécondité élevée et d'une nuptialité faible et tardive par la grande proportion de naissances illégitimes parmi les naissances enregistrées, proportion qui était de 39,2% en 1970.

De même, en limitant son étude aux unions légitimes et en utilisant les distributions de la population selon l'âge, le sexe et l'état matrimonial provenant du Registre des Indiens, Chénier[3] arrive à la conclusion que le célibat permanent est relativement élevé, soit 16% chez les hommes et 9% chez les femmes et que l'âge moyen au premier mariage est d'environ 27 ou 28 ans chez les hommes et de 25 ou 26 ans

---

(1) J. Henripin, Tendances et facteurs de la fécondité au Canada, monographie du recensement de 1961, Ottawa, Imprimeur de la reine, 1968.

(2) V. Piché et M.V. George, "Estimation des taux démographiques des Indiens du Canada, 1960-1970", infra.

(3) R. Chénier, les Facteurs de la fécondité chez les populations indiennes du Canada, Thèse de maîtrise présentée à la faculté des sciences sociales, Université d'Ottawa, 1971.

chez les femmes (en utilisant diverses méthodes de calcul), soit des
âges plus élevés que chez l'ensemble de la population canadienne.

Enfin l'enquête démographique sur les Indiens de la Baie James[4],
a aussi fait ressortir un âge au premier mariage assez élevé (22,7 ans)
comparé à celui des populations des pays en voie de développement avec
lesquels les Indiens du Canada ont généralement en commun d'autres caractéristiques démographiques. Chez ce groupe d'Indiens, l'âge au premier mariage apparaît toutefois nettement inférieur à celui des autres
Indiens du Canada, tel qu'avancé par Chénier.

2. Observations des anthropologues

Les observations des anthropologues portent sur la plupart des
grandes aires culturelles des Indiens du Canada; elles se rapportent
toutefois en majorité aux cultures traditionnelles peu ou pas affectées
par le processus d'acculturation.

Il en ressort que le mariage était presque universel dans la culture indienne traditionnelle et que l'âge au premier mariage se soit
situé autour de 15 ou 16 ans pour les filles et autour de 20 ans pour
les garçons[5]. Toutefois, selon les sources les plus récentes[6], la nuptialité des Indiens tendrait à se rapprocher de celle

---

(4) A. Romaniuk, "Modernisation et fécondité : le cas des Indiens de
la Baie James, infra.

(5) J.A. Mason, Notes on the Indians of the Great Slave Area, Yale
University Publication in Anthropology, Yale University Press, no.
34, New-Haven, 1946. D. Jenness, The Indians of Canada, Ottawa,
National Museum of Canada, Bulletin no 65, 1932. D. Jenness,
The Sarcee Indians of Alberta, Ottawa, National Museum of
Canada, Bulletin no. 90. J.J. Honigman, The Kaska Indians: An
Ethnographic Reconstruction, Yale University Publication in an-
thropology, no. 51, Yale University Press, New-Haven, 1954.

(6) D.H.J. Clairmont, Deviance among Indians and Eskimos in Aklavik,
N.W.T., Northern Coordination and Research Centre, NCRC-63-9, Ot-
tawa, Department of Northern Affairs and National Resources, 1963.
J. Hulbert, Age as a Factor in the Social Organization of the Hare
Indians of Fort Good Hope, N.W.T., Northern Coordination and Re-
search Centre, NCRC-62-5, Ottawa, Department of Northern Affairs

de l'ensemble des Canadiens, principalement avec la hausse de l'âge au premier mariage chez les deux sexes. Ces observations sont donc assez différentes des résultats tirés jusqu'à présent des analyses statistiques qui nous amènent à considérer la nuptialité des Indiens contemporains comme peu intense et tardive.

D'autre part, plusieurs observateurs mentionnent la présence d'unions consensuelles au sein des groupes qu'ils ont étudiés[7]. Dans les sociétés traditionnelles, il semble bien que le passage de l'état célibataire à l'état marié, ou l'acte de mariage proprement dit, n'ait pas eu toute l'importance qu'on lui attache dans notre société occidentale. L'importance attribuée au mariage légal serait un signe d'acculturation, une procédure imposée de l'extérieur. Traditionnellement, les relations sexuelles prémaritales apparaissent avoir été une pratique courante et acceptée chez la plupart des groupes indiens. La conception ou les naissances "illégitimes" étaient nombreuses et n'ont pas constitué des empêchements au mariage; les mères célibataires n'étant d'ailleurs l'objet d'aucun ostracisme, tout au contraire, la grossesse serait même devenue un facteur causal du mariage[8].

---

and National Resources, 1962. J.W. Vanstone, The Snowdrift Chipewyan, Northern Coordination and Research Centre, NCRC-63-4, Ottawa, Department of Northern Affairs and National Resources, 1963.

(7) Par exemple, D.H.J. Clairmont, op. cit. et J. Hulbert, op. cit.

(8) A.-M. Amod Shimony, Conservatism among the Iroquois at the Six Nations Reserve, Yale University Publications in Anthropology, no. 65, Yale University Press, New-Haven, 1961.
R. Père Adrien, "Conservatisme et changement chez les Indiens Micmacs", Anthropolica, no 2, 1957.
W.W. Baldwin, "Social Problems of the Ojbwa Indians in the Collins Area in North Western Ontario", Anthropologica, v. V, 1957.
A. Balikci, Vunta Kutchin Social Change. A Study of the People of Old Crow, Yukon Territory, Northern Coordination and Research Centre, NCRC-63-3, Ottawa, Department of Northern Affairs and National Resources, 1963.

Le passage du célibat au mariage chez les Indiens se faisait donc de façon assez graduelle, avec une période intermédiaire où la relation conjugale débutait sans qu'elle soit officiellement sanctionnée, une naissance issue de cette relation ayant souvent pour conséquence de précipiter le mariage légal. Bien que dans les groupes indiens qui ont été les plus longtemps et plus fréquemment en contact avec les Blancs, les comportements des Indiens se soient transformés sous l'influence des valeurs de la classe moyenne du Canada, chez les groupes plus éloignés, les comportements sont restés plus traditionnels, ce qui explique en partie qu'encore aujourd'hui, les naissances "illégitimes" comptent pour 40% des naissances totales pour l'ensemble des Indiens du Canada.

Ainsi donc, d'après les divers auteurs qui se sont penchés sur la question, la nuptialité des Indiens pose encore plusieurs problèmes : nuptialité intense ou non? tardive ou précoce? L'étude de la nuptialité des Indiens est rendue d'autant plus délicate que les modes de comportements du monde occidental, pour lequel les concepts et les méthodes classiques d'analyse démographique ont été développés, ne semblent pas se reproduire de façon exacte chez les Indiens : unions consensuelles et illégitimité sont des aspects non négligeables dont il faut tenir compte.

De plus, nous devons nous rappeler que la population indienne n'est pas un bloc monolithique, mais qu'au contraire elle est composée de nombreux groupes culturels qui n'ont pas perdu leur vitalité. Certaines de leurs valeurs et de leurs traditions, quoique atténuées par des décennies de contact avec la culture occidentale, peuvent toujours avoir des conséquences importantes sur leur comportement en matière de nuptialité.

Enfin, les sources de données statistiques sur le sujet sont peu nombreuses et sujettes à caution. C'est à ces différents problèmes que nous allons tenter de trouver une solution dans les sections qui suivent.

B. Le Registre des Indiens : description et évaluation des données

   1. Le type de données

   Comme le chapitre 1 du présent volume l'a démontré, le registre
des Indiens du MAIN* constitue une source importante de données pour
l'étude des caractéristiques démographiques des Indiens; cependant, ce
registre présente plusieurs déficiences particulièrement au niveau du
retard dans l'enregistrement des événements.

   En ce qui concerne les données relatives à la nuptialité, le fichier des événements du MAIN est difficilement utilisable pour les années antérieures à 1972 puisqu'au cours des années précédentes, la date
de l'événement inscrite au fichier, correspondait à la date à laquelle
l'événement était codé et non celle à laquelle il s'était produit.
Ainsi donc, les âges au mariage (calculés à partir de la date de naissance et de la date d'"événement") ainsi que les dates de mariage contenues dans les fichiers antérieurs à 1971, ne sont pas fiables; ils
le sont d'autant moins que les mariages sont les événements les plus
tardivement enregistrés et que dans près de 50% des cas, les âges au
mariage enregistrés sur ces fichiers sont supérieurs d'au moins un an à
ce qu'ils devraient être.

   Comme deuxième conséquence, il a été impossible jusqu'en 1972
d'apprécier l'importance du retard dans l'enregistrement des événements
autres que les naissances et les quelques analyses qui ont porté sur la
nuptialité des Indiens inscrits jusqu'à présent ont toutes été effec-
tuées sur des données non ajustées. Or Piché et George ont bien démontré comment l'enregistrement tardif des naissances pouvait affecter les
mesures de la natalité en l'absence d'ajustement[9].

---

   * Ministère des Affaires indiennes et du Nord.

   (9) V. Piché et M.V. George, "Estimation des taux démographiques des
       Indiens du Canada, 1960-1970", infra.

Le fichier des événements du MAIN permet de distinguer les types suivants d'unions:

a) Les mariages selon la coutume indienne

Par un arrêté en conseil du 31 août 1887, le gouvernement canadien a reconnu ce type de mariage qui ne nécessitait que l'accord des parties et du père de la mariée, le consentement duquel était généralement assuré par un cadeau. Cependant, l'on n'enregistre plus au MAIN de nouvelles unions selon la coutume indienne et seule une catégorie d'état matrimonial a été conservée pour les ·personnes qui dans le passé ont été mariées de cette façon.

Il n'y avait en 1974 qu'environ 500 couples d'Indiens mariés selon la coutume et leur nombre diminue puisque ces couples sont âgés, décimés par la mortalité et qu'ils ne sont pas remplacés par des couples plus jeunes. En 1974, seulement 3% des hommes et 4% des femmes étaient mariés selon la coutume. Dans la suite de ce texte, ces couples seront inclus dans le compte des personnes mariées sans distinction de mariage légal ou coutumier.

b) Les autres types d'unions

Pour la population des Indiens inscrits, les mariages possèdent cette caractéristique spéciale de pouvoir affecter le volume global de la population puisque de par la Loi sur les Indiens, tous les mariages mixtes (ou interraciaux) entraînent soit la perte, soit le gain de statut d'Indienne inscrite pour la femme contractant un tel mariage. Un Indien ne perd jamais son statut par mariage. Toutefois, une Indienne qui épouse un non-Indien perd son statut et à toutes fins pratiques, son mariage correspond dans le Registre à un décès puisqu'elle est soustraite de l'effectif. Par contre, une non-Indienne qui épouse un Indien inscrit, gagne automatiquement le statut d'Indienne, elle vient donc grossir la cohorte des Indiennes nées la même année qu'elle. De même, une Indienne qui marie un Indien appartenant à une autre bande que la sienne, change de bande.

Pour résumer, le MAIN distingue donc deux grands types d'unions : les unions interraciales et les unions intra raciales, les premières se divisant en unions Indien/non-Indienne et non-Indien/Indienne, les secondes, en unions interbandes et intra bandes.

Pour bien marquer ces distinctions, le MAIN utilise cinq codes de mariage différents. Il s'agit des codes:

"32" : mariage d'Indien (avec une femme indienne ou non-indienne)
"12" : mariage de non-Indienne avec un Indien
"42" : mariage d'une Indienne avec un Indien de la même bande
"46" : mariage d'une Indienne avec un Indien d'une autre bande
"52" : mariage d'une Indienne avec un non-Indien

Le Tableau 33 fournit le nombre de mariages <u>enregistrés</u> au cours des années 1966 et 1974, selon chacun de ces codes ou "types" de mariage.

Dans l'ensemble, le nombre total de mariages impliquant des Indiens ou des Indiennes a augmenté entre 1966 et 1974, passant de 1 742 mariages enregistrés en 1974 avec un sommet de 2 128 mariages en 1973. Cependant, le taux brut de nuptialité (rapport des mariages de l'année à la population moyenne de l'année) calculé avec des données non ajustées, a diminué durant la même période passant de 9,1 pour mille à 7,3 pour mille, alors que le même taux calculé à partir des mariages d'Indiens seulement passait de 5,5 à 5,2 pour mille, et ceux calculés à partir des mariages d'Indiennes seulement passaient de 6,6 à 5,4 pour mille toujours de 1966 à 1974.

Ce sont les mariages mixtes qui sont responsables de l'augmentation du nombre des mariages, particulièrement les mariages de femmes non-indiennes à des Indiens. Ce type d'union a doublé en termes absolus de 1966 à 1974. Par contre, le nombre des mariages d'Indiennes à des non-Indiens a été très stable jusqu'en 1969. Au cours des dernières années, les mariages d'Indiens avec des non-Indiennes et les mariages d'Indiennes avec des non-Indiens ont été en nombre pratiquement égal, subissant les mêmes fluctuations d'année en année.

Tableau 33 : Mariages enregistrés selon le type dans la
population indienne inscrite, Canada, 1966-1974

Année d'enre-gistre-ment	Mariages interraciaux		Mariages intraraciaux		Mariages** d'Indiens	Mariages d'Indiennes
	(1) 12*	(2) 52*	(3) 42*	(4) 46*	(5) 32*	(6) 52+42+46
1966	273	523	529	417	1 219	1 469
1967	300	524	536	373	1 209	1 433
1968	341	520	482	399	1 222	1 401
1969	388	580	484	405	1 277	1 469
1970	414	597	474	365	1 239	1 436
1971	513	614	575	417	1 460	1 606
1972	442	440	536	435	1 389	1 411
1973	564	538	582	444	1 550	1 564
1974	544	585	512	374	1 411	1 471

* Voir la définition des codes dans le texte.

** Jusqu'en 1969, les chiffres correspondent à la somme des colonnes 12, 42 et 46. En 1969, on a commencé à utiliser les codes d'événements tels que mentionnés. Théoriquement, les mariages d'Indiens devraient continuer à égaler la somme des colonnes 12, 42 et 46; des erreurs de codage expliqueraient l'écart observé depuis 1969.

Source : Division de la Statistique, MAIN.

Les mariages intra raciaux ont connu des variations moins fortes que les mariages mixtes. Tout au long de la période, les mariages impliquant deux personnes de la même bande ont été supérieurs d'environ 20% aux mariages dont les conjoints appartenaient à des bandes différentes.

Cette augmentation des mariages mixtes est un indice d'importants changements sociaux. Elle s'explique aussi en relation avec l'émigration des Indiens vers les centres urbains où les occasions de rencontre

Figure IV   Mariages d'Indiens inscrits et mariages d'Indiennes inscrites enregistrés, 1966-1974

Nombre de mariages

SOURCE: TABLEAU 33

avec les non-Indiens sont évidemment multipliées. En 1966, 43 472 Indiens et Indiennes vivaient hors des réserves ou des Terres de la Couronne ce qui représentait 19,4% de la population totale inscrite; en 1974, cette proportion était passée à 26,7% et elle atteignait 27,6% en 1977 pour un total de 81 682 personnes.

2. La qualité des données

Bien que certains problèmes existent au niveau du traitement des données (examens de codage, procédures de contrôle partielles), ces quelques déficiences ne sont toutefois pas assez importantes pour rendre les données non valables ou peuvent être contournées assez facilement. Ainsi bien que certaines jeunes filles de moins de 15 ans apparaissent au fichier comme mariées, nous avons supposé que toutes les personnes de moins de 15 ans au registre étaient célibataires et que tous les mariages étaient contractés à 15 ans révolus ou après.

Par contre, l'enregistrement tardif des événements constitue un problème majeur dans l'utilisation des données du registre des Indiens comme l'ont souligné Piché et George en ce qui concerne les naissances[10]. Comme mentionné précédemment, ce n'est qu'à partir de 1972 qu'il a été possible de mesurer l'ampleur du retard dans l'enregistrement des événements autres que les naissances. Le Tableau 34 présente un résumé de l'enregistrement tardif au cours des années 1972, 1973 et 1974 pour les principaux événements qui affectent la population indienne inscrite.

Ce tableau permet deux constatations importantes. Tout d'abord, le niveau de l'enregistrement tardif est très élevé, particulièrement pour les mariages mixtes; plus de la moitié des mariages de non-Indiennes à des Indiens enregistrés en 1974, se sont produits durant les années antérieures alors que près de 60% des mariages d'Indiennes à des non-Indiens enregistrés la même année se rapportent aux années antérieures. De tous les types de mariage, les mariages d'Indiens et

(10) V. Piché et M.V. George, op. cit., infra.

Tableau 34 : Nombre et pourcentage d'événements enregistrés en 1972, 1973 et 1974 selon le type d'événement et le nombre d'années de retard dans l'enregistrement. Registre des Indiens du Canada

Type d'événement (code) et année d'enregistrement	Nombre d'années de retard dans l'enregistrement						
	Nombre absolu			Total	En pourcentage		
	Aucune	Un an	Plus d'un an		Aucune	Un an	Plus d'un an
Naissances légitimes (10)							
1972	3 460	994	447	4 901	70,6	20,3	9,1
1973	3 023	942	572	4 537	66,6	20,8	12,6
1974	2 687	1 037	686	4 410	60,9	23,5	15,6
Naissances illégitimes (20)							
1972	2 752	726	225	3 703	74,3	19,6	6,1
1973	2 533	822	350	3 705	68,4	22,2	9,4
1974	2 473	977	388	3 838	64,4	25,5	10,1
Mariages d'Indiens (32)							
1972	949	307	133	1 389	68,3	22,1	9,6
1973	983	374	193	1 550	63,4	24,1	12,5
1974	865	341	205	1 411	61,3	24,2	14,5
Mariages de non-Indiennes à des Indiens (12)							
1972	236	122	84	442	53,4	27,6	19,0
1973	300	138	126	564	53,2	24,5	22,3
1974	267	136	141	544	49,1	25,0	25,9
Mariages d'Indiennes à Indiens - même bande (42)							
1972	425	89	22	536	79,3	16,6	4,1
1973	438	109	35	582	75,3	18,7	6,0
1974	383	102	27	512	74,8	19,9	5,3

Tableau 34 (suite)

| Type d'événement (code) et année d'enregistrement | Nombre d'années de retard dans l'enregistrement | | | | | | |
| | Nombre absolu | | | | En pourcentage | | |
	Aucune	Un an	Plus d'un an	Total	Aucune	Un an	Plus d'un an
Mariages d'Indiennes à Indiens – autre bande (46)							
1972	303	105	27	435	69,7	24,1	6,2
1973	281	128	35	444	63,3	28,8	7,9
1974	219	112	43	374	58,6	29,9	11,5
Mariages d'Indiennes à des non-Indiens (52)							
1972	254	131	55	440	57,7	29,8	12,5
1973	287	138	113	538	53,3	25,7	21,0
1974	244	134	207	585	41,7	22,9	35,4
Divorces (36)							
1972	29	25	22	76	38,2	32,9	28,9
1973	36	40	26	102	35,3	39,2	21,5
1974	42	39	40	121	34,7	32,3	33,0
Décès (57)							
1972	1 601	333	121	2 055	77,9	16,2	5,9
1973	1 659	366	159	2 184	76,0	16,7	7,3
1974	1 654	407	162	2 217	74,6	18,4	7,0

Source : Division de la Statistique, MAIN.

- 138 -

d'Indiennes de la même bande sont les plus rapidement rapportés, puisque toujours en 1974, seulement 25% de ces mariages se rapportaient aux
années passées.

Les divorces sont toutefois encore plus sujets à l'enregistrement
tardif que les mariages; il est vrai cependant que leur nombre absolu
est très faible. On doit aussi remarquer que l'enregistrement tardif
des décès (25% des décès enregistrés en 1974) bien que plus faible que
celui des naissances n'est pas négligeable et contrebalance près de 20%
de l'effet de l'enregistrement tardif des naissances, pour ce qui est
du volume total de la population.

La seconde constatation, plus alarmante encore est que l'enregistrement tardif augmente rapidement en proportion d'une année à l'autre
et, facteur aggravant, ce sont les événements rapportés plus d'un an en
retard qui ont crû le plus rapidement.

Les conséquences de l'enregistrement tardif sur les données sont
nombreuses. Ainsi, les effectifs de population fournis par les tableaux du ministère sont sous-estimés puisque les naissances rapportées
en retard sont de loin supérieures aux décès rapportés en retard. La
population de moins de cinq ans est bien sûr la plus touchée, ce qui
dans l'étude de la nuptialité ne porte pas trop à conséquence.

Par contre, il n'en reste pas moins que ce sous-enregistrement de
la population affecte le dénominateur dans le calcul du taux brut de
nuptialité; le numérateur est aussi affecté puisque les mariages enregistrés une année ne correspondent pas aux mariages survenus dans le
cas où la proportion et le nombre de mariages rapportés en retard varient d'une année à l'autre.

D'autre part, l'enregistrement tardif des mariages a pour effet de
surestimer le nombre de célibataires aux dépends du nombre des mariés.
Il a aussi pour conséquence d'élever l'âge moyen au mariage calculé en
utilisant les proportions de célibataires non ajustées.

- 139 -

C. Les taux bruts de nuptialité

De façon à calculer des taux de nuptialité qui ne soient pas trop affectés par les imperfections observées dans les données brutes, des ajustements ont été effectués tant pour le nombre de mariages que pour la population de base à laquelle se rapportent ces mariages.

La méthode utilisée pour l'ajustement de la population totale s'est largement inspirée de la méthode suivie par Piché et George[10], laquelle consiste en gros à ajouter à la population inscrite à la fin de l'année les naissances survenues durant l'année et rapportées après la fin de l'année "t", le tout affecté d'un coefficient tenant compte des enfants décédés après ce moment et dont ni la naissance ni le décès n'ont été rapportés[11].

Seuls les mariages des femmes indiennes (soit la somme des mariages de code "40", "46" et "52" tels que définis précédemment) ont été considérés pour le calcul des taux de nuptialité. Les données sur ces mariages ont été aussi ajustées en fonction des mariages enregistrés avec retard.

Comme mentionné plus tard, le taux brut de nuptialité des Indiennes, calculé à partir des données non ajustées passait de 6,6 pour 1 000 en 1966 à 5,4 pour 1 000 en 1974. En utilisant la population et les mariages tels qu'ajustés, les taux obtenus sont d'une part, toujours supérieurs à ceux que fournissent les données brutes et d'autre part, ils démontrent une baisse beaucoup moins importante que les données non ajustées ne le laissent croire. En effet, le taux ajusté augmente de 6,4 pour 1 000 en 1967 à 7,0 pour 1 000 en 1970 pour alors redescendre à 6,1 pour 1 000 en 1974 soit un taux de 13% supérieur aux taux non ajustés pour la même période.

(10) V. Piché et M.V. George, op. cit., infra.

(11) G. Lachance-Brulotte, la Nuptialité des Indiens inscrits du Canada, 1966-1974, Mémoire de maîtrise es sciences présenté à la faculté des études supérieures, Université de Montréal, décembre 1975.

Par rapport à la population canadienne, on note au Tableau 35 que
le taux de nuptialité des Canadiens est constamment plus élevé que celui des Indiens. Il faut remarquer cependant que les Indiens ont une
structure d'âge très jeune et que le taux calculé sur la population
moyenne âgée de 15 ans et plus fournit des résultats assez comparables
(12,6 pour 1 000 en 1971, 12,9 en 1972 et 12,5 en 1973 chez les Canadiens et 13,1 pour 1 000 en 1971, 12,2 en 1972 et 12,1 en 1973 chez les
Indiens).

D. Intensité et calendrier de la nuptialité

1. Les proportions de célibataires

John Hajnal[12] a démontré l'utilité des proportions de célibataires selon l'âge et le sexe dans l'étude de la nuptialité. En considérant des proportions de célibataires fournies par un recensement, et
en imaginant que ces proportions représentent le comportement d'une
cohorte fictive à travers le temps, on peut calculer la proportion du
célibat définitif et l'âge moyen au premier mariage dans cette cohorte
fictive. On peut admettre que ces mesures représentent assez bien le
comportement des cohortes réelles à condition d'une part que la nuptialité soit stable et d'autre part que la migration et la mortalité affectent de la même façon les célibataires et les mariés. On sait que
ces dernières conditions ne sont pas toujours remplies, en particulier
que les migrations affectent plus les célibataires que les gens mariés.
Toutefois dans le cas de la population indienne, à l'échelle de l'ensemble du Canada, les migrations n'existent pas comme telles; on ne
peut entrer ou sortir du registre que suite à des événements bien pré-
cis définis par la loi.

On peut penser qu'avec l'équilibre qui s'établit maintenant dans
les mariages inter raciaux, les proportions de célibataires chez les
cohortes d'hommes plus jeunes seront probablement plus près des proportions de célibataires chez les femmes vers l'âge de 50 ans.

(12) J. Hajnal, "Age at Marriage and Proportions Marrying", Population
Studies, VII, 2, novembre 1953, pp. 111-136.

Tableau 35 : Taux bruts de nuptialité des Indiennes inscrites,
ajustés et non ajustés, 1967-1974; ensemble du Canada,
1967-1973 (en pour 1 000)

Année	Données non ajustées			Données ajustées			Taux canadien
	Mariage	Population moyenne	Taux	Mariage	Population moyenne	Taux	
1967	1 433	227 533	6,3	1 481	231 634	6,4	8,1
1968	1 401	234 196	6,0	1 504	238 637	6,3	8,3
1969	1 469	240 757	6,1	1 594	245 528	6,5	8,7
1970	1 436	247 403	5,8	1 647	252 503	6,5	8,8
1971	1 606	254 200	6,3	1 809	259 628	7,0	8,9
1972	1 411	261 150	5,4	1 753	266 893	6,6	9,2
1973	1 564	267 592	5,8	1 799	273 600	6,6	9,0
1974	1 471	273 465	5,4	1 695	279 775	6,1	

Source : Division de la Statistique, MAINC, et tableaux 34 et 37 (17);
ensemble du Canada : Statistique Canada, Statistique de l'État
civil, catalogue n° 84-205.

D'autre part, la nuptialité des Indiennes apparaît beaucoup plus
tardive que celle des Canadiennes. Plus de 60% des Indiennes de 20-24
ans sont encore célibataires en 1971, alors que 43% des Canadiennes du
même âge le sont encore; la différence s'accentue au groupe d'âge suivant : seulement 15% des Canadiennes sont célibataires pour 42% des Indiennes. La différence est encore très marquée pour les groupes d'âge
30-34 ans, 35-39 et 40-44 ans. Ce n'est vraiment qu'autour de 50 ans
que l'équilibre se rétablit.

La même situation se reproduit pour le sexe masculin. Dans le
groupe d'âge 25-29 ans, la proportion des célibataires est deux fois
plus élevée chez les Indiens; elle l'est presque trois fois plus dans
le groupe 30-34 ans; elle l'est trois fois plus dans les groupes 35-39

et 40-44 ans. De telles proportions suggèrent un âge moyen au premier mariage nettement plus élevé dans la population indienne et ceci pour les deux sexes.

Enfin, les proportions de célibataires chez les Indiens des deux sexes se sont élevées dans tous les groupes d'âges jusqu'au groupe 55-59 ans de 1966 à 1974.

Cependant, il faut remarquer d'une part que les mères célibataires constituent une large proportion des femmes de 15 à 49 ans. D'autre

Tableau 36 : Proportions de célibataires selon le sexe et le groupe d'âge, population indienne inscrite 1966-1974; et population canadienne, 1971 (en pourcentage)

SEXE FEMININ

Groupe d'âge	Population indienne*							Population canadienne
	1966	1967	1968	1969	1970	1971	1974	1971
15-19	90,4	90,5	91,0	91,4	92,0	92,0	92,9	92,5
20-24	57,5	58,5	59,6	60,6	61,4	61,1	64,5	43,5
25-29	37,9	39,0	39,4	39,5	40,5	42,5	45,8	15,4
30-34	27,8	28,0	28,7	30,1	31,2	31,2	33,4	9,1
35-39	21,4	22,4	23,4	23,8	23,8	24,6	26,5	7,3
40-44	15,7	16,8	17,5	18,3	19,1	19,6	22,0	6,9
45-49	11,1	11,7	13,1	13,8	14,1	14,9	17,1	7,0
50-54	8,5	8,7	8,6	9,0	9,7	10,7	13,4	7,7
55-59	8,7	8,0	8,5	8,2	8,5	8,2	8,8	9,0
60-64	7,3	7,9	7,4	8,2	8,7	8,6	8,4	10,2
65+	8,2	8,2	8,2	8,0	7,8	7,9	8,3	10,7

* Ces proportions incluent les mères célibataires.

Tableau 36 (suite)

SEXE MASCULIN

Groupe d'âge	Population indienne							Population canadienne
	1966	1967	1968	1969	1970	1971	1974	1971
15-19	98,8	98,8	98,9	98,7	98,8	98,5	98,6	98,4
20-24	77,8	77,7	77,7	77,9	78,1	77,9	78,9	67,6
25-29	48,5	50,2	51,1	52,2	53,2	53,3	54,3	25,6
30-34	36,7	36,3	36,9	36,8	37,0	37,7	40,8	13,3
35-39	29,7	30,3	30,2	30,2	30,8	31,6	31,4	10,3
40-44	23,3	24,3	24,7	26,7	27,1	27,3	27,6	9,4
45-49	18,6	18,8	19,9	20,4	21,1	21,4	25,0	9,1
50-54	15,4	16,5	16,5	16,8	16,8	17,7	19,0	8,7
55-59	12,9	12,7	13,4	13,7	14,7	14,8	16,1	9,2
60-64	10,7	11,3	11,6	11,8	11,5	12,1	13,3	9,7
65+	12,0	11,8	11,7	11,6	11,5	11,2	10,9	10,6

Source : Division de la Statistique, MAIN et Statistique Canada, Recensement de 1971, Tableau 1, Catalogue numéro 92-730.

part, l'enregistrement tardif des mariages a un effet direct sur la proportion de célibataires et sur une mesure comme celle de l'âge moyen au premier mariage.

2. Les mères célibataires

Les proportions de célibataires du Tableau 36 ont été calculées en considérant que toutes les mères célibataires étaient réellement en état de célibat, et non en état d'union consensuelle. Le Tableau 37 fournit les proportions de célibataires sans enfant et de mères célibataires dans la population féminine pour les années où les données sont disponibles. Comme on peut le constater, les proportions de mères célibataires sont très importantes dans les groupes d'âges 20-24 ans à

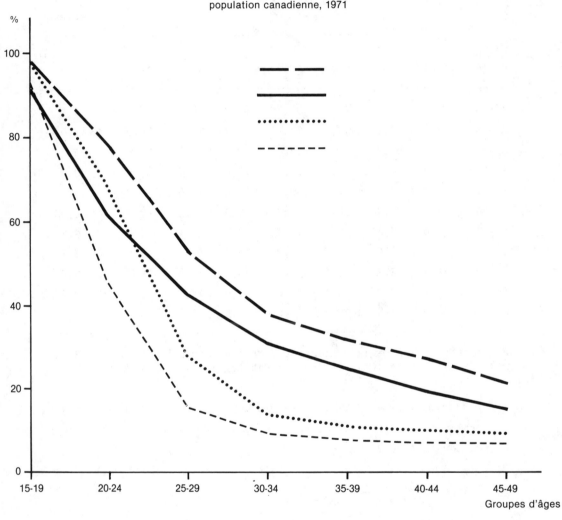

FIGURE V: Proportions de célibataires
selon le sexe et le groupe d'âge,
population indienne inscrite et
population canadienne, 1971

Légende :
_____ Indiennes inscrites
– – – Indiens inscrits
.... Canadiennes
. . . . . . Canadiens

SOURCE : TABLEAU 36

30-39 ans, groupe d'âge où justement l'écart entre les proportions de célibataires des Indiennes et des Canadiennes était le plus marqué. De fait lorsque l'on considère les proportions de célibataires indiennes sans enfant, celles-ci sont très voisines des proportions de célibataires chez les Canadiennes.

Si on examine le Tableau 37, on réalise que les proportions de célibataires sans enfant ont été stables de 1969 à 1974 et qu'elles n'ont augmenté de façon importante que dans le groupe des 20-24 ans. Par contre la proportion des mères célibataires à chaque âge s'est élevé de 1969 à 1974; l'augmentation des proportions de célibataires féminines au Tableau 36 était donc due principalement à l'augmentation des mères célibataires.

Tableau 37 : Proportions des célibataires sans enfant et de mères célibataires chez les Indiennes inscrites selon le groupe d'âges, 1969-1974 (en pourcentage)

Groupe d'âges	Célibataire sans enfant				Mère célibataire			
	1969	1970	1971	1974	1969	1970	1971	1974
15-19	80,9	80,8	80,6	80,3	10,5	11,2	11,4	12,6
20-24	32,5	33,6	35,0	35,3	28,1	27,7	26,1	29,2
25-29	15,3	16,1	16,9	19,1	24,1	24,4	25,6	26,7
30-34	11,2	11,1	11,4	12,1	19,0	20,1	19,8	21,3
35-39	9,5	9,6	9,1	9,3	14,2	14,1	15,5	17,2
40-44	8,7	8,5	8,4	8,8	9,6	10,6	11,2	13,2
45-49	6,8	6,9	7,3	8,4	7,0	7,2	7,7	8,7
50-54	5,5	5,8	6,1	6,8	3,5	3,9	4,6	6,6
55-59	5,5	5,7	5,2	5,5	2,7	2,8	3,0	3,3
60-64	5,8	6,2	6,1	5,7	2,4	2,5	2,5	2,7
65+	6,6	6,4	6,4	5,9	1,4	1,4	1,5	1,8

Source : Division de la Statistique, MAIN.

3. Les proportions ajustées de célibataires et l'âge moyen au premier mariage

Pour ajuster les données provenant du Registre des Indiens en fonction de l'enregistrement tardif des mariages, nous avons soustrait au nombre observé de célibataires d'une génération "x", le nombre de mariages rapportés un an, deux ans, etc., après le moment de l'observation (soit le 31 décembre 1971), mais s'étant produits avant ce moment. Comme les données n'étaient disponibles que jusqu'en 1974 inclusivement, nous avons dû estimer pour chaque génération le nombre de mariages survenus avant 1972 et rapportés en 1975 et après[13].

Le Tableau 38 présente les effectifs bruts et ajustés de célibataires par année d'âge, ainsi que les proportions de célibataires qui en découlent. Comme on peut le constater, l'ajustement des proportions de célibataires en fonction de l'enregistrement tardif des mariages n'affecte pas l'intensité du phénomène, puisqu'à 50 ans la proportion de célibataires chez les Indiennes reste 12,3%, ce qui est un peu plus élevé que pour l'ensemble des Canadiennes.

Par contre, le calendrier se trouve modifié. À chaque année d'âge, jusqu'à 46 ans, les proportions de célibataires ajustées sont plus faibles que les proportions brutes. Cet écart, très faible à 15 ans s'élève rapidement aux âges où le nombre des mariages est le plus grand puis se résorbe à partir de 35 ans pour devenir nul autour de 50 ans. Toutefois, même avec des données ajustées, l'on observe que les proportions de célibataires demeurent élevées jusqu'à un âge assez avancé. Entre 30 et 34 ans, 28,1% des femmes sont encore célibataires, alors que selon le recensement de 1971, cette proportion n'était que de 9,1% chez l'ensemble des Canadiennes.

Avec ces proportions de célibataires, il nous a été possible de calculer l'âge moyen des Indiennes au premier mariage en utilisant la méthode de Hajnal:

---

(13) G. Lachance-Brulotte, op. cit., pp. 104-111.

Tableau 38 : Proportions de célibataires selon l'année d'âge chez

les Indiennes inscrites (données brutes et ajustées)

Géné- ration	Âge au 31.12.71	Effectif total 31.12.71	Effectif brut des céliba- taires	Proportion brute en %	Effectif ajusté des célibataires	Proportion ajustée en %
1956	15	3 139	3 125	99,6	3 108	99,0
1955	16	2 828	2 756	97,5	2 716	96,0
1954	17	2 803	2 615	93,3	2 553	91,1
1953	18	2 706	2 355	87,0	2 206	81,5
1952	19	2 517	2 015	80,1	1 824	72,5
1951	20	2 439	1 694	69,5	1 531	62,8
1950	21	2 222	1 465	65,9	1 315	59,2
1949	22	2 194	1 347	61,4	1 230	56,1
1948	23	2 089	1 130	54,4	1 039	49,7
1947	24	2 079	1 045	50,3	957	46,0
1946	25	1 867	960	51,4	841	45,1
1945	26	1 736	772	44,5	710	40,9
1944	27	1 633	671	41,1	606	37,1
1943	28	1 608	607	37,8	568	35,3
1942	29	1 568	565	36,0	542	34,6
1941	30	1 430	475	33,2	425	29,7
1940	31	1 408	465	33,0	423	30,0
1939	32	1 372	448	32,7	418	30,5
1938	33	1 324	393	29,7	361	27,3
1937	34	1 252	338	27,0	318	25,4

Tableau 38 (suite)

Géné-ration	Âge au 31.12.71	Effectif total 31.12.71	Effectif brut des céliba-taires	Proportion brute en %	Effectif ajusté des célibataires	Proportion ajustée en %
1936	35	1 115	316	28,3	279	25,0
1935	36	1 140	259	22,7	251	22,0
1934	37	1 125	263	23,4	247	22,0
1933	38	1 116	275	24,6	255	22,9
1932	39	1 064	253	23,8	247	23,2
1931	40	1 026	216	21,1	211	20,6
1930	41	924	195	21,1	189	20,5
1929	42	923	172	18,6	169	18,3
1928	43	912	177	19,4	166	18,2
1927	44	856	149	17,4	140	16,4
1926	45	847	148	17,5	147	17,4
1925	46	797	116	14,6	116	14,6
1924	47	853	128	15,0	126	14,8
1923	48	771	120	15,6	120	15,6
1922	49	716	83	11,6	82	11,5
1921	50	721	89	12,3	89	12,3

Source : Tableaux non publiés de la Division de la Statistique, MAIN.

$$m = \frac{1500 + C15 + C16 + \ldots\ldots + C49 - 50C50}{C15 - C50}$$

où

    m = l'âge moyen au premier mariage

  C15 = la proportion de célibataires âgées de 15 ans au 31 décembre 1971

  C50 = la proportion de célibataires âgées de 50 ans au 31 décembre 1971

Nous avons obtenu un âge moyen au premier mariage de <u>25,3 ans</u> en utilisant les proportions ajustées, contre <u>26,3 ans</u> en utilisant les proportions brutes. L'ajustement des proportions de célibataires a donc pour effet d'abaisser <u>d'un an</u> l'âge moyen au premier mariage.

Comme nous l'avons mentionné précédemment, les proportions de célibataires fournies par un relevé à un point déterminé dans le temps sont le résultat du comportement de différentes générations et elles ne représentent le comportement réel des générations qu'en autant que la nuptialité n'évolue pas beaucoup de générations en générations.

De fait, les tableaux 36 et 37 semblaient bien montrer que les cohortes ont des comportements différents, puisque les proportions de célibataires totales et de mères célibataires augmentent dans un même groupe d'âge d'une année à l'autre.

E. <u>Les dissolutions d'unions</u>

    1. Les divorces et les séparations

Le fichier des événements du MAIN fournit le compte annuel des divorces enregistrés; par contre, les séparations légales ou de fait, sont enregistrées lors de la mise à jour du fichier à la fin de l'année de calendrier. Cependant, cette modification de l'état matrimonial n'est enregistré qu'au moyen d'un code "d'amendements divers" utilisé

- 150 -

aussi bien pour une correction de date de naissance par exemple et par
conséquent, il n'est pas possible d'obtenir le compte des séparations
survenues au cours d'une année.

Pour ce qui est des divorces, leur nombre est très faible comme
en fait foi le tableau 39. Jusqu'en 1970, on enregistrait moins de 30
divorces par année pour une population de plus de 200 000 Indiens inscrits, ce qui donne évidemment un taux de divorcialité assez insigni-
fiant. Le nombre de divorces enregistrés annuellement a toutefois qua-
druplé depuis 1970.

Tableau 39 : Divorces enregistrés et taux de divorcialité
non ajustés, population indienne inscrite, 1966-1974;
et taux de divorcialité canadienne, 1966-1973
(pour 100 000)

Année	Divorces enregistrés	Population indienne inscrite Population moyenne (non ajustée)	Taux	Population canadienne Taux
1966	16	221 131	7,2	51,2
1967	26	227 533	11,4	54,7
1968	13	234 196	5,6	54,8
1969	22	240 757	9,1	124,8
1970	33	247 403	13,3	139,8
1971	76	254 200	29,9	137,6
1972	76	261 150	28,7	148,4
1973	102	267 592	38,1	166,1
1974	121	273 465	44,2	

Source : Division de la Statistique, MAINC. Statistique de l'état civil, Statistiques Canada, Catalogue 84-205.

Cette hausse est probablement liée à la modification de la loi sur
le divorce de 1968, laquelle a eu pour effet de faciliter l'officiali-
sation des divorces qui n'étaient jusque-là que des séparations de fait.
L'enregistrement des divorces subissant un retard très important, il

est encore trop tôt pour savoir si l'augmentation des divorces enregistrés traduit une réelle augmentation du phénomène ou si elle n'est
qu'un effet à retardement de la loi de 1968. Il n'en reste pas moins
que même en 1974, le taux de divorcialité des Canadiens est encore quatre fois plus élevé que celui des Indiens. Le faible taux de divorcialité chez les Indiens n'est d'ailleurs pas étonnant vu les coûts élevés
qu'entraînent la plupart du temps un divorce et le bas niveau des revenus de la population indienne.

Bien que l'on n'ait pas de compte exact de séparations il semble
que celles-ci soient environ dix fois plus nombreuses que les divorces.
En effet, de 1967 à 1971 le nombre de femmes séparées est passé de
3 085 à 3 853 alors que le nombre des divorcés est passé de 124 à 207,
ce qui est d'ailleurs cohérent avec le nombre des divorces enregistrés
en 1970 et 1971, compte tenu de remariages et de décès possibles.

2. Les proportions de veuves, divorcées et séparées

La proportion des femmes qui ont été légitimement mariées et qui
ont vu cette union brisée augmente rapidement avec l'âge pour atteindre
37, dans le groupe 60-64 ans (Tableau 40). Jusqu'à cinquante ans, les
séparations constituent la part la plus importante des brisures d'u-
nions; à partir de cinquante ans, le veuvage en devient la principale
source. La surmortalité des Indiens par rapport à la population canadienne se traduit dans les structures d'état matrimonial chez les Indiennes, puisque l'on note, dans chaque groupe d'âges au-dessus de
vingt ans, des proportions de veuves nettement plus élevées chez les
Indiennes que chez les Canadiens.

D'autre part, on observe une augmentation à tous les groupes d'â-
ges de la proportion des divorcées de 1969 à 1974. Cependant, ce qui
concorde avec nos remarques précédentes sur les taux de divorcialité,
les proportions de divorcées chez les Canadiennes sont toujours deux
fois plus élevées que chez les Indiennes.

Enfin, dans la plupart des groupes d'âges, les proportions de séparées ont plus que triplé de 1966 à 1974. Si l'on rapporte ces pro-

portions de divorcées et de séparées aux femmes légalement mariées en 1971, il ressort que pour six femmes mariées légalement, il s'en trouve une qui est séparée ou divorcée et ceci dans tous les groupes d'âges de 35 à 60 ans.

Tableau 40 : Proportion des Indiennes inscrites veuves, divorcées et séparées selon le groupe d'âge, 1966-1974; proportion des Canadiennes veuves et divorcées selon le groupe d'âge, 1971 (en pour cent)

	1966	1967	1968	1969	1970	1971	1974	Population canadienne 1971
VEUVES								
15-19	0,0	0,1	0,1	0,0	0,1	0,1	0,0	0,2
20-24	0,5	0,5	0,4	0,5	0,4	0,4	0,6	0,3
25-29	1,4	1,6	1,4	1,4	1,5	1,5	1,2	0,5
30-34	2,7	2,6	2,7	2,8	2,5	2,6	2,4	0,9
35-39	4,2	4,2	4,6	4,6	4,7	4,2	4,7	1,6
40-44	7,1	6,8	6,7	6,1	6,1	6,2	6,7	2,7
45-49	9,9	10,4	10,0	10,5	10,9	10,5	9,1	5,0
50-54	13,7	14,5	15,1	15,3	14,5	14,0	15,2	8,8
55-59	19,8	20,0	20,6	20,9	20,1	20,2	20,6	14,5
60-64	27,9	26,9	27,2	26,6	28,0	27,5	28,3	22,6
65+	52,0	51,6	51,1	51,8	51,3	50,9		49,4
DIVORCÉES								
15-19				0,0	0,0	0,0	0,0	0,1
20-24				0,0	0,0	0,1	0,1	0,1
25-29				0,1	0,2	0,3	0,5	1,5
30-34				0,1	0,3	0,4	0,9	2,0
35-39	Compris dans			0,3	0,3	0,4	1,0	2,1
40-44	les séparées			0,4	0,5	0,7	1,2	2,1
45-49				0,5	0,5	0,6	1,1	2,0
50-54				0,3	0,5	0,7	0,9	1,9
55-59				0,5	0,5	0,6	0,8	1,7
60-64				0,4	0,4	0,3	0,9	1,5
65+				0,2	0,2	0,3		0,7

Tableau 40 (suite)

	1966	1967	1968	1969	1970	1971	1974	Population canadienne 1971
		SÉPARÉES						
	*	*	*					
15-19	0,0	0,0	0,1	0,1	0,1	0,1	0,0	
20-24	0,0	0,0	1,2	1,5	1,5	1,9	1,4	
25-29	0,3	0,2	3,5	4,7	5,3	5,7	5,0	
30-34	1,3	0,9	5,7	7,0	8,1	8,8	8,9	
35-39	2,4	2,3	7,4	9,2	10,1	10,6	10,6	
40-44	3,6	3,2	8,8	10,5	11,1	11,6	12,3	
45-49	3,8	3,7	7,9	9,9	10,9	11,8	12,6	
50-54	4,5	4,5	8,2	8,9	9,8	9,5	11,2	
55-59	3,9	3,9	7,0	7,8	8,5	9,6	9,7	
60-64	2,8	3,4	5,6	6,9	7,0	7,4	7,9	
65+	1,4	1,3	2,8	3,0	3,4	3,4		

* séparées et divorcées.

Source : Division de la Statistique, MAINC.

De plus, lorsqu'on considère les veuves et les mères célibataires dont une partie ne vit pas en union consensuelle, on se rend compte qu'une part appréciable des femmes ont la responsabilité d'élever seules leur famille. Ceci est d'ailleurs confirmé par les données inédites tirées du recensement canadien de 1971 selon lesquelles 17,7% des familles dont le chef était un Indien membre d'une bande avaient effectivement une femme pour chef. Cette même proportion n'était alors que de 7,3% pour l'ensemble des familles canadiennes.

Conclusion

À l'aide des données ajustées du MAINC, ainsi qu'avec les recherches des sociologues et des anthropologues sur la question, il est possible d'obtenir une image assez nette de la nuptialité des Indiens.

On est tout d'abord frappé par une évolution sensible du phénomène. D'une nuptialité universelle et très précoce, du moins chez les filles, dans les sociétés traditionnelles, on est passé à une nuptialité moins intense et assez tardive, le comportement des Indiennes tendant à se rapprocher de celui de l'ensemble des Canadiennes. En ce sens, l'augmentation du nombre des mariages interraciaux que nous avons soulignée est significative.

Si les comportements des Indiennes et des Canadiennes convergent, il ne faut pas toutefois minimiser les différences actuelles. Celles-ci résident surtout dans la place qu'occupe le mariage légal chez les premières. En effet, alors que le mariage légal (civil ou religieux) reste encore chez les Canadiennes la forme de loin la plus répandue d'union conjugale, les unions consensuelles contribuent pour une part importante de l'ensemble des unions chez les Indiennes.

C'est d'ailleurs pourquoi le taux brut de nuptialité (légale) des Indiennes, qui se maintenait entre 6 et 7 pour 1 000 durant la période étudiée nous a d'abord paru faible. Il ressort de notre analyse que les Indiennes contractent en grand nombre des unions consensuelles plutôt que des mariages légaux, que l'incidence de ces unions tend à augmenter et qu'elles touchent surtout des jeunes femmes puisque environ 16% des femmes de 20-24 ans et 20% des femmes de 25-29 ans vivaient dans ce type d'union en 1971.

Ainsi, l'âge moyen des femmes au premier mariage, qui devait se situer autour de 16 à 18 ans dans les sociétés traditionnelles s'est-il élevé chez les Indiennes d'aujourd'hui; mais cette élévation de l'âge moyen au premier mariage apparaît moins importante si l'on ajoute les unions consensuelles aux mariages légaux (pour un âge moyen de 22 ans) que si l'on considère uniquement ces derniers (pour un âge moyen d'environ 24 ans).

Enfin, si dans les sociétés traditionnelles la stabilité des unions était surtout mise en danger par la mortalité affectant l'un des conjoints, les séparations et les divorces sont maintenant jusqu'à un âge relativement avancé les principaux responsables des dissolutions d'unions. Le veuvage n'en constitue pas moins une cause importante de brisures d'unions relativement à la population canadienne. Aussi en résulte-t-il qu'une famille indienne sur cinq est une famille monoparentale.

Ce texte est loin d'avoir répondu à toutes les questions concernant la nuptialité des Indiens; bien au contraire, il ouvre la porte à de nombreux problèmes; on peut se demander par exemple jusqu'à quel point l'enregistrement des événements d'état civil au Registre des Indiens se détériore actuellement, peut-être même jusqu'à rendre non valables nos données "ajustées"; ou dans quelle mesure les unions consensuelles sont devenues plus importantes qu'elles ne le furent dans le passé et pour quelles raisons.

De plus, il faudra être très prudent en appliquant les résultats de notre analyse à un groupe indien en particulier; certains phénomènes, comme les unions consensuelles, apparaissent très répandus chez certains groupes et pratiquement inexistants chez d'autres. Il serait donc des plus utile de poursuivre l'étude au niveau régional, vu les variations qui se manifestent à ce niveau.

Les mariages d'Indiennes et de Non-Indiennes au Québec : caractéristiques et conséquences démographiques

Francine Bernèche, Juan A. Fernandez et Danielle Gauvreau

La loi traite d'une façon particulière les mariages entre une femme jouissant du statut d'Indien et un homme qui, quelle que soit son origine, n'en bénéficie pas : la femme perd son statut et ses enfants n'y ont pas droit. Ce type particulier de mariage mixte est ainsi à l'origine d'une population d'"Indiennes sans statut" et également de "Métis" (dont il n'est pas sûr que tous le soient du point de vue génétique, puisque la mixité de l'union ne porte que sur le statut légal et que le père peut parfaitement être un Indien privé du statut).

Il existe d'autres façons de perdre le statut (émancipation[1] par exemple) et des cas où il est refusé à des personnes qui pensent y avoir droit, ce qui contribue également à alimenter la population des "Métis et Indiens sans statut". Celle-ci demeure cependant essentiellement tributaire des mariages d'Indiennes avec des non-Indiens qui, contrairement aux autres causes, ne font pas figure d'exceptions mais sont le reflet d'un mode de vie, un fait de société qui s'est manifesté avec régularité jusqu'à présent et qui sans doute se poursuivra à l'avenir. C'est leur importance pour la formation et la dynamique de la population des "Métis et Indiens sans statut" qui justifie l'attention portée à ce type de mariages.

---

* Extrait de : Recherches amérindiennes au Québec, vol. 9, nº 4, 1980, pp. 313-321.

(1) Obtenue sur demande ou décrétée par ordonnance (cas des Indiennes épousant un non-Indien), l'émancipation traduit l'abandon ou la perte du statut d'Indien; elle implique la vente des terres ou biens possédés par l'individu sur la réserve.

Dans un premier point, après un bref rappel des règles légales qui régissent les mariages mixtes, nous présentons le registre des Indiens, principale source des données pour leur étude. Les caractéristiques principales des mariages de ce type, conclus entre 1951 et 1978, sont ensuite examinées. Cette partie est essentiellement descriptive, en raison du type de données disponibles. Finalement, nous avons tenté de mesurer l'impact des mariages mixtes, en comparant l'évolution de la population indienne en l'absence de mariages mixtes avec celles qui résulteraient de deux hypothèses sur l'importance de ces mariages.

A. La loi de 1951 et le registre des Indiens

Dernière-née d'une série de lois qui, depuis 1850, ont statué sur l'appartenance au groupe des Indiens "reconnus", la Loi sur les Indiens[2] de 1951 restreint encore la définition du terme "Indien" et maintient la prépondérance de la filiation patrilinéaire. Cette loi, qui impose l'établissement d'un registre des Indiens, stipule les conditions d'inscription sur les listes de bande formant la base de ce registre.

1. Les conditions d'inscription au registre des Indiens

Selon la Loi sur les Indiens de 1951, le droit d'inscription sur les listes de bande (art. 11) est réservé à tout individu mâle de sang indien "dans la lignée masculine", à son épouse ou veuve, à ses enfants légitimes et aux enfants illégitimes d'une Indienne (sauf si le père est reconnu comme non indien). Par ailleurs, l'alinéa 1b de l'article 12 stipule que n'a pas le droit d'être inscrite une femme qui a épousé un non-Indien, à moins qu'elle ne devienne par la suite l'épouse ou la veuve d'un Indien.

En fonction des articles 11 et 12 de la loi de 1951, les mariages d'Indiens et de non-Indiennes entraînent donc l'acquisition du statut

---

(2) Loi sur les Indiens, S.R., C. 149, art. 11 et 12.

d'Indien pour l'épouse[3] alors que les mariages d'Indiennes à des non-Indiens signifient la perte de ce statut pour la femme indienne et donc l'impossibilité de le transmettre à ses enfants.

2. Le registre des Indiens comme source d'information

Demandé par la loi de 1951 et mis en place officiellement en 1959, le registre des Indiens se trouve sous la responsabilité du ministère des Affaires indiennes et du Nord canadien (MAINC). Ce registre, qui constitue une source d'information privilégiée sur les mariages mixtes, comporte certaines limites liées à la nature du registre et à la procédure d'enregistrement.

Les fiches d'Indiens inscrits, regroupés par bande, fournissent l'information de base du registre. Ces fiches contiennent des renseignements sur le chef de chaque famille, son épouse et ses enfants. Ces renseignements sont régulièrement mis à jour à l'aide des rapports mensuels de bande rendant compte des événements démographiques survenus, dont les mariages d'une Indienne à un non-Indien.

Les limites de l'information concernent tout d'abord la nature du registre puisque, après un mariage mixte, aucun renseignement n'est recueilli sur la femme qui perd son statut. De plus, les données disponibles restent tributaires de la qualité des renseignements fournis au MAINC dans les rapports de bande ou dans la correspondance individuelle; l'information n'est donc ni exhaustive ni vraiment à jour.

La collecte des données a consisté à relever les mariages mixtes (Indiennes et non-Indiens) qui figurent sur les fiches d'Indiens inscrits ainsi que les caractéristiques concernant les individus impliqués : la femme indienne inscrite, son conjoint non "indien inscrit" et les enfants de la femme nés avant ce mariage. Les renseignements

_____

(3) La loi de 1951 introduit une restriction concernant les enfants issus de ces mariages : le statut d'Indien est retiré à tout individu né après 1951 et âgé de 21 ans dont la mère et la grand-mère paternelle n'étaient pas des "Indiennes inscrites" avant leur mariage.

suivants ont été rassemblés : noms et prénoms de tous les individus, dates de naissance sauf celle du mari, dates du mariage et de son enregistrement, rang du mariage, dates de l'émancipation (s'il y a lieu), statuts de la mère de l'épouse et des enfants.

L'exploitation des fiches d'Indiens inscrits a été faite pour toutes les bandes du Québec (au nombre de 39), à l'exception de deux bandes limitrophes, Abitibi Ontario et Iroquois de Saint-Régis, qui sont administrativement rattachées à l'Ontario même si une partie de leurs membres résident au Québec.

Même s'il existe d'autres sources d'information plus ou moins directe sur les mariages mixtes, tels les recensements, le registre des Indiens constitue pour cette étude la source principale et la plus immédiate. En effet, l'utilisation à partir des recensements de la variable origine ethnique s'avère fort complexe étant donné les variations dans la définition "origine indienne", les difficultés de recensement sur les réserves et hors réserve ainsi que les problèmes liés à l'autodénombrement (1971).

B. Les mariages mixtes de 1951 à 1978

1. Estimation du nombre de mariages mixtes du 1-1-1951 au 31-12-1978

Le dépouillement des fiches d'Indiens inscrits à partir d'une liste nominative des mariages mixtes a permis de relever les données sur 1 374 mariages au total entre 1951 et 1978. Le nombre de mariages relevés ne correspond pas exactement au nombre de mariages effectivement conclus. Pour parvenir à ce nombre, il est nécessaire de tenir compte de deux types d'erreurs, que l'on peut essayer de corriger de façon approximative:

- les mariages dont la date est inconnue
- les mariages non encore enregistrés au moment du dépouillement

Le premier type d'erreur concerne des mariages enregistrés (au nombre de 308) dont on n'est pas sûr qu'ils aient été célébrés après 1951. Pour une bonne part d'entre eux (248), la date de naissance des femmes nous est connue : c'est à partir de cette donnée et de la répartition par âge des mariages de date connue qu'une correction a pu être effectuée. En admettant que cette répartition soit la même selon que la date de mariage est connue ou pas, il est possible d'affecter une date aux mariages pour lesquels cette donnée manque mais dont la date de naissance de la femme est connue. Quant aux 60 mariages pour lesquels les deux dates manquent, il n'existe aucun moyen de les répartir. Nous les avons ignorés, commettant ainsi une légère erreur par défaut.

Le second type d'erreur dépend du fait que les mariages sont déclarés et inscrits au registre du MAINC avec un retard variable que nous pouvons mesurer pour un grand nombre d'entre eux. De ce fait, les mariages les plus récents sont enregistrés dans une proportion plus faible que les plus anciens. Une correction possible s'appuie sur l'observation de la répartition des délais en mois pour un ensemble de mariages, suffisamment anciens pour qu'ils aient tous pu être enregistrés avant la fin de la période d'observation. Dans ces conditions, il a été admis qu'au moment du dépouillement tous les mariages conclus entre 1951 et 1956 avaient été enregistrés. La proportion de mariages non enregistrés après diverses durées a été successivement appliquée aux mariages des périodes ultérieures. Ces calculs permettent d'estimer à 202 le nombre de mariages conclus entre 1951 et 1978 qui n'avaient pas encore été enregistrés au moment du dépouillement.

Outre ces deux corrections, il est nécessaire d'ajouter une estimation des mariages en territoire québécois de la bande Saint-Régis pour laquelle manquent des données complètes[4]. Cette dernière correction tient également compte des délais d'enregistrement et conduit finalement aux chiffres suivants concernant le nombre de mariages mixtes conclus entre 1951 et 1978 (Tableau 41).

---

(4) Aucune correction n'a été faite pour la bande Abitibi-Ontario dont les effectifs sont beaucoup plus restreints.

Tableau 41 : Répartition dans le temps de l'ensemble
des mariages mixtes de 1951 à 1978

Date du mariage	Nombre de mariages de la période	Moyenne annuelle
1/51 – 5/51(a)	10	-
6/51 – 5/56	242	48
6/56 – 5/61	219	44
6/61 – 5/66	288	58
6/66 – 5/71	293	59
6/71 – 5/76	245	49
6/76 – 12/78(b)	134	54
Total	1,431	51

(a) Intervalle de 6 mois
(b) Intervalle de 30 mois

2. Principales caractéristiques des mariages mixtes

a) Répartition des mariages mixtes selon la bande d'origine

Sauf dans le cas de quelques bandes importantes, le nombre de mariages mixtes par bande est trop faible pour justifier un traitement statistique. Nous avons procédé à un regroupement des bandes en trois catégories:

- bandes situées en zone urbaine
- bandes situées en zone rurale
- bandes situées en zone isolée

Les bandes ont été regroupées à partir de la situation de la réserve principale, par l'observation de certaines caractéristiques telles que la desserte en moyens de communication, la proximité d'une ville importante et le rôle de la région environnante (voir carte).

Figure VI

Répartition par zone des bandes indiennes du Québec

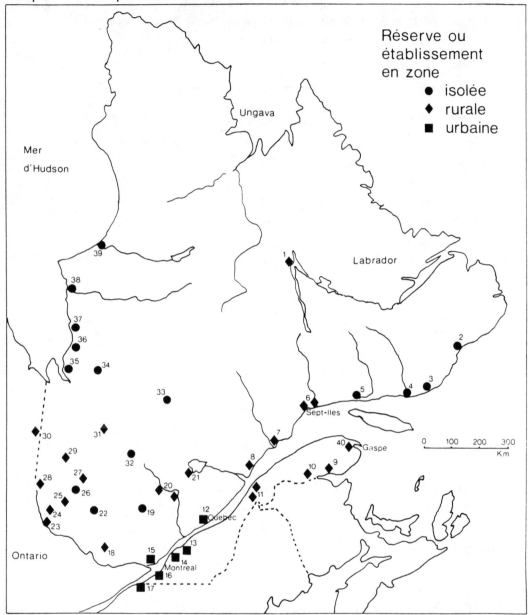

Réserve ou
établissement
en zone
● isolée
◆ rurale
■ urbaine

Ungava

Labrador

Mer
d'Hudson

Sept-Iles

Gaspe

Ontario

Québec

Montréal

0   100   200   300
Km

Réserves(a) et établissements affectés aux bandes

1. Schefferville
   (Montagnais
   et Naskapis)
2. Saint-Augustin
3. La Romaine
4. Natashquan
5. Mingan
6. Sept-Iles
   et Malioténam
7. Bersimis
8. Escoumins

9. Maria
10. Restigouche
11. Cacouna et
    Whitworth (Viger)
12. Lorette
13. Odanak
14. Bécancour
15. Oka
16. Caughnawaga
17. Saint-Régis

18. Maniwaki
    (Desert River)
19. Manouane
20. Weymontachie
    et Coucoucache
21. Pointe-Bleue
22. Lac Rapide
    (Lac Barrière)
23. Kipawa
24. Hunter's Point
    (Wolf Lake)

25. Longue-Pointe
    (Winneway)
26. Grand Lac Victoria
27. Lac Simon
28. Timiskaming
29. Amos
    (Abitibi Dominion)
30. Abitibi Ontario
31. Waswanipi
32. Obedjiwan

33. Mistassini
    et Lac Doré
34. Nemaska
35. Rupert House
36. Eastmain
37. Paint Hills
    (Old Factory)
38. Fort George
39. Poste-
    de-la-Baleine
40. Gaspé(b)

(a) Les réserves et établissements indiqués sous
    un seul numéro sont attribués à la même
    bande

(b) La bande Gaspé, qui ne dispose d'aucune ré-
    serve, a été incluse dans le groupe des bandes
    en zone rurale.

Source Commission d'étude sur l'intégrité du territoire du Québec Le Domaine indien vol
4 1, p 179

Les six bandes faisant partie de la zone urbaine se retrouvent dans la partie méridionale du territoire, le long du Saint-Laurent entre Cornwall (Ontario) et Québec. La zone rurale regroupe 20 bandes choisies à cause de leur inclusion dans une région rurale (Abitibi, Lac St-Jean, Gaspésie) ou de leur proximité d'un centre relativement développé (Sept-Îles, Schefferville). Enfin, les 15 autres bandes appartiennent à la zone isolée, soit parce que l'avion ou le bateau y sont les seuls moyens de communication, soit parce que la région environnante, très boisée, demeure retirée en dépit de l'existence d'une route de passage.

Tableau 42 : Répartition des mariages mixtes(a) selon le groupe
de bandes d'origine, par intervalle intercensitaire,
1951-1978

Date du mariage	Bandes situées en			Ensemble
	Zone urbaine	Zone rurale	Zone isolée	
1/1951 - 5/1951(b)	6	3	0	9
6/1951 - 5/1956	105	87	4	196
6/1956 - 5/1961	106	68	13	187
6/1961 - 5/1966	102	103	21	226
6/1966 - 5/1971	92	96	23	211
6/1971 - 5/1976	76	69	26	171
6/1976 - 12/1978(c)	28	30	7	65
Ensemble	515	456	94	1 065(d)
Proportions	48,5%	42,8%	8,8%	100,0%

(a) Il s'agit des seuls mariages mixtes dont la date est connue.
(b) Intervalle de 6 mois.
(c) Intervalle de 30 mois.
(d) Un mariage n'a pu être classé selon la bande d'origine.

Le Tableau 42 montre qu'au total les mariages mixtes sont plus nombreux en zone urbaine qu'en zone rurale et beaucoup plus qu'en zone isolée. On peut cependant constater qu'en zone isolée, 59,6% de tous ces mariages ont eu lieu après 1966, ce qui indique une tendance à l'augmentation puisque les mariages récents sont sous-estimés à cause des délais d'enregistrement. Il en va de même, bien que de façon moins marquée, pour la zone rurale : 42,8% des mariages après 1966 contre 38,1% en zone urbaine. Le nombre de mariages mixtes augmente donc plus rapidement dans les zones où ils sont actuellement moins nombreux. Ceci pourrait toutefois être attribué, en partie, à une amélioration de l'enregistrement dans ces zones.

Le nombre de mariages dans chaque groupe de bandes dépend des effectifs des bandes et dans une certaine mesure de leur composition par sexe et âge.

b) Répartition par âge des mariages mixtes

Le Tableau 43 montre une assez forte concentration des mariages aux âges jeunes. Près de la moitié des mariages ont eu lieu entre 20 et 25 ans. Les mariages après 30 ans sont peu nombreux : 8,3% du total. La concentration aux jeunes âges est plus forte dans la zone isolée, suivie de la zone rurale. Les mariages avant 25 ans représentent 75% du total en zone urbaine, 77,4% en zone rurale et 84% en zone isolée.

En moyenne, l'âge des mariées est de 22,9 ans dans l'ensemble de la période. Les différences relevées ci-dessus se traduisent par un âge moyen plus élevé que la moyenne en zone urbaine (23,6 ans) et moins élevé en zone rurale (22,4 ans) et en zone isolée (21,8 ans). Aucune évolution significative n'apparaît dans le temps. La baisse au cours de la période 1976-1978 est reliée à de trop petits effectifs et affectée par des délais d'enregistrement trop grands pour qu'il en soit tenu compte.

La répartition par âge des mariages dépend en partie de la structure par âge de la population. Nous disposons pour la période 1969-1973 seulement des effectifs[5] des bandes classées selon le sexe et

(5) La qualité des effectifs utilisés est affectée, pour le groupe des moins de 15 ans, par l'enregistrement différé des naissances et, pour la population féminine en général, par celui des mariages. De plus, il n'y a pas eu, en 1972-1973, de radiations d'Indiennes

Tableau 43 : Répartition des mariages mixtes selon l'âge de
la femme et le groupe de bande, 1951-1978

| Groupe | Bandes situées en | | | | | | Ensemble | |
| | Zone urbaine | | Zone rurale | | Zone isolée | | | |
	Effectifs	%(a)	Effectifs	%	Effectifs	%	Effectifs	%
15-19 ans	138(b)	27,0	159(c)	35,3	35	37,2	332(d)	31,4
20-24 ans	248	48,4	194	43,1	44	46,8	486	46,0
25-29 ans	74	14,4	65	14,4	12	12,8	151	14,3
30-34 ans	24	4,7	22	4,9	2	2,1	48	4,6
35-39 ans	10	2,0	5	1,1	0	0,0	15	1,4
40-44 ans	6	1,2	3	0,7	0	0,0	9	0,9
45 ans et +	12	2,3	2	0,5	1	1,1	15	1,4
Inconnu	3		6		0		9	
Ensemble	515		456		94		1 065	

(a) Le calcul des pourcentages n'inclut pas les âges inconnus.
(b) Dont 3 mariages avant 15 ans.
(c) Dont 1 mariage avant 15 ans.
(d) Dont 4 mariages avant 15 ans.

l'âge, qui permettent de calculer des rapports ayant le sens d'une fréquence. On observe ainsi 58 mariages mixtes pour mille femmes âgées de 15-49 ans en zone urbaine, 42 en zone rurale et 22 en zone isolée. Une partie des écarts entre les zones résulte toutefois de différences de structure par âge. Si dans les trois groupes, la structure était la même (celle de l'ensemble des bandes), les fréquences des mariages mixtes pour la période considérée s'établiraient à:

- 65% dans la zone urbaine
- 40% dans la zone rurale
- 20% dans la zone isolée

La "propension" au mariage mixte en zone urbaine serait donc 3 fois plus forte qu'en zone isolée et 1,5 fois plus forte qu'en zone rurale.

c) Rang du mariage

La presque-totalité des mariages mixtes (97,8%) sont des premiers mariages. Les différences entre groupes de bandes sont minimes : 96,9% en zone urbaine, 98,5% en zone rurale et 100% en zone isolée.

d) Fécondité antérieure au mariage mixte

Dans 16,1% des mariages mixtes, la femme avait eu des enfants auparavant. La proportion est naturellement beaucoup plus forte chez les femmes dont c'était un remariage : 74% d'entre elles avaient déjà eu des enfants.

On constate des différences appréciables selon le groupe de bandes : la proportion des femmes qui avaient des enfants avant leur mariage avec un non-Indien est beaucoup plus forte dans la zone isolée

---

épousant des non-Indiens, la cause Lavell étant alors en appel. On peut cependant estimer, pour une période quinquennale et à un niveau global, que les erreurs mentionnées sont en bonne partie atténuées et que le biais introduit n'affecte pas l'ordre de grandeur des rapports calculés.

(27,7%) et dans la zone rurale (21,6%) que dans la zone urbaine (8,2%).
Il est possible que cette forte proportion de naissances précédant le
mariage mixte traduise une réticence de la part des femmes à perdre
leur statut en épousant un non-Indien, perte qui serait plus durement
ressentie en milieu rural et isolé. Pour confirmer ou infirmer cette
hypothèse, nous disposons de quelques données non encore exploitées sur
les naissances antérieures au mariage. Elles devront être complétées
par des études sur le terrain.

e) Répartition des mariages mixtes selon le statut de la mère

Parmi les mariages enregistrés, un certain nombre (23% du total)
concernent des femmes dont la mère était une non-Indienne mariée à un
Indien. La proportion de tels mariages est plus élevée en zone urbaine
(38,2%) qu'en zone rurale (11%) ou isolée (aucun). Il est difficile
d'apprécier la signification réelle de ces différences sans au moins
connaître l'importance relative, dans la population des bandes, des
femmes dont la mère est indienne par le mariage. On peut se demander
si ces femmes, métisses jouissant du statut d'Indien, ont une plus
grande propension à faire un mariage mixte. D'une façon générale, se
pose ici le problème de la nuptialité des différents groupes qui composent la population indienne, dont nous allons voir l'importance primor-
diale pour la dynamique de la population des "Métis et Indiens sans
statut".

C. Les effet démographiques de l'article 12

Les Indiens du Québec constituent une sous-population au sein de
la population québécoise. On entend ici par sous-population un ensemble de personnes, faisant partie d'un ensemble plus large, dont elles
se distinguent par une ou plusieurs caractéristiques, de quelque nature
que ce soit (génétique, culturelle, etc.), susceptibles d'être transmi-
ses de génération en génération. La sous-population sera dite fermée
si elle n'entretient pas d'échanges démographiques avec l'extérieur et
en particulier des échanges matrimoniaux. Dans ce cas sa croissance
résulte uniquement de ses capacités propres de procréation et du niveau de sa mortalité. Il en va différemment si la sous-population est

ouverte, c'est-à-dire lorsqu'il y a des mariages mixtes[6]. Le taux de croissance est alors plus élevé et varie selon l'importance des mariages à l'extérieur et selon les règles de transmission du caractère distinctif ("être Indien") lorsqu'un seul des parents le possède.

La sous-population des Indiens est ouverte, du fait des mariages d'Indiens avec des non-Indiens, mais les règles légales - et en particulier l'article 12 de la Loi sur les Indiens[7] - limitent sa croissance à celle d'une sous-population fermée. Ce résultat est obtenu en interdisant la transmission du statut d'Indien par les femmes qui se marient à l'extérieur du groupe des inscrits[8] et en l'autorisant lorsqu'il s'agit d'un Indien qui épouse une non-Indienne[9].

Que le statut d'Indien puisse se transmettre par l'un ou l'autre des parents ne signifierait pas nécessairement que tous les descendants d'Indiens ou d'Indiennes le deviennent effectivement eux-mêmes. Parmi tous ceux que leur ascendance (proche ou lointaine) rend susceptible d'être qualifiés d'Indiens, une partie seulement se percevront eux-mêmes comme tels. Cette "indianité" est difficile à saisir à priori car elle ne se fonde pas uniquement sur un critère génétique. Elle peut résulter, dans son aspect positif, de l'adhésion à un mode de vie et à certaines valeurs spécifiques, et dans son aspect négatif, de la perception d'un rejet social. Le problème, nous l'avons vu, ne se pose pas pour ceux dont le père est indien : la loi leur accorde d'emblée le statut. À s'en tenir à la loi, il ne se poserait pas non plus pour ceux dont seule la mère est indienne (ou plutôt l'était au moment de

---

(6) On ne retiendra que les échanges matrimoniaux, en négligeant les autres causes de variation (perte volontaire ou involontaire du statut d'Indien, comme les émancipations).

(7) Ainsi que les règles similaires qui existaient auparavant.

(8) Les femmes perdent leur statut par la même occasion, mais cette perte est approximativement compensée (du point de vue de l'effectif des inscrits) par l'attribution du statut aux non-Indiennes qui épousent un Indien.

(9) Le caractère sexiste de ces règles a été souvent souligné et pourrait justifier à lui seul leur remise en question.

son mariage qui lui fait perdre son statut) : le statut leur est refusé. Pourtant le déni du statut légal ne peut être suffisant pour empêcher quelqu'un de se sentir indien lorsque des origines communes et
un mode de vie semblable lui dictent son appartenance au groupe. Ce
sont tous ces exclus qui forment l'essentiel du groupe des "Métis et
Indiens sans statut".

On peut par conséquent mesurer approximativement les effets des
règles d'exclusion, en calculant les effectifs attendus d'une sous-population ouverte (cas où l'article 12 n'existerait pas) et en les comparant avec ceux d'une sous-population fermée. Leur différence fournit
l'effectif des descendants des mariages mixtes (les "Métis") auxquels
il faudrait ajouter les femmes qui ont été privées de leur statut.

Cette démarche fait apparaître deux facteurs comme essentiels pour
expliquer la formation et l'effectif des "Métis et Indiens sans statut"[10] : l'importance des mariages mixtes (la plus ou moins forte
endogamie) et le degré d'identification raciale de ceux que l'on prive
du droit au statut.

1. Un essai d'estimation pour le Québec à partir de quelques hypothèses vraisemblables

Il y avait au Québec 10 300 Indiens membres d'une bande en 1871 et
30 700 Indiens statués[11] en 1975 ce qui donne un taux d'accroissement annuel moyen de 1,05%. Ce taux, qui résulte du mouvement naturel
et du jeu des exclusions, est équivalent à celui d'une sous-population
fermée. Le taux correspondant d'une sous-population ouverte (absence
d'article 12) dépend de la proportion des mariages à l'extérieur. Si
tous les mariages se faisaient à l'extérieur, chaque homme et chaque

---

(10) Cette population comprend également les personnes qui ont perdu
     ou se sont vu refuser le statut pour des raisons autres que les
     mariages mixtes (émancipations, par exemple).

(11) Les Indiens statués (ou inscrits) sont ceux qui ont le droit d'ê-
     tre inscrits au registre des Indiens et dont le nom figure sur une
     liste de bande ou sur une liste générale.

femme du groupe serait à l'origine d'une famille distincte et la capa-
cité de reproduction serait approximativement doublée. On peut, sous
certaines hypothèses[12], calculer le taux d'accroissement annuel
que l'on observerait selon diverses proportions de mariages à l'extérieur (si tous les descendants des mariages mixtes étaient considérés
comme indiens) et en déduire les effectifs attendus en 1975. Nous
avons retenu au tableau 44 deux hypothèses pour ce qui est des mariages
à l'extérieur du groupe : 25%, qui est la proportion observée en 1965-
70 chez les Indiens inscrits, et 15% en admettant une proportion plus
faible dans le passé.

Les chiffres du Tableau 44 permettent d'estimer entre 21 000
(52 400 moins 30 700) et 41 000 (72 000 moins 30 700) le nombre de personnes d'ascendance indienne qui, en 1975, étaient privés du statut du

Tableau 44 : Estimation des descendants en 1975 des Indiens
inscrits(a) en 1871 pour 3 hypothèses
de mariages à l'extérieur

	Pas de mariage à l'extérieur r = 1,05%(b)	15% de mariages à l'extérieur r = 1,56%	25% de mariages à l'extérieur 1,87%
1871	10 300	10 300	10 300
1975	30 700	52 400(c)	72 000(c)

(a) Membres d'une bande

(b) $r = \dfrac{\text{Effectif en 1975}}{\text{Effectif en 1871}} \; 1/104 - 1$

(c) Effectif en 1975 = Effectif en 1871 x $(1 + r)^{104}$

---

(12) Le taux net de reproduction en l'absence de mariages extérieurs
R_0 (nombre de fille issues de 1 000 femmes à la naissance) est
multiplié par (1 + m), où m est la proportion de mariages extérieurs. Dans les conditions d'une population stable, on peut déduire le taux d'accroissement annuel à partir du taux net de reproduction et de l'âge moyen des mères à la naissance de leurs enfants, qui est ici approximativement 27,5 ans.

fait du mariage d'un de leurs ancêtres (les "Métis") auquel il faudrait ajouter les femmes qui l'ont perdu par leur mariage avec un non-Indien. Les "Métis et Indiens sans statut" comprennent en outre ceux qui ont été émancipés et leurs descendants et les descendants de ceux qui, quoique réunissant les conditions requises, n'étaient pas inscrits en 1871 comme membres d'une bande.

En prolongeant les tendances actuelles on peut également hasarder une projection qui, sans constituer le moins du monde une prévision, fournit un ordre de grandeur. Ainsi, si on admet un taux de croissance annuel de 2% (inférieur à celui observé en 1970-1975 qui est de 2,6%) et une proportion de mariages à l'extérieur comprise entre 25 et 40% (dans l'hypothèse que l'augmentation passée de cette proportion se continue), on aboutit, selon la même démarche, à estimer les effectifs d'ici 50 ans, à environ 80 000 Indiens inscrits et entre 100 000 et 175 000 "Métis et Indiens sans statut" (sans compter les pertes de statut pour des causes autres que les mariages mixtes).

Conclusion

L'étude des mariages mixtes permet de mettre en lumière l'importance des règles gouvernant la nuptialité pour l'évolution du nombre des Indiens statués et des "Métis et Indiens sans statut". Elle conduit également à poser le problème de l'"indianité", conçue comme moyen d'identification au groupe, en dehors de toute notion de statut légal. Les sources officielles (recensements, registres de la population, fichier des Indiens) ne fournissent que des indications fragmentaires sur le premier point et aucune sur le deuxième. L'étude de la nuptialité ne devrait pas se limiter à celle des mariages mixtes tels que nous venons de les voir. La dynamique de la population des "Métis et Indiens sans statut" est fortement tributaire de la plus ou moins grande endogamie chez les personnes privées du statut. Seules des études sur le terrain permettraient d'approfondir et de mesurer ces deux variables clés, qui ne sont pas indépendantes, afin de mieux cerner la situation actuelle et le devenir des autochtones du Québec.

Les dispositions de la loi concernant les mariages d'Indiennes avec des non-Indiens ont souvent été critiquées à cause de leur caractère sexiste. Les polémiques autour de l'éventuelle suppression de l'article 12 se centrent souvent sur l'égalité des droits que notre société reconnaît, ou devrait reconnaître, aux deux sexes. Un autre aspect de ces dispositions doit être mis en évidence : le fait que les règles édictées par l'article 12 permettent de limiter les possibilités de croissance de la population indienne. Une révision de la Loi sur les Indiens qui modifierait ou supprimerait l'article 12 changerait radicalement les données du problème en faisant disparaître une pièce essentielle du dispositif qui permet de fixer des limites aux droits des autochtones.

La mortalité infantile des Inuit du Nouveau-Québec

Louise Normandeau et Jacques Légaré

Le Canada est un des quatre pays au monde à compter parmi ses habitants des Esquimaux. Ceux-ci habitent pour la plupart les Territoires du Nord-Ouest et le Yukon mais certains sont dispersés ici et là au
nord des provinces. Le ministère des Affaires indiennes et du Nord estime qu'en 1977, environ 4 500 d'entre eux résident au Québec dans des
villages côtiers de la Baie d'Hudson et de la Baie d'Ungava (voir figure VI); on les appelle les Inuit.

La figure VII donne la répartition dans les principaux centres des
3 385 Inuit recensés lors d'une enquête de 1971. Ces villages sont regroupés en deux régions. La première, appelée région de la Baie d'Hudson, compte 69% de la population répartie dans les postes des côtes de
la baie et du détroit du même nom jusqu'à Maricourt-Wakeham. La seconde, appelée région de la Baie d'Ungava, compte les 31% restant répartis
dans les villages de Koartak, Bellin, Tasiujaq, Fort Chimo et Port Nouveau-Québec.

Depuis quelques années, l'intérêt gouvernemental et para-gouverne-
mental se porte de plus en plus sur ce territoire. Il doit maintenant
se tourner vers ceux qui peuplent ce territoire. À ce jour, on ne connaît rien de leur comportement démographique si ce n'est que leur fécondité est forte et que leur mortalité l'est aussi. Aucune étude démographique n'a été effectuée.

* Extrait de la Revue canadienne de sociologie et d'anthropologie,
vol. 16, nº 3, 1979, pp. 260-274.

- 174 -

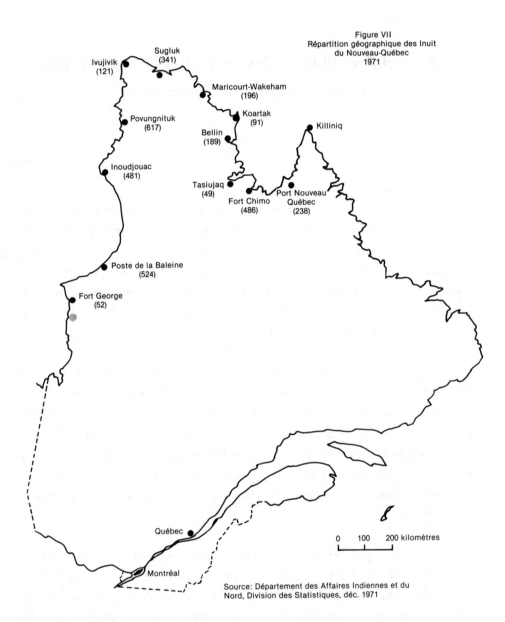

Figure VII
Répartition géographique des Inuit
du Nouveau-Québec
1971

Sugluk
(341)

Ivujivik
(121)

Maricourt-Wakeham
(196)

Koartak
(91)

Povungnituk
(617)

Killiniq

Bellin
(189)

Inoudjouac
(481)

Tasiujaq
(49)

Port Nouveau
Québec
(238)

Fort Chimo
(486)

Poste de la Baleine
(524)

Fort George
(52)

Québec

Montréal

0   100   200 kilomètres

Source: Département des Affaires Indiennes et du
Nord, Division des Statistiques, déc. 1971

La présente étude est un premier aperçu de la situation démographique dans le nord du Québec. La mortalité infantile a été choisie comme étant un des meilleurs indices des conditions de vie. Elle reflète les tendances de la mortalité générale, l'amélioration de la santé publique et du développement économique parce que les enfants, plus que tout autre groupe, dépendent complètement de leur environnement pour leur survie.

A. Les statistiques

Divers indices de mortalité infantile existent. Le plus simple et le plus couramment employé consiste à rapporter les décès d'enfants de moins d'un an survenus au cours d'une année donnée aux naissances vivantes de la même année. Un dépouillement de l'état civil suffit si l'enregistrement des naissances et des décès est complet. Dans les pays où ce n'est pas le cas, on utilise parfois des enquêtes pour estimer le taux de mortalité infantile. Dans d'autres cas, des évaluations sont faites à partir des recensements. Souvent, on doit se contenter d'approximations d'autant plus fragiles que la mortalité infantile est très sensible aux erreurs d'observations.

Les Inuit du Nouveau-Québec font partie de ces peuples que l'on connaît très mal faute de données fiables. Des recensements sont menés périodiquement comme ailleurs au pays mais la qualité y laisse fort à désirer. Une étude de la mortalité par cette voie est impossible puisque même en l'absence d'immigration les générations voient souvent de 10 ans en 10 ans leurs effectifs augmenter au lieu de diminuer[1]. Le problème étant encore plus prononcé pour les jeunes générations il nous est impossible d'utiliser ces données pour calculer des taux de survie.

Outre les résultats des recensements, le Bureau fédéral de la statistique a publié jusqu'en 1952 des statistiques d'état civil suivant

(1) Normandeau, Louise, "La démographie des Inuit du Nouveau-Québec : une grande inconnue", in Colloque sur les populations nordiques, 1, 1976, North Hatley, Actes, par P. Weston-Wells, Calgary, Arctic Institute of North America, pp. 29-44.

l'origine ethnique. Malheureusement, depuis cette date, plusieurs gouvernements provinciaux ayant cessé de demander sur leurs questionnaires
l'origine ethnique du nouveau-né ou du décédé, la publication de ces
statistiques a été supprimée. Cette source de renseignements qui habituellement est fort utile en démographie ne nous aide guère dans le
présent cas.

Finalement, on établit périodiquement pour la plupart des villages
du Nouveau-Québec pour fins administratives des listes nominatives des
habitants. Malheureusement, ces listes qui peuvent être utiles, à titre indicatif, ne suffisent pas parce que leur qualité laisse à désirer; dans certains villages on se contente de recopier la liste précédente sans y apporter de changements.

Devant un tel manque de données fiables, Jacques Légaré décidait
il y a quelques années de mettre sur pied un fichier de population pour
les autochtones qui vivent au-delà du 55e parallèle au Québec[2].
Ce fichier fonctionne à partir des enregistrements à l'état civil. Les
actes de naissances, mariages et décès sont dépouillés sur des fiches
individuelles. Les renseignements ainsi recueillis sont codés et mis
sur bande magnétique; le fichier peut donc être exploité par ordinateur.

De nombreuses études peuvent être réalisées à partir de ce fichier
puisqu'il permet d'étudier les phénomènes démographiques non seulement
de façon transversale mais aussi de façon longitudinale.

Suivra la première analyse qui en soit tirée. Elle n'est qu'un
exemple de ce qui peut être fait. Mais avant d'aborder le sujet, il
convient de se poser des questions sur la qualité de nos données de
base.

---

(2) Légaré, Jacques, "Un fichier de population pour les Esquimaux du
    Nouveau-Québec", Population, nº 6, novembre-décembre 1971, pp.
    1330-1334.

B. Critique des données

Pour qu'un tel fichier donne un rendement maximal, il faudrait que l'enregistrement à l'état civil soit complet. Or, même lorsque les systèmes d'enregistrement fonctionnent depuis longtemps et sans interruption, il y a toujours de petits groupes qui échappent à l'enregistrement; il apparaît dès lors logique de penser que lorsque les systèmes n'ont pas atteint un degré aussi élevé de développement, beaucoup de naissances et de décès ne sont pas enregistrés. Au nombre des facteurs qui constituent de graves obstacles à un enregistrement complet, il convient de citer l'analphabétisme d'une grande partie de la population, les grandes distances qui ont longtemps séparé les habitations des bureaux d'enregistrement, le climat particulier et le fait que la population ne se préoccupe guère des procédures administratives. Il faut aussi remarquer que l'enregistrement incomplet résulte souvent de l'absence d'un système d'enregistrement bien organisé : le chevauchement de deux gouvernements - fédéral et provincial - dans les affaires nordiques a certainement joué un rôle néfaste.

Nous avons donc, dans un premier temps, tenté de supputer ce sous-enregistrement et de rectifier - autant que faire se peut - les données. L'étude portera donc sur les années 1945-1970 puisque ce n'est qu'à partir de 1945 que les décès ont été enregistrés à l'état civil dans le grand nord québécois.

1. Les naissances

Nous avons classé les naissances en trois catégories : les naissances enregistrées, les naissances retrouvées et les naissances perdues.

Les naissances enregistrées sont celles qui ont donné lieu à un acte d'état civil. De 1945 à 1970 il y a eu au Nouveau-Québec 2 822 naissances d'enfants inuit qui ont été enregistrées (voir Tableau 45).

Les naissances retrouvées l'ont été de deux façons : la première est tirée du fichier; il s'agit de personnes dont la naissance n'a pas

été enregistrée mais dont nous connaissons l'existence parce qu'elles,
sont apparues comme sujet d'un acte de mariage ou de décès ou comme pa-
rent sur un acte de naissance : 63 dates de naissances nous sont ainsi
connues. La seconde est un dépouillement exhaustif de toutes les listes administratives ainsi que d'une liste nominative qui donne depuis
1947, pour presque tous les numéros de disque[3], la date de naissance de l'individu. Ce dernier outil nous permet d'éliminer un biais
que les listes administratives auraient pu permettre à savoir que nous
ne pouvons pas par les listes retracer les dates de naissances des personnes décédées. Le dépouillement des diverses listes nous a permis de
retrouver 506 naissances qui n'avaient pas été enregistrées.

Les naissances enregistrées et les naissances retrouvées forment
ce que l'on appellera les "naissances connues".

Tableau 45 : Naissances et décès de moins d'un an enregistrés
à l'état-civil; Inuit du Nouveau-Québec, 1945-1970

Année	Naissances	Décès	Année	Naissances	Décès
1945	47	18	1960	128	17
46	85	15	61	144	22
47	82	14	62	130	27
48	101	16	63	146	14
49	98	12	64	151	15
1950	96	25	65	145	14
51	98	11	66	122	10
52	92	22	67	132	14
53	96	19	68	108	10
54	104	19	69	74	3
55	83	20	1970	115	7
56	93	27			
57	115	23	Total	2 822	439
58	129	27			
1959	108	18			

(3) Le numéro de disque est un numéro attribué à la naissance que
l'Inuk garde toute sa vie tout comme son nom. Il apparaît généralement sur tout document officiel.

La Figure VIII donne année par année, la proportion des naissances enregistrées parmi celles-ci. On remarque la détérioration de l'enregistrement dans la seconde moitié des années 60. Cette détérioration est en bonne partie due au chevauchement des deux administrations. Il y a quelques décennies, seul le gouvernement fédéral s'occupait de ces autochtones, c'est donc souvent le même agent qui était chargé d'enregistrer les faits d'état civil et de distribuer les numéros de disques. Or, depuis que le Québec s'intéresse un peu plus au nord, il en va autrement. Les Inuit continuent à aller chercher un numéro de disque mais ne voient pas l'avantage d'aller refaire la même déclaration à un agent du provincial; d'où perte d'informations pour l'état civil. Notons immédiatement qu'une nouvelle législation doit mettre fin à cet état de fait. La remontée de la courbe en 1970, n'est cependant pas significative sous ce rapport : d'une part les enfants nés en 1970 ne peuvent pas être retracés par d'autres actes que leur acte de naissance, d'autre part pour plusieurs villages du district de la Baie d'Hudson, nous ne possédons pas de listes administratives postérieures à 1969.

Depuis 1947, environ 6 300 numéros de disques ont été attribués. Pour ceux-ci nous avons retrouvé 5 572 dates de naissances, soit une proportion de 88%. Les 728 numéros pour lesquels nous n'avons aucune information ont pu être attribués à des personnes qui ont ensuite migré vers les Territoires du Nord-Ouest ou qui sont mortes sans que le décès soit enregistré mais il se peut aussi qu'ils n'aient pas été attribués. Dans l'incertitude nous les avons négligés. Des numéros ayant été attribués en 1947 à toutes les personnes vivant sur le territoire, nous n'avons retenu que les 3 391 personnes dont la naissance s'est produite après 1945.

D'autres personnes ont toutefois échappé à nos recherches par suite de décès antérieurs à l'enregistrement de la naissance et à l'obtention du numéro de disque. Ces omissions sélectives sont des naissances perdues pour le démographe qui doit tenter d'évaluer l'ampleur du phénomène. Il est évident que ce type d'omission ne peut avoir lieu que s'il se passe un certain temps entre la naissance et l'enregistrement de celle-ci. Si on pense à la dispersion des Inuit, aux conditions

Figure VIII Évaluation de la qualité de l'enregistrement :
proportion des naissances enregistrées parmi les naissances connues

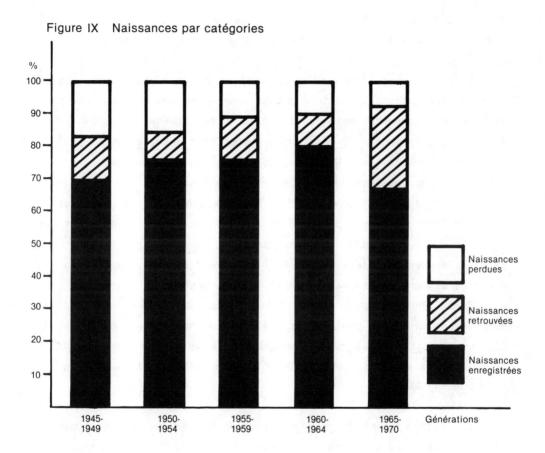

Figure IX   Naissances par catégories

climatiques, aux mauvaises communications entre postes, etc., on ne s'étonne pas des longs délais entre naissances et déclarations à l'état civil.

Nous avons calculé pour tous les actes de naissances de 1945 à 1970, les intervalles entre la naissance et son enregistrement.

Un simple coup d'oeil au Tableau 46 nous montre que non seulement l'enregistrement s'est amélioré depuis vingt-cinq ans en termes de couverture des événements mais que le délai entre l'événement et son enregistrement a diminué. Le développement nordique a certainement joué un rôle dans ce phénomène. En effet, les Inuit ayant de plus en plus tendance à se regrouper autour des centres, les possibilités d'enregistrement plus rapide vont en s'accroissant. D'autre part les habitudes de vie de l'Inuk ont beaucoup changé depuis quelques années. Il n'y a pas si longtemps, la famille entière partait à la pêche, ou à la chasse pour de longues périodes. Ce n'était qu'à leur retour au village qu'on enregistrait une naissance qui avait eu lieu pendant leur absence. Aujourd'hui l'Inuk est plus sédentaire et demeure plus proche de tous les services qu'un centre peut offrir. Alors que pour la période 1945-1949, 80% des parents n'avaient pas enregistré la naissance de leur enfant un mois après celle-ci, cette proportion est tombée à 31,4% pour la période de 1965-1970.

Des délais aussi longs représentent sûrement une perte. Combien d'enfants sont nés et morts en bas âge sans jamais faire les frais d'un enregistrement à l'état civil? Dans une population où un enfant sur cinq meurt avant d'avoir atteint l'âge d'un an, une naissance enregistrée après un an, (donc un survivant à un an) correspond probablement à 1,2 naissances. Nous avons donc ajouté à chaque naissance enregistrée, une fraction égale à la probabilité de décès de l'enfant avant l'enregistrement de sa naissance. Cette méthode d'évaluation des naissances perdues a été imaginée et employée par Hubert Charbonneau[4].

---

(4) Charbonneau, Hubert, Vie et mort de nos ancêtres, études démographique, collection "Démographie canadienne", no 3, Presses de l'Université de Montréal, 1975, 267 p.

Tableau 46 : Intervalles entre la naissance et l'enregistrement (% cumulé)

Intervalle Période	1-2 jours	3-6 jours	7-13 jours	14-20 jours	21 jours - 1 mois	1 mois	2-3 mois	4-5 mois	6-7 mois	8-9 mois	10-11 mois	12-17 mois	18-23 mois
1945-1949	2,9	5,6	10,4	13,6	20,0	42,4	68,0	80,0	88,3	91,8	94,7	99,8	100,0
1950-1954	3,8	11,2	23,9	34,9	45,9	66,1	83,4	91,6	95,2	97,5	98,1	100,0	100,0
1955-1959	8,6	17,6	36,4	54,4	66,2	84,2	93,8	96,4	98,4	99,2	99,4	100,0	100,0
1960-1964	22,6	36,0	52,0	60,2	69,1	80,1	89,3	92,4	94,7	96,6	96,7	98,6	100,0
1965-1970	21,9	36,8	51,5	59,5	68,6	83,2	91,2	94,8	97,5	99,4	99,9	100,0	

N'ayant évidemment pas de table de mortalité pour les Inuit du Nouveau-Québec, nous avons eu recours à deux tables de niveaux appropriés, formées à partir d'observations faites à Tourouvre-au-Perche[5]. Nous avons utilisé ces tables parce qu'à notre connaissance, elles sont uniques en leur genre. Aucune table type de mortalité ne donne de détails aussi raffinés pour la première année de vie.

Donnons un exemple tiré du Tableau 47:

Soit S_x : le nombre de naissances survivants à l'âge x

s_x : la probabilité de survie de la naissance jusqu'à l'âge x.

N : le nombre de naissances

Le nombre de survivants à l'âge x est égal à un nombre de naissances multiplié par la probabilité de survie

$$S_x = Ns_x$$

Si on prend les enfants nés entre 1945 et 1949 dont la naissance a été enregistrée entre trois semaines et un mois, nous avons

$$S_x = 24$$

$$s_x = 0.84$$

$$N = \frac{S_x}{s_x} = \frac{24}{.84} = 29 \text{ naissances}$$

Les 24 naissances enregistrées représentent en fait 29 naissances; donc 5 naissances n'avaient pas été enregistrées avant le décès survenu en deçà d'un mois.

Il y a au total 2 684 naissances d'Inuit qui ont été enregistrées entre 1945 et 1970 pour lesquelles nous connaissons l'intervalle entre

---

(5) Charbonneau, Hubert, Tourouvre-au-Perche au XVIIe et XVIIIe siècles, Étude de démographie historique, P.U.F., Paris, 1970, pp. 403-408.

Tableau 47 : Calcul des naissances perdues

Âge (à l'enregistrement)

Période	1-2 jours	3-6 jours	7-13 jours	14-20 jours	21 jours - 1 mois	1 mois	2-3 mois	4-5 mois	6-7 mois	8-9 mois	10-11 mois	12-17 mois	18-23 mois	Total
1945-1949														
Survivants (1)	11	10	18	12	24	84	96	45	31	13	11	19	1	375
Probabilité de survie (2)	,959	,934	,892	,862	,840	,815	,778	,756	,743	,734	,721	,705	,679	
Naissances ((1)-(2)) (3)	11	11	20	14	29	103	123	60	42	18	15	27	1	474
Naissances perdues ((3)-(1))	--	1	2	2	5	19	27	15	11	5	4	8	--	99
1950-1954														
Survivants (1)	18	35	60	52	52	96	82	39	17	11	3	9	--	474
Probabilité de survie (2)	,959	,934	,892	,862	,840	,815	,778	,756	,743	,734	,721	,705	,679	
Naissances ((1)-(2)) (3)	19	37	67	60	62	118	105	52	23	15	4	13	--	575
Naissances perdues ((3)-(1))	1	2	7	8	10	22	23	13	6	4	1	4	--	101
1955-1959														
Survivants (1)	44	46	96	92	60	92	49	13	10	4	1	3	--	510
Probabilité de survie (2)	,972	,916	,897	,876	,865	,851	,835	,822	,812	,805	,796	,792	,775	
Naissances ((1)-(2)) (3)	45	50	107	105	69	106	59	16	12	5	1	4	--	579
Naissances perdues ((3)-(1))	1	4	11	12	9	14	10	3	2	1	--	1	--	69
1960-1964														
Survivants (1)	155	92	110	56	61	76	63	21	16	13	1	13	10	687
Probabilité de survie (2)	,972	,916	,897	,876	,865	,851	,835	,822	,812	,805	,796	,792	,775	
Naissances ((1)-(2)) (3)	159	100	123	64	71	88	75	26	20	16	1	16	13	722
Naissances perdues ((3)-(1))	4	8	13	8	10	12	12	5	4	3	--	3	3	85
1965-1970														
Survivants (1)	140	95	94	51	58	93	51	23	17	12	3	1	--	638
Probabilité de survie (2)	,972	,916	,897	,876	,865	,851	,835	,822	,812	,805	,796	,792	,775	
Naissances ((1)-(2)) (3)	144	104	105	58	67	109	61	28	21	15	4	1	--	718
Naissances perdues ((3)-(1))	4	9	11	7	9	16	10	5	4	3	1	--	--	80

les deux dates. Les nombres étant petits, nous avons regroupé les naissances en période quinquennale. Le Tableau 47 nous montre que ces naissances représentent en réalité 3 068 naissances; ce qui équivaut à une augmentation de 14,2% pour toute la période. La correction n'est évidemment pas la même pour toutes les périodes; elle est plus forte pour les premières périodes puisque d'une part les délais d'enregistrement étaient plus grands, et que d'autre part, les quotients de mortalité y étaient plus élevés. Pour la période 1945-1949, la correction est de 26%; elle est de moins en moins importante mais demeure tout de même toujours au-dessus de 10%.

Le Tableau 48 et la Figure IX récapitulent ce que nous avons dit précédemment. Pour toute la période, les naissances enregistrées constituent 74% de toutes les naissances; les naissances retrouvées 15% mais 57% des naissances non enregistrées. Ce sont les périodes encadrantes qui ont vu les corrections les plus importantes; la première parce que le système n'était pas encore rodé, la dernière probablement dû au chevauchement des diverses autorités dans les affaires nordiques.

2. Les décès

L'évaluation du sous-enregistrement des décès se fait beaucoup moins facilement que celle des naissances. En effet, aucune source de données autre que les enregistrements de décès ne peut nous renseigner.

Nous avons apporté deux corrections aux nombres de décès enregistrés. La première fut faite après étude des rapports de masculinité. Il semble que le rapport de masculinité des décès infantiles varie avec une baisse de la mortalité. Toutefois les variations sont relativement faibles par rapport aux variations de la mortalité; autrement dit, l'évolution du phénomène n'influe que peu et surtout lentement sur le rapport de masculinité. Dès lors, les fortes variations observées au Nouveau-Québec nous semblent dues à des fluctuations dans les déclarations à l'état-civil (voir Tableau 49).

Pour pouvoir effectuer ces corrections, nous avons émis certaines hypothèses : 1° que la surmortalité féminine des cinq premières an-

nées n'est pas le résultat d'un infanticide sélectif puisque cette coutume ne se pratique plus[6]. 2° Il n'y a pas d'erreur dans la déclaration de sexe.   3° Qu'un regroupement quinquennal élimine les fluctuations aléatoires.

Tableau 48 : Nombre total de naissances par catégorie

	Enregistrées	Retrouvées	Perdues	Total
1945-1949	413	75	99	587
1950-1954	486	51	101	638
1955-1959	528	98	69	695
1960-1964	699	95	85	879
1965-1970	696	250	80	1 026
1945-1970	2 822	569	434	3 825

Compte tenu de ces hypothèses, nous avons estimé que si la balance
du rapport de masculinité penchait trop d'un côté c'est qu'il manquait
un certain nombre de décès dans le plateau le plus léger.   Il y a probablement sous-enregistrement pour les deux sexes mais comme nous n'en
connaissons pas l'ampleur, nous nous sommes contentés de ramener la balance en équilibre.   C'est ce qui explique en fait que nous ayons tantôt augmenté le nombre de décès masculins, tantôt le nombre de décès
féminins (Tableau 50).

La deuxième correction fut d'ajouter aux chiffres du Tableau 50
les décès d'enfants qui n'ont ni acte de naissance ni acte de décès
mais qui statistiquement ont dû voir le jour et que nous avons estimés
au chapitre des naissances (naissances perdues, tableau 48).   La Figure
X donne la proportion des décès enregistrés parmi les décès évalués.

Au terme de cette critique des données, on peut saisir comment a
évolué l'enregistrement à l'état civil.   De 1945 à 1950 : période de

_____

(6) Van de Velde, Frantz, "Infanticide among the Eskimo", the Eskimo,
    1954, n° 34, pp. 6-8.

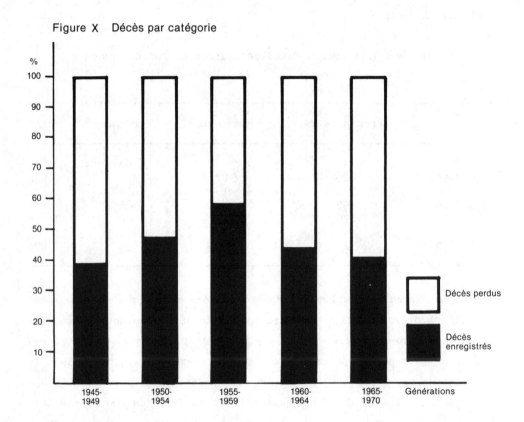

Figure X   Décès par catégorie

Tableau 49 : Nombre de décès infantiles enregistrés à l'état
civil (1945-1970) et rapport de masculinité de ces décès

Générations	Décès masculins (1)	Décès féminins (2)	(1)/(2) (%)
1945-1949	32	43	74
1950-1954	50	46	109
1955-1959	57	58	98
1960-1964	71	24	295
1965-1970	31	27	115

Tableau 50 : Nombre corrigé de décès infantiles

Générations	Décès masculins	Décès féminins	Ensemble des décès
1945-1949	53	43	96
1950-1954	56	46	102
1955-1959	71	58	129
1960-1964	71	58	129
1965-1970	33	27	60

démarrage proprement dite de l'état civil au Nouveau-Québec; la qualité des données laisse à désirer et le taux de couverture devait être assez faible. De 1950 à 1960 : le taux de couverture s'améliore ainsi d'ailleurs que la qualité des données (le rapport de masculinité n'est pas très loin de la normale). De 1960 à 1965 : la qualité commence à se relâcher. De 1965 à 1970 : c'est la catastrophe. Sur tous les plans la couverture des événements démographiques est très mauvaise. Le problème est généralisé : on le note tant au chapitre des naissances que celui des décès.

C. Les taux de mortalité infantile

L'approche la plus simple pour mesurer l'ampleur de la mortalité consiste à calculer les taux de mortalité infantile; la méthode la plus classique est de rapporter les décès de moins d'un an d'une année donnée au nombre de naissances de la même année. Cependant il est préférable de bien relier les décès aux naissances dont ils proviennent. Cette façon de calculer donne une plus juste vision de la réalité puisqu'elle tient compte de l'inégalité des effectifs des générations au moment de la naissance. Donnons un exemple : imaginons qu'en 1968 on ait enregistré 50 naissances et 15 décès d'enfants de moins d'un an, d'où un taux de mortalité infantile classique égal à 15/50 = 300 pour 1 000. Ceci n'est pas très satisfaisant puisque les naissances prises en compte ne sont pas les seules à produire les décès considérés au numérateur. Certains proviennent des 45 naissances qui avaient été enregistrées l'année précédente.

Si l'on connaît comment se partagent les 15 décès entre les deux générations, on peut calculer le taux de mortalité infantile amélioré comme étant la somme de deux rapports 5/45 + 10/50 = 311 pour 1 000 ce qui est différent de 300 pour 1 000 calculé plus haut.

La Figure XI illustre l'évolution de ces taux calculés sur une base annuelle à partir des données enregistrées à l'état civil. Nous avons tracé la courbe de la moyenne mobile sur cinq ans calculée pour faire disparaître les variations aléatoires et avoir une meilleure vue d'ensemble de l'allure générale du phénomène. Même si cette façon de faire anéantit l'effet de phénomènes naturels qui ont peut-être eu lieu, elle donne une meilleure idée de la tendance. On peut ainsi voir qu'à

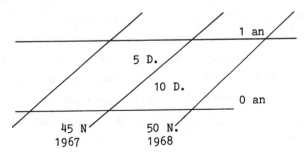

Figure XI Evolution des taux de mortalité infantile

- 192 -

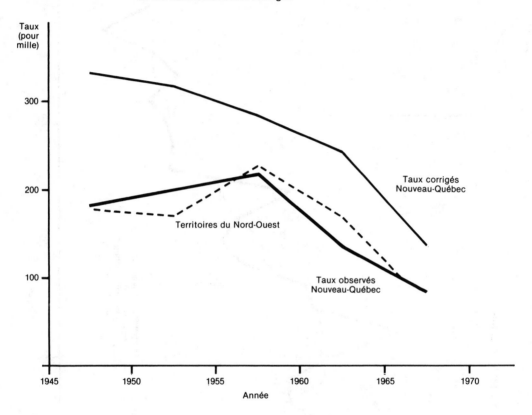

Figure XII Comparaison entre les taux observés chez les Inuit
du Nouveau-Québec et des Territoires du Nord-Ouest
et les nouveaux taux corrigés

partir du milieu des années 50, la mortalité s'est mise à baisser et a continué régulièrement jusqu'en 1970, passant d'un niveau de 230 pour 1 000 en 1954 à 80 pour 1 000, soit une réduction de 65,2% en 15 ans.

Mais dans quelle mesure ces chiffres sont-ils le reflet de la véritable évolution de la mortalité infantile? Les corrections, partielles il va sans dire, que nous avons apportées au nombre de naissances et de décès infantiles changent-elles les taux? C'est ce que nous avons vérifié en recalculant les taux à partir des données corrigées. Celles-ci l'ayant été sur une base quinquennale, c'est sur la même base que sont calculés les taux. Il ne faudrait pas confondre ce que nous appellerons "taux corrigé" avec ce que nous avons appelé "taux amélioré". Étant donné le type de corrections que nous avons apportées plus tôt, il nous était impossible de calculer un taux amélioré sur une base quinquennale (voir Tableau 51). Cette façon de faire fait peut-être perdre certaines informations sur le rôle qu'ont pu jouer certains éléments naturels (épidémies, hiver trop rigoureux, manque de gibier, etc.) mais donne encore une meilleure idée de la tendance générale.

Tableau 51 : Taux de mortalité infantile calculés à partir des événements observés et des événements corrigés

Périodes	Naissances		Décès		Décès/Naissances	
	observés*	corrigés	observés*	corrigés	observés	corrigés
1945-1949	413	587	75	195	181,6	332,2
1950-1954	486	638	96	203	197,5	318,2
1955-1959	528	695	115	198	217,8	284,9
1960-1964	699	879	95	214	135,9	243,5
1965-1970	696	1 026	58	140	83,3	136,5

* enregistrés à l'état civil

La réalité semble bien différente de ce que laissent supposer les événements enregistrés (Fig. XII). La remontée de la mortalité infantile n'était donc due qu'à une amélioration de l'enregistrement des décès : en fait, elle n'a pas cessé de diminuer. De 332,2 pour 1 000 qu'elle était durant la période 1945-1949, elle a décliné à un rythme extrêmement rapide puisque durant la période 1965-1970, elle se trouvait à 136,5 pour 1 000.

Ces résultats peuvent se comparer aux taux observés chez d'autres groupes d'Esquimaux : ceux des Territoires du Nord-Ouest[7] et ceux du Groenland[8]. La courbe des Territoires du Nord-Ouest se présente de façon semblable à celle du Québec avec la même anomalie probablement aussi due à l'amélioration de l'enregistrement des décès. Les niveaux sont comparables mais dépassent le Groenland où les statistiques de population ont un bon niveau de fiabilité. Malgré d'énormes progrès, le Nouveau-Québec demeure bien au-dessus de la moyenne québécoise qui était de 20,6 pour 1 000 en 1970.

Dans une étude de la mortalité infantile, il est d'usage de séparer les décès du premier mois et ceux des 11 mois suivants. Ce faisant, on peut grossièrement voir quelle est la part dans la mortalité infantile, des décès endogènes et des décès exogènes. On entend par décès endogènes ceux qui sont dus à des tares héréditaires, des malformations congénitales ou des suites d'un accouchement difficile. Ils se produisent pour la plupart durant le premier mois. Les décès exogènes

---

(7) Vezina, Michel, les Esquimaux du Canada - Étude démographique. Travail présenté au Département de démographie de l'Université de Montréal, 1967.

Musson, Patricia, "Infant Mortality in Canada" in Population Issues in Canada, ed. par F. Grindstaff, C.H. Boydell et P.C. Whitehead chez Holt, Rinehart and Winston of Canada limited, Toronto-Montréal, 1971, pp. 60-67.

Bureau fédéral de la statistique, Statistiques d'état civil, 84-202, de 1945 à 1954.

(8) Les taux pour le Groenland ont été calculés à partir de tableaux spéciaux fournis par le gouvernement du Danemark.

surviennent suite à des infections généralement respiratoires ou alimentaires ou après des accidents. Ces décès se répartissent tout au
long de l'année.

Tableau 52 : Décès de moins d'un an enregistrés à l'état
civil selon l'âge par groupe de générations

Générations	- 1 mois		1-11 mois		Ensemble	
	N	%	N	%	N	%
1945-1949	24	32	51	68	75	100
1950-1954	28	29	68	71	96	100
1955-1959	41	36	74	64	115	100
1960-1964	29	31	66	69	95	100
1965-1970	17	29	41	71	58	100
1945-1970	139	32	300	68	439	100

Contrairement à plusieurs pays où la mortalité des enfants âgés
de 1 à 11 mois a diminué plus rapidement que celle des nouveau-nés, au
Nouveau-Québec, le rapport est demeuré constant malgré une baisse de
la mortalité infantile. L'amélioration des services médicaux aura pas-
sablement ralenti la mortalité directement rattachée à l'accouchement.
D'autre part, beaucoup de travail demeure à faire puisqu'en 1970, encore 70% des décès surviennent à partir du deuxième mois, alors que
pour tout le Québec, la mortalité post-néo-natale compte pour moins de
30% de la mortalité infantile.

Les maladies respiratoires sont les principales causes de mortalité chez les enfants inuit; il y a plusieurs raisons à cela, la première et la plus importante étant l'habitation. D'une part, les habitations sont souvent mal chauffées entraînant une humidité accrue dans
la pièce. D'autre part, la coutume esquimaude de vivre à plusieurs
dans la même maison facilite la contagion.

Au Nouveau-Québec, comme ailleurs, la proximité ou l'éloignement des services de santé se fait sentir sur l'ampleur du phénomène. Moins favorisés en centres de santé, les villages de la Baie d'Hudson connaissent tous une mortalité plus élevée que les villages de la région de la Baie d'Ungava. À eux trois, les villages du Poste-de-la-Baleine, Inoucdjouac et Povungnituk comptent 64% des décès enregistrés alors qu'ils ne comptaient que 49% des naissances.

Par contre, à Fort Chimo la mortalité est beaucoup moins élevée. Si on rapporte tous les décès de la période aux naissances, Fort-Chimo se retrouve avec une mortalité infantile de 86 pour 1 000 comparativement au 274 pour 1 000 de Poste-de-la-Baleine. Si on pense en plus qu'étant pourvu d'un centre de santé Fort-Chimo doit accueillir des enfants mourants qui viennent des villages avoisinants, cela signifie que les enfants de la communauté comme telle meurent dans une proportion encore plus faible. Nous devons toutefois être prudents avant de conclure sur la disparité entre ces deux villages. D'une part Fort-Chimo est un village moins vieux que les autres donc a connu une mortalité moins élevée; d'autre part Poste-de-la-Baleine a dû voir le nombre de décès augmenter puisqu'il a connu une immigration vers 1955 suite à la construction d'une chaîne radar le long du 55e parallèle avec base de commande et d'entretien à Poste-de-la-Baleine.

Il serait finalement intéressant de donner un bref aperçu des mouvements saisonniers de la mortalité infantile. Les mois à plus faible mortalité sont ceux de juin à septembre, soit les mois d'été. Par contre, octobre qui pour les pays nordiques marque le retour de l'hiver est témoin d'une recrudescence du nombre de décès.

Ce sont les changements de saisons qui ont un effet néfaste sur la santé des nouveau-nés. Signalons que tous les postes ne sont pas équipés d'une piste d'atterrissage praticable douze mois par année. Sur roues l'été, sur skis l'hiver, les avions qui apportent médecins et médicaments doivent souvent s'interrompre durant quelques semaines au printemps et à l'automne à cause du gel et du dégel. D'autre part, l'alimentation est souvent négligée à cette époque où le gibier est plus rare; or, dans un pays où l'allaitement naturel est répandu, l'alimentation de la mère a un effet sur la santé de son enfant.

Conclusion

La mortalité des Inuit était en 1945, 4,5 fois plus élevée que celle des autres Québécois. Durant les vingt-cinq années étudiées, elle a été considérablement diminué mais l'enfant inuit a encore 4,3 fois plus de chance de mourir avant la fin de sa première année. Le champ d'amélioration est encore vaste : il faut penser meilleurs soins médicaux, meilleures installations sanitaires, amélioration de l'habitation, des habitudes alimentaires, etc.

Cette étude est un exemple de ce qui peut-être fait à partir d'un registre de population. Premier en son genre au Québec, ce mini laboratoire de démographie permettra de nombreuses recherches sur le comportement démographique des Inuit du Nouveau-Québec. Après avoir étudié la fécondité et la mortalité, il sera possible de faire des prévisions de population scolaire, de population active, etc. Autant d'études qui, étant donné nos connaissances, sont actuellement impossibles à réaliser. Toutefois, pour que le fichier soit exploitable, il faut absolument sensibiliser les agents en place et les autochtones eux-mêmes aux besoins d'un meilleur enregistrement. Le système actuel est très déficient et nécessiterait un net réaménagement.

Estimation des taux démographiques des Indiens du Canada

Victor Piché et M.V. George

On possède très peu de renseignements démographiques sur les Amérindiens vivant au Canada et aux États-Unis. L'importante somme de données anthropologiques et sociologiques qui existe sur les Indiens contraste avec la pauvreté des renseignements sur leurs caractéristiques fondamentales et les statistiques démographiques qui les concernent. Une étude sur les populations indiennes d'Amérique du Nord, en plus de répondre au besoin de statistiques, offre un intérêt particulier : en effet, leurs caractéristiques ressemblent davantage à celles des populations des pays en développement qu'à celles de la population de l'Amérique du Nord en général. De plus, si l'on se place du point de vue de la théorie et de la politique de population, il serait révélateur d'observer la transition vers une natalité plus faible et de comprendre à quel moment et pour quelles raisons elle se produit. La présente étude a pour objet l'estimation des taux démographiques des Indiens "inscrits" du Canada, c'est-à-dire, ceux qui ont conservé leur statut légal d'Indiens tel que défini dans la Loi sur les Indiens et qui sont inscrits au registre officiel du ministère. En 1970, le registre officiel contenait 250 781 personnes enregistrées comme "Indiens".

De toute les sources de renseignements, c'est le registre de population du ministère des Affaires indiennes et du Nord qui fournit les données démographiques les plus à jour sur la population indienne. Ces données, recueillies annuellement, fournissent depuis 1960 des statis-

---

* Originalement publié en anglais dans <u>Demography</u>, vol. 10, nº 3, 1973, pp. 367-382.

tiques sur la population indienne enregistrée, par âge, sexe, état matrimonial et province de résidence, de même que sur les événements démographiques comme les naissances et les décès. Un examen rapide de ces données, fait dans le but de calculer des taux démographiques et de dresser les perspectives de population, a révélé certaines anomalies qui nous ont incités à en faire une évaluation critique. Le présent texte vise donc à évaluer les données du registre et de calculer certains taux démographiques pour les années 1960 à 1970, à partir des données corrigées.

A. Nature du problème

Le premier problème vient de l'incohérence dans les déclarations de naissances. Une première mesure de cohérence consiste à comparer le nombre de naissances déclarées et la "population attendue". Le Tableau 53 donne : 1) la population de moins d'un an au 31 décembre de chaque année et 2) la population âgée d'un an l'année suivante. La population âgée de moins d'un an pour une année donnée est celle qui sera âgée d'un an l'année suivante. Pour une population fermée où l'effectif des individus n'est affecté que par les naissances et les décès, le nombre de survivants d'une cohorte de naissances ne peut dépasser le nombre initial.

Pourtant, les données présentées dans le Tableau 53 montrent une augmentation du nombre de survivants d'une année à l'autre. Ainsi, par exemple, en 1960, 7 052 enfants sont enregistrés comme ayant moins d'un an à la fin de l'année; à la fin de l'année suivante (1961), les survivants de cette cohorte, qui ont atteint l'âge d'un an, sont au nombre de 7 544, ce qui représente une augmentation de 492. La même tendance se répète chaque année, révélant une augmentation progressive du nombre de survivants d'année en année.

La tendance observée dans le Tableau 53 permet de douter de la fiabilité des renseignements sur les naissances. Il est possible de mesurer l'ampleur du problème en considérant le Tableau 54 qui indique les naissances déclarées selon l'âge, et qui montre clairement que plusieurs naissances déclarées pour une année appartiennent en réalité aux

Tableau 53 : Population indienne enregistrée âgée d'un an,
comparée à celle âgée de moins d'un an l'année
précédente : 1960-1960

Année	Population âgée de moins d'un an	Population âgée d'un an	Addition à la cohorte originale
1960	7 052	--	--
1961	7 362	7 544	492
1962	7 408	7 880	518
1963	7 531	7 957	549
1964	7 527	8 127	596
1965	7 482	8 199	672
1966	7 189	8 382	900
1967	7 041	8 188	999
1868	7 017	8 080	1 039
1969	6 719	8 160	1 143
1970	6 511	7 942	1 223

Source : Registre du ministère des Affaires indiennes et du Nord.

années précédentes. De fait, ce n'est que depuis 1965 que l'ampleur
du problème causé par le retard à enregistrer les naissances a pu être
connue grâce à l'informatisation du système qui rend disponible la répartition des naissances selon l'âge. Par exemple, sur les 8 973 naissances déclarées en 1965, seulement 7 798 appartiennent à 1965; le
reste appartient aux années antérieures. Les données montrent que
l'enregistrement tardif des naissances remonte jusqu'à dix ans et même
davantage.

Les incohérences observées doivent donc être attribuées au retard
dans l'enregistrement des naissances. Graham-Cumming a tenté d'établir
une estimation des naissances tardivement enregistrées. Sa méthode
consiste principalement à additionner les naissances déclarées dans
l'année où elles se sont produites et celles déclarées l'année suivante, ne tenant pas compte des enregistrements tardifs pour les autres

années. À partir des données disponibles sur les naissances tardivement enregistrées pour 1965-1968, il conclut que les naissances déclarées l'année même ou l'année suivante représentent 98% du total[1].
Il a établi ses estimations des déclarations tardives en se fondant sur
cette conclusion et aussi sur l'hypothèse que les naissances enregistrées après la fin de l'année qui suit sont celles d'enfants d'Indiens
qui n'avaient pas de statut d'Indien au moment de la naissances mais
qui ont été réadmis plus tard dans la bande (donc réintégrés au régis-
tre).

Tableau 54 : Naissances selon l'âge à la déclaration et l'année
de déclaration, population indienne enregistrée, 1965-1970

Age	1965[a]	1966	1967	1968	1969	1970
Moins d'un an	7 798	7 488	7 300	7 288	6 929	6 762
1		1 135	1 208	1 240	1 307	1 379
2		106	148	170	140	182
3		46	72	78	83	98
4		37	73	59	66	55
5		35	43	45	38	55
6	1 175	24	30	27	36	29
7		26	15	43	35	28
8		12	16	25	23	24
9		9	8	12	14	22
10		1	10	14	18	20
Plus de 10 ans		23	33	31	46	51
Total	8 973	8 942	8 956	9 032	8 735	8 705

a - Non disponible par âge.

Source : Données non publiées du ministère des Affaires indiennes et du
Nord.

---

(1) G. Graham-Cumming, Delayed Registration of Birth among Canadian
Registered Indians : 1964-1968, Ottawa, 1968, p. 6.

Bien que les estimations de Graham-Cumming soient d'une grande utilité pour rendre les utilisateurs conscients du problème, ses méthodes d'ajustement possèdent certaines limites qu'il est nécessaire de souligner. En premier lieu, les enfants dont la naissance est déclarée après deux ans ne sauraient être considérés comme "immigrants" comme il l'affirme, parce que, dans le codage des données enregistrées, "l'immigration" est prise comme un événement distinct, c'est-à-dire que "l'immigration" d'un jeune enfant de deux, trois ou quatre ans est codée comme une "addition - légitimation" et non comme une naissance. Par contre, une naissance déclarée deux, trois ou quatre ans plus tard est codée comme une "naissance". Par conséquent, toutes les naissances, quelle que soit la date de leur déclaration, doivent être prises en compte dans l'estimation des naissances corrigées. En second lieu, Graham-Cumming néglige le facteur mortalité affectant toutes les naissances déclarées tardivement. Sans aucun doute, un certain nombre d'enfants sont morts chaque année, de sorte que les déclarations tardives ne comprennent que les survivants. Il est donc souhaitable d'introduire une correction pour la mortalité dans l'estimation des naissances.

Le second problème, nous en avons touché mot précédemment, est la tendance des déclarations tardives à augmenter d'année en année. Le nombre des naissances déclarées en une année mais appartenant aux années précédentes a augmenté en nombre absolu et en pourcentage, de 13% en 1960 à 22% en 1970[2]. Les données du Tableau 53 montrent également cette tendance : la différence entre moins d'un an et ceux qui ont atteint un an l'année suivante est passée de 492 en 1961 à 1 223 en 1970.

Les causes précises de ce retard dans l'enregistrement des naissances nous sont inconnues. Cependant, la raison la plus plausible pourrait être l'augmentation de l'émigration hors des réserves[3]

---

(2) V. Piché et M.V. George, A note on the Evaluation and Adjustment of Registered Data on Indian Population : 1960-1968. Rapport préparé pour le ministère des Affaires indiennes et du Nord, Division de la statistique, 1970.

(3) Voir Francine Bernèche, "La migration de la population amérindienne au Québec, 1966-1974", infra.

qui aurrait pour effet d'accroître le retard à déclarer les naissances. Il deviendrait de plus en plus difficile à l'agent du Ministère de "suivre" ces Indiens mobiles. Le plus grand nombre d'incohérences dans la déclaration des naissances, relevé chez les Indiens hors de la réserve par rapport au nombre relevé chez ceux qui n'ont pas quitté la réserve, appuie cette hypothèse.

B. Estimation du nombre corrigé des naissances pour le Canada et pour les provinces

Étant donné la nature des données disponibles, il est nécessaire d'examiner séparément le problème pour 1960-1964 et 1965-1970 et de mettre au point des méthodes d'estimation appropriées. Cette division est rendue nécessaire parce que les naissances déclarées ne sont pas disponibles par âge pour les années 1960-1964, contrairement à ce qui se passe pour la période d'après 1965.

1. Période 1960-1964

Compte tenu que les statistiques officielles fournies par le ministère des Affaires indiennes pour les années 1960-1964 ne donnent que le nombre total des naissances déclarées chaque année, l'estimation des naissances déclarées tardivement pendant ces années doit être établie par des méthodes indirectes. Une combinaison de deux méthodes est utilisée ici. La première est fondée sur une méthode courante qui consiste à balancer les entrées et les sorties alors que la seconde utilise la distribution des naissances par âge au moment de l'enregistrement disponible à partir de 1965.

En résumé, l'application de la première méthode consiste à suivre toutes les cohortes de moins d'un an jusqu'à chacun des âges supérieurs : un an, deux ans, etc. Ainsi, la cohorte âgée de moins d'un an en 1960 atteint un an en 1961, deux ans en 1962 et ainsi de suite jusqu'à 1965, où cette cohorte atteint 5 ans. L'effet de la mortalité sur les cohortes originales doit également être pris en compte dans l'application de cette méthode. Pour les fins de cette étude, nous supposons une population fermée, c'est-à-dire une population non touchée par une migration externe. Il se produit nécessairement un certain nombre "d'émancipations" d'enfants qui perdent ainsi le statut d'Indiens, mais leur nombre est non significatif. L'excédent du nombre de survivants par rapport à la cohorte originale est considéré comme une première estimation du nombre de naissances déclarées tardivement. Quant à la seconde méthode, elle consiste à réattribuer à leurs années respectives les naissances déclarées entre 1965 et 1970, mais appartenant à la période de 1960-1964 et à les additionner aux premières estimations, en tenant compte de la mortalité (voir la section suivante pour les détails de cette dernière opération). Le nombre estimé de naissances tardivement déclarées est alors ajouté à la cohorte originale (cohorte âgée de moins d'un an chaque année), ce qui donne le nombre corrigé de naissances pour les années 1960-1964. Les résultats sont les suivants:

	1960	1961	1962	1963	1964
Nombre de naissances estimées	8 529	8 860	8 917	9 170	9 237

2. Période 1965-1970

À partir de 1965, les données disponibles sur les naissances permettent une meilleure évaluation des enregistrements tardifs, puisqu'elles permettent de déterminer combien de naissances parmi celles qui ont été déclarées dans une année appartiennent vraiment à cette année et combien appartiennent aux années précédentes. Dans le calcul des naissances pour cette période, bien que plusieurs méthodes aient été mises à l'essai, nous ne présentons ici que celle qui a été finalement utilisée. Elle comporte trois étapes essentielles.

En premier lieu, puisque nous n'avons de données que pour six années, nous avons calculé le nombre de naissances appartenant à chaque année et déclarées l'année même, plus celles qui ont été déclarées dans les trois années suivant celle de la naissance (voir Tableau 55).

En second lieu, afin d'évaluer le nombre de naissances qui seront
déclarées quatre ans ou plus après la date de l'événement, nous avons
établi des quotients pour chaque année, en divisant la somme des naissances déclarées en 1969, 1970 et 1971 pour le groupe quatre à 10 ans
par les naissances de moins d'un an déclarées pour l'année correspondante. Un rapport moyen de 0,0412 a été rapporté aux naissances déclarées avant un an pour chaque année et nous avons obtenu ainsi l'estimation des naissances tardivement déclarées. Cette méthode tient compte
de la tendance croissante à la déclaration tardive des naissances.

Tableau 55 : Distribution des naissances, par année de
naissance et année de déclaration : 1965-1970;
population indienne enregistrée

Année de déclaration	Année de naissance					
	1965	1966	1967	1968	1969	1970
Année de naissance	7 798	7 488	7 300	7 288	6 929	6 762
Un an après la naissance	1 135	1 208	1 240	1 307	1 379	1 642
Deux ans après la naissance	148	170	140	182	256	(330)a
Trois ans après la naissance	78	83	98	113	(128)a	(143)a
Total	9 159	8 949	8 778	8 890	8 692	8 877

a   Ces chiffres sont des estimations fondées sur l'extrapolation des
    données du Tableau 54.

Source : Même que pour les données du Tableau 53.

Enfin, la déclaration tardive des naissances ne concerne que les
enfants qui ont survécu et ne tient pas compte des décès parmi les
enfants. Un quotient de mortalité devrait donc être rapporté aux nombres de déclarations tardives. L'effet de la mortalité a été calculé
de la façon suivante:

1. Les taux de survie du moment ont été calculés à partir de tables de mortalité basées sur les taux moyens de mortalité pour 1965-1968[4]. Les taux de survie utilisés sont les suivants:

$$S_{0-1} = ,95125$$
$$S_{0-2} = ,94729$$
$$S_{0-3} = ,94456$$
$$S_{0-10} = ,93528$$

2. Les nombres de naissances enregistrées tardivement ont alors été divisés par les quotients de survie correspondants, ce qui donne l'estimation finale du nombre de naissances enregistrées tardivement pour chaque année (Tableau 56).

    Le Tableau 56 montre que 78% des naissances estimées sont déclarées l'année même et 22% sont déclarées au cours des années qui ont suivi l'année de la naissance.

    3. Estimation pour les provinces

    La méthode détaillée "des entrées et des sorties" par cohorte utilisée pour l'estimation des naissances déclarées tardivement dans tout le Canada pendant les années 1960-1964 ne pouvait être utilisée pour établir des données équivalentes pour les provinces à cause de l'absence des données de base. La distribution par année d'âge n'était pas disponible pour les provinces. Par conséquent, les estimations ont été établies par la méthode des entrées et des sorties à partir des totaux de population, de naissances et de décès. Ces estimations ont ensuite été ajustées au prorata à l'aide des estimations des naissances pour tout le Canada. En effet, celles-ci avaient été obtenues au moyen de données plus raffinées que celles que l'on possédait pour les provinces. Pour les années 1965-1970, la méthode décrite plus haut, qui avait été utilisée pour l'ensemble du Canada, a également été utilisée pour les provinces. Les résultats sont présentés dans le Tableau 57.

---

(4) Canada, ministère de la Santé et du bien-être social, Tables de mortalité, Indiens enregistrés du Canada : 1965-1968, 1969.

Tableau 56 : Estimations finales des naissances corrigées
par année de déclaration, population indienne
(enregistrée du Canada), 1965-1970

Année de déclaration	Estimations finales des naissances corrigées					
	1965	1966	1967	1968	1969	1970
Année de la naissance	7 798	7 488	7 300	7 288	6 929	6 762
Un an après la nais-sance	1 193	1 270	1 304	1 374	1 450	1 726
Deux ans après la naissance	156	179	148	192	270	348
Trois ans après la naissance	82	88	104	120	136	151
De 4 à 10 ans après la naissance	385	370	360	360	342	334
Total	9 614	9 395	9 216	9 334	9 127	9 321

C. Correction des effectifs de population pour le Canada et les provinces

Une fois les naissances ajustées pour les déclarations tardives,
les effectifs de population doivent être corrigés en conséquence.
Étant donné que les naissances sont déclarées parfois jusqu'à dix ans
plus tard, il devient nécessaire d'ajuster les effectifs de la population entre zéro et dix ans. Par exemple, à la population âgée de moins
d'un an en 1960, il faut ajouter toutes les naissances déclarées après
1960, ce qui donne l'équation:

$$P_o^{C,1960} = P_o^{E,1960} + (N_1^{1961} + N_2^{1962}$$

$$+ N_3^{1963} + \ldots + N_{10}^{1970}),$$

Tableau 57 : Estimation des naissances, population indienne
enregistrée, Canada et provinces, 1960-1970

Provinces	1960	1961	1962	1963	1964	1965	1966	1967	1968	1969	1970
Île-du-Prince-Édouard	10	10	14	16	11	17	12	13	22	11	10
Nouvelle-Écosse	98	150	127	134	109	134	137	139	142	148	141
Nouveau-Brunswick	131	139	157	130	124	140	131	141	144	127	145
Québec	893	859	780	873	860	892	766	799	809	817	811
Ontario	1 689	1 677	1 781	1 710	1 795	1 892	1 832	1 647	1 640	1 650	1 713
Manitoba	1 284	1 379	1 316	1 472	1 439	1 535	1 571	1 597	1 555	1535	1 614
Saskatchewan	1 325	1 369	1 460	1 535	1 604	1 605	1 720	1 651	1 822	1 675	1 737
Alberta	1 026	1 115	1 101	1 179	1 181	1 215	1 238	1 258	1 236	1 231	1 137
Colombie-Britannique	1 743	1 839	1 813	1 846	1 802	1 786	1 684	1 605	1 623	1 556	1 704
Territoires du Nord-Ouest	268	219	252	198	209	398	227	232	265	277	264
Yukon	62	104	116	77	103		77	134	76	100	45
CANADA	8 529	8 860	8 917	9 170	9 237	9 614	9 395	9 216	9 334	9 127	9 321

où

$P_o^{C,1960}$ = population corrigée de moins d'un an en 1960

$P_o^{E,1960}$ = population enregistrée de moins d'un an en 1960;

N_1^{1961} = naissances déclarées d'enfants d'un an en 1961;

N_2^{1962} = naissances déclarées à 2 ans en 1962; et ainsi de suite.

De même,

$$P_1^{C,1961} = P_1^{E,1960} + (N_2^{1961} + N_3^{1962}$$
$$+ \ldots + N_{10}^{1969})$$

et ainsi de suite jusqu'à l'âge de dix ans.

Les données nécessaires aux ajustements n'étaient disponibles que pour 1960 et 1961. Par conséquent, la population âgée de moins d'un an à dix ans a été rajeunie à l'aide des précédentes équations pour les années 1960-1961. Après quoi, un quotient moyen pour les deux années a été calculé en divisant la population corrigée (aux âges de moins d'un an à dix ans) par la population enregistrée correspondante, c'est-à-dire,

$$P_{o-10}^{C} / P_{o-10}^{E}$$

Ce quotient a été rapporté aux populations enregistrées pour les années 1962 à 1970. Les résultats ainsi obtenus sont présentés pour l'ensemble du Canada et pour les provinces dans le Tableau 58.

D. Corrections de la mortalité infantile

Les décès d'enfants de moins d'un an inscrits au registre des Indiens semblent erronés entre les années 1960 et 1965. Pendant cette période, l'âge au décès a été calculé à l'aide de l'année de la naissance seulement et non de la date de la naissance. Dans ce cas, un

Tableau 58 : Effectifs de population ajustés, année civile et au milieu de l'année, population indienne enregistrée, Canada et provinces, 1960-1970

Provinces	1960	1961	1962	1963	1964	1965	1966	1967	1968	1969	1970
Population ajustée/Année civile											
Île-du-Prince-Édouard	346	351	366	377	380	398	403	413	424	435	440
Nouvelle-Écosse	3 662	3 782	3 869	3 973	4 034	4 149	4 229	4 329	4 459	4 596	4 706
Nouveau-Brunswick	3 309	3 430	3 556	3 664	3 754	3 870	3 953	4 076	4 195	4 318	4 468
Québec	21 336	22 002	22 578	23 267	23 947	24 808	23 336	25 926	26 563	27 266	27 999
Ontario	44 152	45 374	46 594	47 719	48 952	50 096	53 173	52 390	53 632	54 773	56 053
Manitoba	24 823	25 928	26 920	28 048	29 123	30 361	31 500	32 721	33 853	35 058	36 308
Saskatchewan	24 490	25 577	26 725	27 941	29 205	30 453	31 807	33 039	34 415	35 698	36 936
Alberta	20 228	21 132	22 006	22 959	23 880	24 887	25 700	26 739	27 614	28 531	29 529
Colombie-Britannique	37 701	38 987	40 148	41 388	42 565	43 777	44 682	45 594	46 535	47 426	48 785
Yukon	1 940	2 025	2 115	2 163	2 237	2 320	2 363	2 506	2 584	2 676	2 516
Territoires du Nord-Ouest	4 799	4 962	5 155	5 286	5 437	5 637	5 796	5 980	6 175	6 384	6 541
CANADA	186 786	193 550	200 032	206 784	213 514	220 756	226 942	233 714	240 449	247 151	254 281
Population ajustée/au milieu de l'année											
Île-du-Prince-Édouard	344	348	358	372	378	389	400	408	418	430	438
Nouvelle-Écosse	3 620	3 722	3 825	3 921	4 003	4 092	4 189	4 279	4 394	4 522	4 646
Nouveau-Brunswick	3 250	3 370	3 493	3 610	3 709	3 812	3 912	4 014	4 136	4 257	4 393
Québec	20 944	21 669	22 290	22 923	23 607	24 378	24 072	24 631	26 244	26 914	27 632
Ontario	43 555	44 763	45 984	47 156	48 336	49 524	51 634	42 782	53 011	54 203	55 413
Manitoba	24 311	25 376	26 424	27 484	28 586	29 742	30 931	32 110	33 287	34 455	35 683
Saskatchewan	23 950	25 034	26 151	27 333	28 573	29 829	31 130	32 423	33 727	35 057	36 317
Alberta	19 788	20 680	21 569	22 482	23 420	24 383	25 293	26 220	27 177	28 072	29 030
Colombie-Britannique	37 026	38 344	39 567	40 768	41 976	43 171	44 230	45 138	46 064	46 981	48 106
Yukon	1 904	1 982	2 072	2 139	2 200	2 278	2 341	2 435	2 545	2 630	2 596
Territoires du Nord-Ouest	4 704	4 880	5 058	5 220	5 361	5 537	5 717	5 888	6 048	6 279	6 462
CANADA	183 396	190 168	196 791	203 408	210 149	217 135	223 849	230 328	237 081	243 800	250 716

certain nombre de décès à l'âge d'un an sont de fait des décès de moins d'un an. Par exemple, le décès d'un enfant né en décembre et mort en janvier de l'année suivante est considéré comme un décès à l'âge d'un an, bien qu'en réalité l'enfant n'ait été âgé que de quelques semaines. Cependant, depuis 1966, une estimation plus exacte de l'âge au décès a été établie à l'aide de renseignements sur la date réelle de la naissance et du décès. Nous servant de l'expérience des années 1966 à 1968, nous avons calculé le rapport moyen des décès à l'âge de moins d'un an aux décès de zéro à quatre ans que nous avons ensuite appliqué aux décès de zéro à quatre ans des années précédentes, ce qui a donné le nombre corrigé de décès d'enfants âgés de moins d'un an pour les années 1960 à 1965 (Voir au Tableau 59 les résultats pour le Canada et pour les provinces).

E. Estimation des taux démographiques, 1960-1970

À l'aide des données présentées aux Tableaux 57 et 58 et des statistiques de décès correspondantes, nous avons calculé les taux de natalité et de mortalité (Voir le Tableau 60 et la Figure XIII).

1. Taux de natalité

Deux remarques s'imposent à propos du niveau et de la tendance des taux de natalité d'après les données du Tableau 60 : 1) le taux de natalité de l'ensemble de la population indienne a baissé de 46,5 qu'il était en 1960 à 37,2 en 1970 et 2) même en 1970 ce taux est encore relativement élevé puisqu'il représente plus que le double du taux pour l'ensemble des Canadiens.

Un regard sur les taux de natalité pour chaque province ou chaque région révèle de fortes fluctuations annuelles, dues principalement soit aux petits nombres en cause dans certaines provinces, particulièrement les provinces de l'Atlantique, soit aux erreurs dans les données de base, soit aux deux causes à la fois. Il faut tenir compte de ces deux facteurs en se livrant à l'interprétation des données présentées au Tableau 60. Les Provinces des Prairies (Manitoba, Saskatchewan et Alberta) avaient le taux de natalité le plus élevé en 1961, soit 54,3

Tableau 59 : Décès corrigés d'enfants âgés de moins d'un an, population indienne enregistrée, Canada et provinces, 1960-1970

Provinces	1960	1961	1962	1963	1964	1965	1966	1967	1968	1969	1970
Île-du-Prince-Édouard	2	1	--	--	1	2	1	--	2	--	--
Nouvelle-Écosse	--	4	5	4	6	5	8	11	2	--	3
Nouveau-Brunswick	9	2	3	3	3	5	4	2	2	5	7
Québec	61	66	61	55	32	40	30	22	29	23	24
Ontario	119	100	95	99	81	61	56	54	53	52	35
Manitoba	120	110	112	118	113	85	80	79	72	60	61
Saskatchewan	102	117	106	118	113	88	95	105	103	82	64
Alberta	84	76	74	74	54	52	53	57	46	57	42
Colombie-Britannique	156	157	156	139	134	113	110	114	83	85	70
Yukon	--	3	10	6	10	9	7	4	7	7	13
Territoires du Nord-Ouest	42	26	27	19	18	14	12	10	16	8	6
CANADA	695	662	649	635	565	474	456	458	415	379	325

Tableau 60 : Taux bruts de natalité (TN) et taux bruts de mortalité (TM), population
indienne enregistrée, Canada et provinces, 1960-1970 (pour 1000 habitants)

Provinces	1960 TN	1960 TM	1961 TN	1961 TM	1962 TN	1962 TM	1963 TN	1963 TM	1964 TN	1964 TM	1965 TN	1965 TM	1966 TN	1966 TM	1967 TN	1967 TM	1968 TN	1968 TM	1969 TN	1969 TM	1970 TN	1970 TM
De l'Atlantique	33,1	8,9	40,2	7,5	38,8	8,3	35,4	6,8	30,2	10,1	35,1	8,0	32,9	6,9	33,7	8,2	34,4	5,7	31,1	5,4	31,2	7,6
Québec	42,6	9,1	39,6	10,1	35,0	9,2	38,1	8,4	36,4	7,2	36,6	6,7	31,8	6,4	32,4	6,4	30,8	6,7	30,4	6,3	29,4	5,8
Ontario	38,8	10,8	37,5	9,0	38,7	10,0	36,3	10,5	37,1	9,0	38,2	8,2	35,5	8,9	31,2	7,9	30,9	8,6	30,4	8,8	30,9	7,4
Manitoba	52,8	10,8	54,3	9,7	49,8	10,2	53,6	10,6	50,3	9,8	51,6	8,2	50,8	8,5	49,7	8,3	46,7	8,5	44,6	7,0	45,2	7,6
Saskatchewan	55,3	10,7	54,7	10,1	55,8	9,9	56,2	9,7	56,1	8,8	53,8	9,1	55,3	8,9	50,9	8,8	54,0	8,8	47,8	8,0	47,8	7,5
Alberta	51,8	9,9	53,9	8,7	51,0	8,2	52,4	7,8	50,4	7,9	49,8	6,8	48,9	7,8	48,0	7,3	45,5	8,3	43,9	8,0	39,2	7,0
Colombie-Britannique	47,1	12,1	48,0	12,1	45,8	13,2	45,3	13,2	42,9	11,0	41,4	11,5	38,1	10,7	35,6	10,6	35,2	10,0	33,1	10,5	35,4	8,8
Yukon et Territoires du Nord-Ouest	49,9	15,0	47,1	10,2	51,6	10,4	37,4	11,7	41,3	9,1	50,9	8,3	37,7	6,9	44,0	5,8	39,5	8,5	42,3	9,0	34,1	7,2
CANADA	46,5	10,9	46,6	9,9	45,3	10,3	45,1	10,0	44,0	9,2	44,3	8,7	42,0	8,6	40,0	8,3	39,4	8,5	37,4	8,3	37,2	7,5

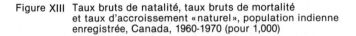

Figure XIII Taux bruts de natalité, taux bruts de mortalité
et taux d'accroissement «naturel», population indienne
enregistrée, Canada, 1960-1970 (pour 1,000)

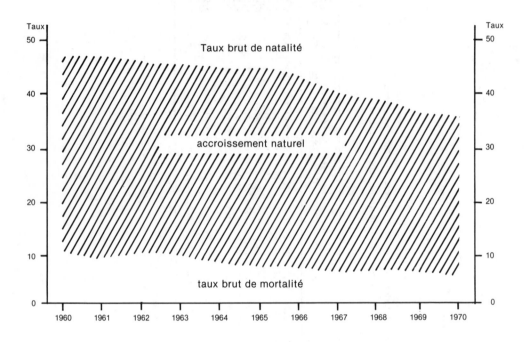

SOURCE : TABLEAU 60

et ce taux était encore au-dessus de 50 en 1966. Les Provinces des
Prairies avaient toujours en 1970 le taux de natalité le plus élevé,
soit 44,1. Le Québec et l'Ontario, pour leur part, affichaient les
taux les plus bas, 29,4 et 30,9 respectivement. Venaient ensuite la
Colombie-Britannique et les Provinces de l'Atlantique (Île-du-Prince-
Édouard, Nouvelle-Écosse et Nouveau-Brunswick), avec 35,4 et 31,2 respectivement. Enfin, le Yukon et les Territoires du Nord-Ouest accu-
saient un taux de 34,1 en 1970. De plus, les provinces, comme l'ensemble du Canada, connaissent une baisse de la natalité indienne.

2. Taux bruts de mortalité et taux de mortalité infantile

En dépit des fluctuations annuelles, les taux bruts de mortalité
pour l'ensemble des Indiens enregistrés du Canada ont baissé de 10,9 en

1960 à 8,3 en 1969 et à 7,5 en 1970. À partir des données actuelles, il est trop tôt pour dire si la baisse brusque entre 1969 et 1970 est réelle ou s'il s'agit d'un résultat factice des statistiques utilisées. Les provinces ont connu une baisse analogue. Cependant, les taux en Colombie-Britannique sont systématiquement plus élevés que ceux des autres provinces et de l'ensemble de la population indienne.

Les taux de mortalité infantile calculés pour les Indiens (Tableau 61) indiquent une importante baisse pendant les années 1960. Pour l'ensemble du Canada, le taux a diminué de 57,2%, passant de 81,5 pour 1 000 naissances en 1960 à 34,9 en 1970. En dépit d'une importante diminution dans les dernières années, le taux de mortalité infantile chez les Indiens demeure environ deux fois plus élevé que celui de l'ensemble de la population canadienne. Les variations provinciales dans la mortalité infantile se rapprochent plus ou moins de celles des taux bruts de mortalité. Parmi les provinces, la Colombie-Britannique, le Yukon et les Territoires du Nord-Ouest ont les taux les plus élevés, suivis ensuite par les Provinces des Prairies.

3. Taux d'accroissement

Le Tableau 62 donne les taux d'accroissement "naturel" pour l'ensemble des Indiens et pour ceux de chaque province. Ainsi, avec un taux de mortalité en diminution et une natalité relativement élevée, la population indienne s'accroît rapidement (3% en 1970). Le taux d'accroissement naturel a baissé régulièrement de 3,6% en 1960 à 3% en 1970, surtout à cause de la baisse de la natalité.

Parallèlement à la tendance qui se manifeste dans l'ensemble du Canada, chacune des provinces, à part les provinces de l'Atlantique, connaît une baisse du taux d'accroissement. De toutes les provinces, ce sont les provinces des Prairies qui ont enregistré les taux les plus élevés d'accroissement de 1960 à 1970. Selon les "normes canadiennes", ce taux d'accroissement est encore très élevé: en effet, avec une augmentation annuelle de 3%, la population double en 23 ans.

Tableau 61 : Taux de mortalité infantile, Canada et provinces, population indienne enregistrée, 1960-1970 (pour 1 000 habitants)

Province	1960	1961	1962	1963	1964	1965	1966	1967	1968	1969	1970
Provinces de l'Atlantique	46,0	23,4	26,8	25,0	41,0	41,2	46,4	44,4	19,5	17,5	33,8
Québec	68,3	76,8	78,2	63,0	37,2	44,8	39,2	27,5	35,8	28,2	29,6
Ontario	70,5	59,6	53,3	57,9	45,1	32,2	30,6	32,8	32,3	31,5	20,4
Manitoba	93,5	79,8	85,1	80,2	78,5	55,4	50,9	49,5	46,3	39,1	37,8
Saskatchewan	77,0	85,5	72,6	76,9	70,4	54,8	55,2	63,6	56,5	49,0	36,8
Alberta	81,9	68,2	67,2	62,8	45,7	42,8	42,8	45,3	37,2	46,3	36,9
Colombie-Britannique	89,5	85,4	86,0	75,3	74,4	63,3	65,3	71,0	51,1	54,6	41,1
Yukon et Territoires du Nord-Ouest	127,3	89,8	100,5	90,9	89,7	57,8	62,5	38,2	67,4	39,8	61,5
CANADA	81,5	74,7	72,8	69,2	61,2	49,3	48,5	49,7	44,5	41,5	34,9

Tableau 62 : Taux d'accroissement "naturel", population indienne
enregistrée, Canada et provinces, 1960-1970 (%)

Province	1960	1961	1962	1963	1964	1965	1966	1967	1968	1969	1970
Atlantique	2,4	3,3	3,1	2,9	2,0	2,7	2,6	2,6	2,9	2,6	2,4
Québec	3,4	2,9	2,6	4,7	2,9	3,0	2,5	2,6	2,4	2,4	2,4
Ontario	2,8	2,8	2,9	2,6	2,8	3,0	2,7	2,3	2,2	2,2	2,4
Manitoba	4,2	4,5	4,0	4,3	4,0	4,3	4,2	4,1	3,8	3,8	3,8
Saskatchewan	4,5	4,5	4,6	4,7	4,7	4,5	4,6	4,2	4,5	4,0	4,0
Alberta	4,2	4,5	4,3	4,5	4,2	4,3	4,1	4,1	3,7	3,6	3,2
Colombie-Britannique	3,5	3,6	3,3	3,6	3,2	3,0	2,7	2,5	2,5	2,3	2,7
Yukon et Territoires du Nord-Ouest	3,5	3,7	4,1	2,6	3,2	4,3	3,1	3,8	3,1	3,3	2,7
CANADA	3,6	3,7	3,5	3,5	3,5	3,6	3,3	3,2	3,1	2,9	3,0

F. Essai d'explication

Les faibles taux bruts de mortalité ne sont pas difficiles à expliquer : les Indiens du Canada, adultes et enfants, bénéficient maintenant de services de santé et d'établissements de soins modernes qui ont entraîné, chez eux comme partout ailleurs, une importante baisse de la mortalité.

Quant aux tendances de la natalité, elles présentent une énigme : en onze ans, la natalité a subi une chute de 20%. C'est là une baisse extrêmement rapide, mais qui n'est pas exclusive aux Indiens du Canada. Par exemple, pendant une période de quatre ans, de 1962 à 1966, on a observé une baisse de 12% de la natalité chez les Maoris[5]. De plus, d'autres observations permettent d'affirmer que chez les Indiens des États-Unis, il y a aussi une chute de la natalité[6]. On peut tout de même se demander si cette baisse de la natalité est réelle ou si elle n'est qu'un effet artificiel des statistiques utilisées.

Le problème lié à la déclaration tardive des naissances, que nous avons abordé dans la première section de cette étude, n'est pas facile à résoudre. Il y a, parmi les Indiens habitant dans les réserves, une forte émigration : c'est ainsi qu'un certain nombre de naissances sont déclarées beaucoup plus tard, tandis que d'autres ne sont pas déclarées du tout. Il est difficile d'évaluer l'étendue du phénomène de l'omission des déclarations de naissances, mais, de l'avis du personnel des Affaires indiennes, il serait assez faible. De plus, le processus "d'assimilation" engendré par les mariages mixtes (Indiens avec non-Indiennes et vice versa) vient encore compliquer l'observation et il est difficile de déterminer dans quelle mesure ce processus affecte l'enregistrement des naissances.

---

(5) D.I. Pool, "A Note on the Commencement of a Decline in the New Zealand Maori Birthrate: 1962-1966", manuscrit, 1970.

(6) E.S. Rabeau, "Evaluation of PHS Programme Providing Family Planning Services for American Indians", American Journal of Public Health, 59, 1969, pp. 1331-1338.

Y a-t-il une baisse réelle de la natalité chez les Indiens du Canada? Pour répondre à cette question, on pourrait comparer diverses estimations obtenues à l'aide de méthodes indirectes (par exemple en utilisant des coefficients de survie). Malheureusement, ces méthodes présentent les mêmes limites, étant donné que les données relatives aux naissances et à la population sont tirées du même registre. Par conséquent, les distributions par âge sont tout aussi affectées que les naissances par les biais dus à la déclaration tardive. Ainsi, l'utilisation des techniques de population stable, par exemple, donne des résultats semblables à ceux qui sont obtenus par les techniques "conventionnelles"[7]. Une autre façon de répondre à cette question capitale est d'examiner des indices indirects tel que les taux de fécondité par âge, l'âge au mariage, la fécondité illégitime et la planification familiale.

Les taux de fécondité par âge sont présentés au Tableau 63. Ce Tableau montre clairement qu'il y a eu une baisse de la fécondité depuis 1964, dans tous les groupes d'âges sauf dans le groupe des 15 à 19 ans où il y a eu une hausse. Cette observation concorde avec d'autres résultats empiriques, formulés dans des situations comparables où il s'est produit un phénomène analogue, c'est-à-dire où la fécondité a récemment accusé une baisse. Par exemple, dans le cas de la population de Taiwan et dans le cas des Maoris, la baisse de la fécondité s'est manifestée dans les groupes de femmes plus âgées, tandis que chez les femmes de 15 à 19 ans, la fécondité augmentait[8].

Nous manquons de données adéquates qui permettraient d'examiner l'effet de l'âge au mariage sur la fécondité. Néanmoins, le Tableau 64 donne les pourcentages de femmes non célibataires, par âge, pour l'ensemble de la population indienne en 1951 et pour la population indienne enregistrée en 1966, 1967 et 1968. Deux considérations s'imposent ici.

_____

(7) A. Romaniuk et V. Piché, "Estimations des taux de natalité chez les Indiens du Canada, 1900-1969", infra.

(8) D.I. Pool, op. cit.; R. Freedman et A.L. Adlakha, "Recent Fertility Declines in Hong Kong; the Role of Changing Age Structure", Population Studies, vol. 22, 1968, pp. 181-198.

Tableau 63 : Indices de changements dans les taux de
fécondité par âge, Indiens du Canada, 1931-1968
(Années de base : 1964)

				Âge de la mère			
Année	15-19	20-24	25-29	30-34	35-39	40-44	45-49
Groupe 1[a]							
1931	55,3	64,4	62,4	61,9	68,6	83,2	160,2
1941	94,9	96,2	92,1	91,2	100,0	93,7	217,2
1961	139,3	140,3	136,1	141,6	144,0	142,3	191,4
Groupe 2[b]							
1964	100,0	100,0	100,0	100,0	100,0	100,0	100,0
1965	100,4	103,4	93,0	97,7	100,2	108,1	135,5
1966	101,7	96,1	85,5	89,5	87,1	87,4	131,2
1967	104,1	92,4	86,1	80,4	82,4	78,9	98,9
1968	106,0	90,1	78,3	74,3	78,0	70,4	91,4
Groupe 3[c]							
1968	107,5	90,6	80,6	78,7	74,6	74,8	109,7

a. Calculs basés sur des données non publiées fournies par la Section
de la statistique de l'état civil et de la Division du recensement, Statistique Canada.

b. Calculs basés sur des données non publiées fournies par la Section
des statistiques de l'état civil et le ministère des Affaires indiennes.

c. Calculs basés sur des données non publiées fournies par le ministère des Affaires indiennes.

En premier lieu, la proportion de femmes non célibataires est faible
dans le groupe âgé de 15 à 19 ans (16% en 1951); cette proportion atteint 60% dans le groupe d'âges suivant. Ainsi, 40% des femmes demeurent célibataires dans le groupe d'âges de 20 à 24 ans. Ceci indique
un âge élevé au mariage; en 1968, il a été estimé à environ 25 ou 26

Tableau 64 : Pourcentage des Indiennes non célibataires
par âge, Canada, 1951-1968

Âge	1951	1966	1967	1968
15-19	15,8	9,6	9,5	9,0
20-24	59,7	42,5	41,5	40,4
25-29	79,0	62,1	60,8	60,6
30-34	90,0	72,2	72,0	73,4
35-39	94,0	78,6	77,6	76,6
40-44	95,0	84,3	83,2	78,8

Remarque : Les données pour 1961 ne sont pas disponibles par groupe
d'âges quinquennaux standards

Sources : Pour 1951, données non publiées de Statistique Canada, Division du recensement.

Pour 1966 et années subséquentes, données non publiées du ministère des Affaires indiennes et du Nord.

ans pour les femmes[9]. Henripin aussi a constaté un âge élevé au mariage pour les Indiennes du Canada[10]. En second lieu, et cette constatation est plus importante, il semble y avoir eu une hausse de l'âge au mariage : la proportion de femmes mariées dans le groupe des 15 à 19 ans a diminué de 16% en 1951 à 9% en 1968.

Un taux de natalité élevé, combiné à un âge élevé au mariage (bien que l'âge au mariage tende à baisser), pourrait s'expliquer par des taux élevés "d'illégitimité". Les données que nous possédons pour les années récentes montrent en effet une forte proportion de naissances dites "illégitimes". Le pourcentage des naissances illégitimes par

(9) R. Chénier, les Facteurs de la fécondité chez les populations indiennes du Canada, mémoire de maîtrise, sociologie, Université d'Ottawa, 1971, p. 45.

(10) J. Henripin, Tendances et facteurs de la fécondité au Canada, monographie du recensement de 1961, Ottawa, 1968, pp. 182 et 415.

rapport au nombre total des naissances affiche une hausse de 20,1% en six ans : de 31,7% en 1965 à 39,2% en 1970.

Au sujet de la régulation des naissances, il n'y a pas de données, à part l'étude sur la bande des "Six nations" dont il est question dans le rapport Hawthorn[11]. Selon les auteurs de cette étude, la communauté indienne des "Six nations" connaît les méthodes de régulation des naissances, elle les accepte et les pratique. De plus, étant donné que les Indiens émigrent en nombres croissants de leurs réserves vers les milieux urbains, on peut faire l'hypothèse qu'ils adoptent, pour la dimension de la famille, des normes qui se rapprochent de celles de l'ensemble de la population canadienne.

En conséquence, si l'on se fie aux tendances des taux de fécondité par âge, de l'âge au mariage et de la planification familiale, il est raisonnable de croire que, chez les Indiens du Canada, la natalité décroît. L'expérience démographique des Maoris de la Nouvelle-Zélande nous fournit un autre indice[12]. De notre point de vue, les Maoris sont une population intéressante parce qu'ils ont avec les Indiens du Canada plusieurs points de similitude. En effet, les deux groupes sont des minorités autochtones, vivant dans des pays hautement industrialisés tout en possédant des caractéristiques démographiques qui les rapprochent davantage des populations des pays en développement que de celles des pays où ils vivent. Comme il avait plus de données que nous n'en possédons, Pool a été en mesure de conclure que chez les Maoris, la fécondité avait définitivement fléchi. Le principal facteur de cette baisse de la natalité est l'adoption, par la population Maori, de nouveaux comportements en matière de planification familiale.

Si l'expérience des Maoris est valable pour la population indienne, on est justifié de conclure, en considérant les tendances de la

(11) H.B. Hawthorn, H.A.C. Cairns, S.M. Jamieson, K. Lysyk, M.A. Tremblay, F.G. Vallée et J. Ryan, Études sur les Indiens contemporains du Canada, Première partie, Ottawa; 1966, p. 100.

(12) D.I. Pool, "Post-War Trends in Maori Population Growth", Population Studies 21, 1967, pp. 87-98.

fécondité par âge et de la nuptialité, que la baisse de la natalité chez les Indiens du Canada est réelle. Toutefois, cette conclusion doit être assortie de certaines réserves, puisqu'il est impossible actuellement de déterminer avec précision l'ampleur du phénomène des déclarations tardives et de juger de l'importance de son effet "dépressif" sur la natalité. Nous croyons qu'une part de cette baisse rapide de la natalité est due à une sous-estimation de naissances et qu'une part représente une diminution réelle probablement imputable à l'adoption de nouvelles pratiques de planification familiale.

Conclusion

À l'aide de données corrigées, nous avons fait une estimation des taux démographiques des populations indiennes du Canada pour les années 1960-1970. Les taux bruts de mortalité ont baissé de 10,9 (pour 1 000) en 1960 à 7,5 en 1970. Les taux de mortalité infantile ont également connu une régression importante, passant de 81,5 décès par 1 000 naissances en 1960 à 34,9 en 1970. La natalité a également baissé de 46,5 (pour 1 000) à 37,2 bien que cette baisse pourrait être due en partie à l'omission des déclarations de naissances. En 1970, la population indienne augmentait d'environ 3%. Pour les provinces, les tendances sont comparables.

Nous ne prétendons pas apporter ici la solution définitive au problème de l'estimation des taux démographiques concernant la population indienne. Nous ne pouvons qu'affirmer qu'ils sont raisonnablement conformes à tous les éléments d'information que nous possédions à ce moment. Signalons toutefois que, selon les calculs faits à partir des données enregistrées depuis 1970, les estimations présentées ici demeurent valables[13].

---

(13) Voir J. Perreault et L. Paquette, "Les Indiens en l'an 2 000 : un demi-million?", Communication présentée à l'ACFAS, Université Laval, Québec, mai 1984.

La migration de la population indienne au Québec, 1966-1974

Francine Bernèche

Les migrations récentes des Indiens nord-américains s'inscrivent généralement dans le cadre de l'exode rural touchant la société américaine, mais elles concernent aussi l'inclusion dans cette société d'individus appartenant à un peuple différent et vivant dans des enclaves territoriales à l'intérieur du même pays. La situation particulière des Indiens, tant au Canada qu'aux États-Unis, rend donc complexe non seulement l'étude des mouvements migratoires, mais aussi et surtout l'orientation de toute politique gouvernementale en ce domaine.

Les études américaines et canadiennes portant sur les mouvements migratoires des Indiens soulignent en premier lieu la sélectivité des départs des réserves qui se manifeste par l'exode des résidents les plus instruits[1] de la population féminine et des jeunes adultes[2]. La plupart des études consultées mettent aussi en évidence l'importance des mouvements de retour vers les réserves[3], migra-

---

(1) Alan L. Sorkin, "Some Aspects of American Indian Migration", *Social Forces*, vol. 48, n° 2, décembre 1969, pp. 243-250.

(2) Trevor Denton, *Stranger in their Land. A Study of Migration from a Canadian Reserve*, thèse de Ph.D., Anthropologie, University of Toronto, 1970, 392 p.

(3) A.L. Sorkin, *op. cit.*; T. Denton, *op. cit.*; voir aussi E.M. Neils, *Reservation to City. Indian Migration and Federal Relocation*. Research Paper n° 131, Dep. of Geography, the University of Chicago, Chicago, 1971, 198 p. et W. Saveland, *Migration from Reserve and Crown Lands*, Compte rendu d'une analyse réalisée à la Division de la statistique, ministère des Affaires indiennes et du Nord. Ottawa, 1973, 5 feuillets.

tions alternantes ou temporaires au début de la vie active et installation définitive dans la réserve après une certaine période de mobilité.

Comme la recherche d'un emploi constitue la principale raison de
migrer[4], la situation socio-économique des zones de départ est
souvent mise en relation avec l'ampleur des mouvements. Les réserves
sont ainsi classées en fonction de leur degré d'autonomie économique
et de leur éloignement des centres urbains[5]. C'est à partir des
réserves proches des villes qu'on observe en général la plus forte mobilité. Certaines études montrent enfin qu'il y a, tant au niveau
gouvernemental américain[6] que canadien[7], un encouragement à la
mobilité et à la promotion individuelle, ce qui pose à la fois le problème de l'assimilation de la population indienne et de la viabilité
des réserves.

Les mouvements migratoires touchant les bandes indiennes constituent donc un domaine de recherche dont l'importance - ne serait-ce que
politique - doit être reconnue. Notre étude n'en couvre qu'une infime
partie : celle de la mesure du phénomène migratoire pour les bandes indiennes du Québec au cours de la période 1966-1974. Étant donné les
limites des statistiques disponibles, c'est plutôt un profil du phénomène qui sera tracé en évaluant tout d'abord la qualité de l'information obtenue puis en estimant l'importance des mouvements à partir de
diverses méthodes.

---

(4) T. Denton, op. cit.; V. Piché, "La migration interne des Indiens
de la Baie James : une étude de cas", infra.

(5) P. Deprez et G. Sigurdson, The Economic Status of the Canadian
Indian : a Re-Examination, Center of Settlement Studies, the Uni-
versity of Manitoba, Winnipeg, décembre 1969, 103 p.; voir aussi
E.M. Neils, op. cit. et W. Saveland, op. cit.

(6) E.M. Neils, op. cit.

(7) H.B. Hawthorn, et al., Étude sur les Indiens contemporains du Canada. Rapport sur les besoins et mesures d'ordre économique, politique et éducatif, Direction générale des affaires indiennes,
Ottawa, octobre 1966, vol. I, 471 p.

A. Description et critique des sources de données

Avant de traiter spécifiquement des mouvements migratoires, un examen des sources de données s'impose. Cet examen permettra de cerner les limites de l'étude. Il tient compte de deux objectifs : la connaissance des statistiques disponibles et l'évaluation de l'information obtenue.

1. Caractéristique des données provenant du ministère des Affaires indiennes et du Nord canadien (MAINC)

La division des Affaires indiennes du MAINC constitue la principale source de renseignements statistiques sur la population indienne inscrite du Canada. Elle est aussi l'organisme administratif par lequel se manifeste la responsabilité du gouvernement fédéral en matière indienne. Les statistiques que cette division publie sont donc fortement liées à la situation particulière des Indiens, que nous caractériserons brièvement avant de décrire l'information utilisée.

a) La_situation_particulière des Indiens

Proclamée le 4 septembre 1951 par le Parlement canadien, la Loi des Indiens forme le document de base à partir duquel sont définies toutes les facettes du régime juridique particulier appliqué aux Indiens. Originant de cette loi, deux caractéristiques importantes doivent être retenues : la distinction entre Indiens et Indiens inscrits et la particularité des événements touchant la population inscrite.

Les Indiens inscrits sont les individus qui, conformément aux termes de la loi, ont le droit d'être inscrits à titre d'Indiens et sont effectivement portés au registre des Indiens, demandé par la Loi et administré par le MAINC. Ils représentent environ 85 à 90% de la population indienne totale[8], telle que dénombrée par les recensements

---

(8) V. Piché, "Démographie des Indiens du Canada : présentation et évaluation-critique des sources de renseignements", Actes de l'ACFAS, 1973, p. 172.

canadiens suivant leur définition de l'origine ethnique. Les événements touchant la population indienne inscrite sont multiples et dépassent en nombre les événements vitaux (naissances, décès) ou légaux (mariages, divorces) habituels; des changements de statut affectent également la population totale des Indiens inscrits : il en est ainsi des émancipations, obtenues sur demande ou suite au mariage d'une Indienne à un non-Indien, qui la diminuent et des réinscriptions d'individus qui l'accroissent.

La politique à l'égard des Indiens se caractérise aussi par un régime spécial d'occupation du sol. Les bandes indiennes disposent en effet de réserves dont le titre territorial revient à la couronne. Le MAINC reconnaît généralement trois types de résidence pour les membres d'une bande : la réserve, habitée par les membres de la bande qui en a l'usage et, avec l'accord du conseil de la bande, par des Indiens d'autres bandes et des non-Indiens; les terres de la Couronne qui n'ont pas été mises de côté pour la formation de réserves ou pour tout autre usage gouvernemental et enfin la catégorie "hors réserve" englobant tous les autres lieux de résidence, que ce soit dans la même province, au Canada ou à l'étranger.

b) L'information disponible au MAINC

Le centre d'information statistique du MAINC possède des renseignements sur les aspects démographiques, socio-économiques et administratifs des bandes indiennes. Y sont disponibles, entre autres, les séries de données obtenues depuis l'établissement du registre des Indiens. L'information initiale a été recueillie à partir de listes d'effectifs basées sur des données antérieures et envoyées pour être vérifiées et complétées au niveau des bandes avant la fin de 1959. Le fichier de population ainsi constitué a été, depuis, régulièrement mis à jour et fournit, avec le fichier événements, la source des données utilisées.

Le fichier population permet de dresser la liste des effectifs par bande au 31 décembre de chaque année; la publication officielle de ces listes, au niveau des bandes, ne date toutefois que de 1965. L'information diffusée concerne le nombre d'individus appartenant à la bande répartis selon le sexe, l'âge et le type de résidence.

Le fichier événements est construit à partir de l'enregistrement mensuel de quatre sortes d'événements (naissances, décès, mariages, transferts) et de la déclaration aux bureaux de MAINC de tout autre type de modification. Il est à l'origine de la publication, depuis 1968, d'un relevé des statistiques de l'état civil se rapportant à chaque bande pour l'année venant de s'écouler.

L'envoi des rapports mensuels de bande à la division de l'effectif des bandes permet d'apporter tout changement ou toute inscription nouvelle au fichier central. À partir des renseignements obtenus, le MAINC publie une première liste des unités familiales qui doit être vérifiée au niveau des bandes. C'est en se basant sur la correction de cette seule liste qu'est déterminé le type de résidence d'un individu pour l'année en cours.

2. Critique interne des données

a) L'enregistrement_concernant les effectifs des bandes

Diverses études ont montré que l'enregistrement tardif des événements était l'une des sources de biais les plus importantes, mais il existe aussi, au niveau de la collecte et du traitement des données, des lacunes affectant les séries statistiques publiées.

i) L'enregistrement tardif

L'enregistrement tardif concerne tous les types d'événements, mais à des degrés divers. Parmi les événements démographiques enregistrés en 1973 pour les Indiens inscrits au Québec, les décès, exception faite des décès infantiles, sont les moins touchés : 24% de retards contre 35% pour les naissances et 44% pour les mariages. Les conséquences de cet enregistrement tardif sont surtout perçues dans les anomalies des distributions par âge.

En effet, l'enregistrement tardif des naissances contribue à accroître indûment les cohortes initiales et perturbe ainsi la répartition par âge des moins de 15 ans. En observant l'évolution par âge des
groupes enregistrés en 1967 et considérés cinq ans plus tard, on constate que les effectifs des générations augmentent pour tous les groupes
d'âges inférieurs à 15 ans au niveau de l'ensemble des bandes du Québec, sans qu'il y ait eu apport extérieur venant des migrations.

En ce qui concerne les naissances, l'importance des déclarations
tardives semblent être liée à la proportion d'Indiens hors réserves,
dont l'augmentation va de pair avec un pourcentage plus élevé de retards. Aucune tendance précise ne se dessine si l'on considère l'autonomie des bandes en matière d'enregistrement ou leur éloignement du bureau de district.

ii) La qualité de la collecte et du traitement des données

Les omissions dans l'enregistrement des événements et les négli-
gences dans la vérification des listes d'effectifs affectent principalement la qualité de l'information recueillie. Il est toutefois difficile d'estimer l'importance de ces lacunes, car elles dépendent de
l'intérêt individuel à déclarer un événement et de la rigueur du contrôle administratif au niveau des bandes. En ce sens, c'est pour les
membres vivant hors réserve que la collecte des informations serait
surtout imparfaite. Le traitement des données est aussi à l'origine
d'erreurs et de problèmes de comparabilité au niveau des séries statistiques publiées, mais ces défauts sont en bonne partie attribuables à
la jeunesse du système informatique.

b) L'enregistrement concernant les mouvements migratoires

L'utilisation de trois types de résidence pour qualifier la situation géographique des Indiens inscrits pose divers problèmes liés à
leur définition et à l'interprétation qui en est faite.

Les trois types de résidence utilisés dans les tableaux statistiques sont définis comme suit :

Réserve : tous les Indiens demeurant ordinairement sur une réserve, incluant ceux qui ont quitté temporairement la réserve pour un emploi d'une durée inférieure à 12 mois, et toutes les personnes se trouvant à l'extérieur de la réserve pour une période de temps exigée par l'hospitalisation ou la scolarisation;

Terres de la Couronne : Indiens ne vivant pas dans une réserve, mais demeurant dans des communautés indiennes organisées et distinctes sur les terres de la couronne fédérale ou provinciale;

Hors réserve : tous les Indiens vivant hors de leur réserve (ou communauté indienne organisée) pour une période continue égale ou supérieure à 12 mois.

Ces définitions mettent en évidence une première difficulté : déterminer si l'individu habite "ordinairement" la réserve. Ce problème se pose notamment lorsque des personnes travaillant et habitant à l'extérieur reviennent périodiquement à la réserve, ce qui se produit souvent lorsque celle-ci se trouve à proximité du lieu de travail.

i) Les tendances de l'enregistrement

La détermination du type de résidence est en partie discrétionnaire et les motifs incitant à préférer l'une ou l'autre catégorie (octrois de subsides, listes d'électeurs, etc.) influent sur l'exactitude de l'enregistrement. Enfin, le sous-enregistrement et l'inscription tardive des événements touchent particulièrement la population hors réserve et pousseraient ainsi à une sous-évaluation de ses effectifs pour certains groupes d'âges.

ii) L'interprétation du type de résidence

L'inscription comme résident d'une réserve ne signifie pas à coup sûr que l'individu habite la réserve de sa bande. Il peut aussi vivre dans la réserve d'une autre bande sans en faire partie, avec l'assentiment du conseil de cette bande. Lorsque le cas se pose, le préposé à la collecte peut donc inscrire le membre dans le groupe "réserve" ou "hors réserve" (hors de sa réserve). Or, il n'y a pas en ce domaine de règles fixes, tout au plus une tendance à enregistrer l'individu hors réserve. Pour pallier ces problèmes, une nouvelle classification des types de résidence a été adoptée en 1974 : 1) dans une réserve (propre bande), 2) dans une réserve (autre bande), 3) sur une terre de la couronne (propre bande), 4) sur une terre de la couronne (autre bande), 5) sur une terre de la couronne (aucune bande), 6) hors d'une réserve.

Tout en donnant une information plus précise, les nouvelles définitions exigent des ajustements pour établir une continuité avec les données antérieures. Enfin, malgré les modifications apportées, les types de résidence ne représentent encore qu'une simplification des multiples situations existantes.

iii) La vérification de l'enregistrement

Toute l'information utilisée repose sur les listes d'effectifs établies en 1959, où était spécifié le type de résidence de chaque individu. Ces renseignements ne sont que vérifiés et corrigés depuis l'établissement du registre, en attribuant par ailleurs aux nouveau-nés le type de résidence de leur mère.

La valeur des statistiques publiées dépend donc en majeure partie de l'exactitude de l'enregistrement initial et de la qualité des vérifications annuelles ultérieures. Les erreurs dues à un contrôle imparfait des listes de résidents conservent les tendances observées pour les effectifs totaux, mais leur fréquence peut être accrue par l'absence de vérification automatique lors de la programmation. Les sorties d'ordinateur fournissent finalement des données qui se rapportent à la période de contrôle des listes (octobre-novembre) et concernent, pour les "hors réserve", la situation d'individus partis depuis au moins un an.

Tributaires des erreurs concernant les effectifs totaux et y ajoutant leurs propres imperfections, les statistiques sur les mouvements migratoires sont donc loin d'être parfaites. Une mesure juste s'avère impossible, mais l'appréciation d'un ordre de grandeur et de diverses orientations peut être faite en corrigeant les erreurs importantes, en regroupant les données et en confrontant l'évolution des bandes.

B. Vue d'ensemble : cadre de l'étude et situation démographique

L'étude des mouvements migratoires parmi les Indiens inscrits du Québec est fortement liée à la disponibilité des statistiques du MAINC concernant les bandes, ce qui en délimite le cadre. Par ailleurs, ces mouvements se rattachent à une situation démographique dont les caractéristiques pour l'ensemble des bandes et pour chaque groupe particulier permettent de mieux situer le phénomène migratoire.

1. Cadre de l'étude

La période considérée pour l'étude des mouvements migratoires s'étend de 1966 à 1974 inclusivement. Les bandes observées comprennent celles dont tous les membres ou une partie d'entre eux habitent dans les limites de la province en 1974. Les bandes dont les réserves sont partagées entre le Québec et l'Ontario, soit les bandes Saint-Régis et Abitibi Ontario, seront donc considérées dans leur ensemble et ajoutées aux bandes composant la région administrative du Québec.

a) La_distinction_entre_bandes_et_réserves

La distinction entre bandes et réserves est de première importance non seulement en ce qui concerne l'organisation territoriale des bandes, mais aussi pour toute l'analyse du phénomène migratoire, puisque c'est à partir de la réserve que seront mesurés les mouvements des membres d'une bande.

Les bandes constituent des unités administratives plus larges que le simple cadre territorial de la réserve. Les membres d'une bande peuvent en effet quitter la réserve sans cesser d'appartenir à la bande : pour une même bande, la mobilité est donc mesurée par les changements de catégorie de résidence parmi ses effectifs.

b) Le_regroupement_des_bandes

Comme cette étude porte sur 41 bandes indiennes, il s'avère nécessaire de les grouper pour permettre à la fois d'éviter des nomenclatu-
res fastidieuses et de déceler certaines caractéristiques propres aux
groupes de bandes.

Le regroupement utilisé (Tableau 65) s'inspire d'une répartition
souvent retrouvée dans les études sur les Indiens où les bandes sont
classées selon leur situation relative par rapport aux régions industrialisées. Ainsi trois zones ont été dégagées : urbaine, rurale, isolée. L'inclusion de chaque bande dans l'une de ces zones a été faite
à partir de l'observation des caractéristiques suivantes : localisation
des réserves, degré d'accessibilité, profil économique de la région environnante. Le classement de certaines bandes pourrait donner lieu à
des réajustements en tenant compte d'autres critères, mais les choix
opérés respectent dans l'ensemble les traits communs à la majorité des
bandes.

Dans chaque zone, les bandes ont aussi été réparties selon la
taille de leurs effectifs, en distinguant tout d'abord deux bandes de
plus de 1 600 membres (Caughnawaga et St-Régis), puis trois groupes
comprenant chacun le tiers des bandes : 600 à 1 600 membres, 300 à 599
membres, moins de 300 membres.

2. Situation démographique des Indiens inscrits au Québec

En 1973, le taux brut de natalité pour les Indiens inscrits du
Québec se situe à 28,6 pour 1 000 et représente ainsi presque le double
du taux pour l'ensemble de la population canadienne en 1970. Par ailleurs, leurs taux bruts de mortalité se rapprochent : 7,9 pour 1 000
pour les Indiens du Québec en 1973 et 7,4 pour 1 000 pour l'ensemble
canadien[9]. La population indienne inscrite du Québec augmente donc à

---

(9) Des taux standardisés (tenant compte de la structure par âge des
    populations) montrent que le niveau de mortalité est en fait plus
    élevé chez les Indiens dont la structure par âge est plus jeune.

un rythme d'environ 2% par an, ce qui est inférieur au taux d'accroissement naturel de 1960 (3,4%), mais qui demeure aussi élevé que celui
de certains pays en voie de développement.

Tableau 65 : Répartition des bandes[a] en fonction de leur
situation dans une zone urbaine, rurale ou isolée

Zone urbaine (6)

Hurons de Lorette
Iroquois de Caughnawaga
Iroquois de St-Régis
Abénakis de Bécancour
Odanak
Oka

Zone rurale (20)	Zone isolée (15)
Sept-Îles	Mistassini
Gaspé	Barrière Lake
Viger	Grand Lac Victoria
Montagnais du Lac St-Jean	Manowan
Restigouche	Mingan
Micmacs de Maria	Natashquan
River Desert	Romaine
Abitibi Dominion	St-Augustin
Timiskaming	Obedjiwan
Abitibi Ontario	Nemaska
Montagnais des Escoumains	Rupert House
Bersimis	Eastmain
Kipawa	Old Factory
Long Point	Fort George
Lac Simon	Great Whale River
Wolf Lake	
Naskapis de Schefferville	
Montagnais de Schefferville	
Weymontachie	
Waswanipi	

a La répartition est faite en fonction de la réserve principale ou
de l'établissement dominant de la bande.

L'observation des données globales fournit des indices sur la situation démographique d'une population, mais cache aussi les particularités ou différences entre sous-groupes. À l'intérieur même du Québec,
des différences notables apparaissent entre les structures de population des bandes indiennes dans les trois zones déjà identifiées (Tableau 66).

La zone urbaine se différencie nettement puisque les moins de 15
ans y représentent environ 30% de la population totale, comparativement
à 43% pour la zone rurale et presque 50% pour les bandes isolées. En
1966, la répartition par groupe d'âges pour les bandes rurales se rap-
prochait de celle des bandes isolées, mais leur évolution au cours de
la période a suivi celle des bandes urbaines. Ainsi, la diminution relative des groupes jeunes varie de 3 à 4% dans les zones rurale et urbaine pour une baisse de moins de 1% en zone isolée.

Au cours de la période 1966-1974, l'évolution moyenne annuelle
pour l'ensemble des bandes du Québec a été de 2,8%, ce qui correspond
à l'évolution des bandes rurales. L'augmentation de la population des
bandes en zone urbaine lui est inférieure (1,74%) et celle des bandes
isolées, de beaucoup supérieure (4,02%). L'homogénéité dans l'évolution des bandes paraît plus marquée pour celles de la zone urbaine.
Par contre, les zones rurales et isolées montrent des écarts importants
qui laissent supposer que des communautés perdent des membres au profit
d'autres bandes. Bien que l'évolution de la natalité soit la première
distinction entre bandes, le rôle des échanges migratoires semblent
donc aussi important dans le développement des communautés indiennes.

C. Mouvements migratoires à partir des réserves

Les mouvements migratoires ne représentent pas un phénomène nouveau pour la population indienne du Québec. D'importants déplacements
de population ont en effet influencé la répartition actuelle des bandes
indiennes. De plus, le nomadisme caractérise encore les bandes des régions septentrionales. Les départs des réserves constituent un autre
type de mouvements, impliquant souvent l'installation en ville et des
retours périodiques vers la réserve.

Tableau 66 : Répartition par groupe d'âges et évolution des effectifs
des bandes du Québec, 1966-1974

| Bandes | 1966 | | | | | | 1974 | | | | | | Taux d'accroissement 1966-74 (moyenne annuelle) % |
| | Total des membres (100%) | Groupes d'âges (en %) | | | | | Total des membres (100%) | Groupes d'âges (en %) | | | | | |
		Moins de 15 ans	15-44 ans	45-65 ans	65 ans et plus	Âge inconnu		Moins de 15 ans	15-44 ans	45-64 ans	65 ans et plus	Âge inconnu	
Zone urbaine	9 481	31,1	42,7	18,0	7,3	0,9	10 804	27,0	46,4	17,9	8,3	0,4	1,74
Zone rurale	9 621	42,6	40,6	11,4	4,9	0,5	11 807	39,0	44,3	11,5	5,0	0,2	2,84
Zone isolée	6 917	49,4	37,2	9,7	3,6	0,1	9 143	48,9	38,3	9,4	3,4	0,0	4,02
Ensemble des bandes	26 019	40,2	40,5	13,4	5,4	0,5	31 754	37,8	43,3	13,1	5,6	0,2	2,76

SOURCE : CANADA, ministère des Affaires indiennes et du Nord canadien, Registered Indian Population by Age-Sex-Residence, (par bande), Ottawa, décembre 31, 1966 et 1974.

Le phénomène migratoire chez les Indiens inscrits du Québec se manifeste en partie par les échanges entre bandes et par les apports ou pertes venant des unions avec la population non indienne. De façon plus courante, l'étude des migrations parmi la population indienne s'attache cependant aux départs des réserves et à leur contre-courant, les retours.

C'est en utilisant la distinction entre les types de résidence pour les membres d'une bande que l'analyse des mouvements peut être faite. La pépinière de renseignements que les données semblent présenter est cependant réduite par les limites déjà exposées : la mesure des mouvements doit donc être précédée d'une discussion sur les méthodes proposées.

1. Discussion sur les méthodes proposées

L'analyse des données présente une difficulté principale liée au fait que l'apport externe (corrections et entrées réelles) touche différemment la population des réserves et celle vivant hors réserve. La mortalité exclue, la diminution de la population des réserves n'entraîne pas une augmentation équivalente des effectifs hors réserve. Cet obstacle de taille restreint le choix de méthodes adaptées au type de données.

L'étude de la mobilité spatiale ne peut prétendre à une mesure précise des départs des réserves vers les zones hors réserve; elle portera plutôt sur l'évolution différenciée de deux types de populations résidant dans des milieux distincts : les réserves et les zones hors réserve.

Nous estimerons tout d'abord des taux de migration nette pour les réserves et les zones hors réserves en utilisant deux méthodes, celle des composantes démographiques et celle des coefficients de survie intercensitaire. Puis nous observerons dans la section suivante, l'évolution des proportions de membres hors réserves au cours de la période 1966-1974.

2. Estimation des taux de migration nette par la méthode des composantes démographiques

En 1967 et en 1970, des changements administratifs ont modifié la
part des bandes St-Régis et Abitibi Ontario incluse dans la province
de Québec. Comme ces changements affectent la population totale, nous
avons choisi pour période d'analyse les années 1968-1972, où les modifications (1970) sont moins importantes.

La migration nette (M_n) a été estimée à partir de l'équation
suivante:

$$M_n = P_{x+a}^{t+a} - (P_x^t - D_{x,x+a})$$

P_x^t : effectifs du groupe d'âges x au temps t

$D_{x,x+a}$: décès dans le groupe d'âge x durant la période
t,t+a

La population de base choisie pour le calcul des taux est la population moyenne de la bande au cours de la période dans chacun des groupes d'âges.

En raison de l'orientation de nos choix, l'enregistrement tardif
reste la seule limite importante à corriger. Elle ne l'est en fait que
pour les groupes d'âges inférieurs à 15 ans, car les ajustements pour
les autres groupes risqueraient d'introduire, vu la faiblesse des nombres et la moindre importance des retards, des erreurs supplémentaires.
Des corrections ont donc été apportées au groupe des 0-4 ans, et à celui des 5-14 ans; pour le premier groupe, les naissances et les décès
ont été calculés à partir de taux corrigés appliqués aux effectifs annuels ajustés. L'estimation de la proportion attribuable à l'enregistrement tardif parmi les effectifs de 5-14 ans a permis de réajuster
cette population.

Nous avons donc calculé des taux quinquennaux de migration nette
pour les réserves et pour les zones hors réserves, dans la province de

Québec et à titre de comparaison, au Canada. Les taux présentés (Figu-
res XIV et XV) ne constituent pas une mesure exacte des mouvements migratoires; leur ordre de grandeur, leur sens et la comparaison entre
les différents résultats sont les seuls éléments d'une interprétation
valable.

Comparés aux taux de migration nette pour les adultes de 25-34
ans, les taux corrigés des 0-4 ans semblent peu valables, sauf pour les
réserves du Canada; les taux de natalité utilisés pour les zones hors
réserve étaient sans doute trop élevés, entraînant ainsi une sous-estimation de la migration nette. Les résultats sont par ailleurs satis-
faisants pour le groupe des 5-14 ans, où les corrections ont permis de
rapprocher la valeur des taux "réserve" et "hors réserve".

Les courbes "réserve" et "hors réserve" sont inversement symétri-
ques pour le Canada; elles indiquent ainsi que la population totale est
quasi close et que les défauts d'enregistrement sont atténués dans
l'ensemble. Il n'en est pas de même pour la province de Québec; en ce
sens, une seconde série de taux excluant l'année 1970 apporte une légère amélioration dans la complémentarité entre taux aux âges élevés.

Les pertes nettes sont plus importantes au niveau des réserves du
Canada qu'à celui des réserves du Québec; la population féminine y montre aussi un solde négatif dépassant celui des effectifs masculins. Ce
dernier résultat n'est pas repris en ce qui concerne les réserves du
Québec, mais les zones hors réserve connaissent un gonflement plus accru des groupes féminins que masculins. L'apport est sans doute dû aux
mariages de non-Indiennes, notamment entre 20-24 ans.

Les groupes d'âges jeunes (moins de 40 ans) présentent les taux de
migration nette les plus élevés. Les modes des séries concernant les
réserves sont les mêmes pour les deux sexes, mais diffèrent selon les
territoires : 20-24 ans pour le Canada et 30-34 ans pour le Québec. À
partir de 40 ans, les taux diminuent brutalement, restant en deçà de
40 pour 1 000.

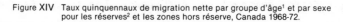

Figure XIV Taux quinquennaux de migration nette par groupe d'âge[1] et par sexe
pour les réserves[2] et les zones hors réserve, Canada 1968-72.

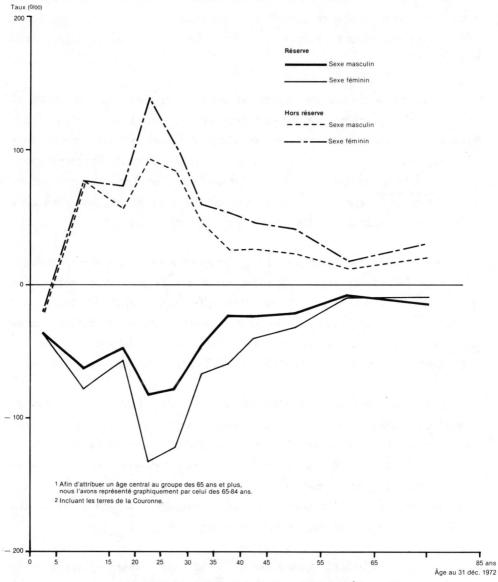

1. Afin d'attribuer un âge central au groupe des 65 ans et
    plus, nous l'avons représenté graphiquement par celui
    des 65-84 ans.

2. Incluant les terres de la Couronne.

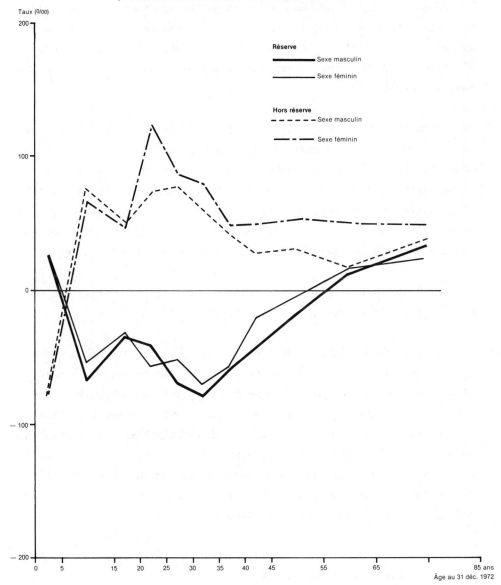

Figure XV   Taux quinquennaux de migration nette par groupe d'âge et par sexe
pour les réserves et les zones hors réserve, Québec 1968-72.

Sauf pour le Québec, il n'y a pas de migration nette positive vers les réserves. Les retours ne sont guère discernables par cette méthode, puisque les taux positifs des plus de 55 ans pour le Québec peuvent largement être attribués aux changements de 1970. Seule la brusque diminution des taux après 40 ans laisse croire à un contre-courant compensant les départs.

Comparés aux taux de migration nette pour la population française[10], les taux se rapportant aux réserves du Québec présentent les mêmes traits que ceux des communes rurales françaises : départs importants entre 25-34 ans, diminution des pertes nettes aux âges plus élevés, légère reprise des taux négatifs après 65 ans. Par rapport aux populations canadiennes et québécoises[11], les résultats s'apparentent aussi à l'exode marqué des ruraux agricoles entre 20-35 ans.

3. Estimation des taux de migration nette par la méthode des coefficients de survie intercensitaire

La méthode utilisée demande que l'on calcule tout d'abord un coefficient de survie intercensitaire (CSI) en rapportant la population d'âge "x+a" à la population d'âge "x" enregistrée "a" années auparavant. Pour chaque population faisant partie de l'ensemble de base, on estime ensuite une population attendue en multipliant les coefficients de survie par les effectifs des groupes d'âges en début de période. La différence entre la population attendue et la population enregistrée en fin de période représente la migration nette. Cette méthode doit toutefois répondre à certaines conditions :

(1) la population des cohortes servant à l'établissement des coefficients de survie est close;

---

(10) Y. Turgault, la Mesure de la mobilité. Cinq études sur les migrations internes. I.N.E.D., cahier n⁰ 67, P.U.F., Paris, 1973, p. 158.

(11) Taux de migration nette 1956-1961, pour le Canada : M.V. George, Internal Migration in Canada, Demographic Analyses, Ottawa, 1970, p. 141; pour le Québec, M. Amyot, les Courants migratoires intraprovinciaux au Québec et en Ontario, 1956-1961, Mémoire de maîtrise, Université de Montréal, avril 1970, tableau 57, p. 152.

(2) les probabilités de survie (mortalité) sont les mêmes pour la
population des régions observées et pour la population totale
utilisée;

(3) les erreurs de dénombrement au premier et au second recensement se trouvent dans le même rapport pour la population régionale et pour une population totale.

Comme les conditions ne sont pas parfaitement remplies pour les
Indiens du Québec, nous n'avons appliqué cette méthode qu'à la population masculine des réserves. Les coefficients de survie ont été calculés à partir des cohortes d'Indiens inscrits du Canada qui composent
une population quasi close. Par ailleurs, en excluant la mortalité infantile, les différences sont peu marquées entre la mortalité des Indiens du Québec et celle des Indiens du Canada, légèrement plus élevée.
Enfin, nous supposons que les erreurs d'enregistrement au début et à la
fin de la période 1968-1972 se ressemblent pour les réserves du Québec
et les bandes du Canada.

Les taux de migration nette ont été calculés pour la province et
la région du Québec. Ils permettent ainsi de voir dans quelle mesure
les changements administratifs de 1970 ont modifié la valeur des taux
provinciaux.

Les taux suivent les mêmes tendances pour la province et la région, sauf entre 20 et 40 ans; le mode des séries s'est déplacé de
30-34 ans pour la province à 25-29 ans pour la région. Les pertes nettes pour les réserves sont beaucoup moins importantes au niveau de la
région, à la suite de l'exclusion des bandes St-Régis et Abitibi Ontario. Le phénomène inverse se produit pour les 65 ans et plus alors que
les taux ne montrent plus le gain net obtenu au niveau provincial.

Les courbes se rapportant à la province de Québec correspondent
dans l'ensemble à celles obtenues par la méthode des composantes démographiques. Cette concordance justifie les corrections apportées aux
taux des 5-14 ans dans la première méthode. Par ailleurs, les résultats provinciaux obtenus en excluant l'année 1970 ne sont pas confirmés

au niveau régional pour les 55-64 ans, puisqu'il y a gain net pour les réserves. Comme la perte notée dans la seconde série provinciale est faible, ce gain peut être interprété comme un apport réel correspondant sans doute à des retours vers les réserves.

Les séries de taux observées confirment donc les recherches et constatations courantes, à savoir les départs des réserves. Pour la période 1968-1972, les taux de migration nette calculés en fonction des réserves du Québec sont tous négatifs pour les groupes d'âge inférieurs à 55 ans. L'importance de ces départs varie de 50 pour 1 000 à 80 pour 1 000 pour les jeunes adules (25-34 ans); ils posent une double question, à savoir les possibilités de survie économique dans les réserves et celles d'adaptation des migrants dans les villes.

D. Évolution de la population indienne à l'extérieur des réserves

Les taux de migration nette estimés pour l'ensemble du Québec ont largement montré que durant la période 1968-1972 les zones hors réserves ont gagné des effectifs, le plus souvent au détriment des réserves. Toutefois, la mesure adoptée n'a pas permis de suivre l'évolution de cet accroissement au cours des années.

Bien que la période observée soit récente, l'importance des effectifs hors réserve a varié annuellement pour la plupart des bandes et diffère également selon les groupes considérés. L'évolution de la population hors réserves demande donc à être observée en fonction des groupes de bandes. Cette description sera complétée par l'information que fournissent les recensements 1951-1961-1971 sur la population indienne à l'extérieur des réserves au Québec.

1. Évolution des proportions de membres hors réserve

a) Analyse des données

Quel sens faut-il donner à l'estimation des proportions de membres hors réserve? Il serait erroné d'interpréter les différences annuelles entre ces proportions comme équivalant à des pourcentages de départs hors des réserves. Nous devons considérer la population hors réserve comme une population distincte dont les mouvements se rattachent à divers phénomènes. Les proportions de membres hors réserve possèdent donc un sens particulier, attribuable à l'accroissement venant de l'extérieur des réserves et aux modifications administratives.

Comme l'a mentionné T. Denton[12], une certaine proportion des effectifs hors réserve, estimée par lui au tiers, est née hors réserve. D'autre part, les naissances différées jouent un rôle de premier plan dans l'accroissement des pourcentages de membres hors réserve pour les moins de 15 ans. Enfin, les mariages de non-Indiennes représentent très souvent un apport réel pour les zones hors réserve, sans impliquer de départs hors des réserves.

Au cours de la période observée, des décisions issues du MAINC ont affecté la composition des bandes (divisions de bande, établissement d'une réserve), ainsi que l'enregistrement des types de résidence. Pour certaines bandes (entre autres, la bande Weymontachie), l'enregistrement hors réserve semble être un artefact créé par les normes administratives. Les diverses situations composent malheureusement un écheveau difficile à démêler; c'est pourquoi nous avons décidé de nous en tenir, malgré leur rigidité, aux distinctions établies, plutôt que de présumer de la réalité. Par contre, les modifications apportées à l'enregistrement des types de résidence en 1974 ont entraîné des conséquences trop évidentes pour négliger une remise en question des données antérieures.

b) Observation pour la période 1966-1974

L'évolution des proportions de membres hors réserve traduit les changements liés à l'importance relative d'un groupe résidentiel défini (les "hors réserve") au sein d'une communauté d'appartenance, la bande. Les pourcentages établis à l'intérieur de chaque groupe d'âges tiennent ainsi compte, par leurs variations, des apports différentiels touchant

---

(12) T. Denton, op. cit., pp. 172-177.

chaque type de résidence. Nous observerons leur évolution au cours de la période 1966-1974 pour la région du Québec et pour chaque groupe de bandes.

De nouvelles définitions des types de résidence ont été adoptées en 1974; les résultats pour cette année montrent une baisse importante des proportions de membres hors réserve comparativement à l'année précédente (1973). S'agit-il d'une baisse réelle ou de différences dans l'enregistrement? Trois nouvelles catégories ont été formées en 1974 : réserve d'une autre bande, terres de la Couronne d'une autre bande, terres de la Couronne n'appartenant à aucune bande; cette classification enlève à la population hors réserve des effectifs qui étaient souvent enregistrés selon ce type de résidence, parce qu'ils ne vivaient pas dans la réserve ou sur les terres de la Couronne de leur propre bande.

En estimant le pourcentage représenté par les effectifs des nouvelles catégories et en l'ajoutant aux proportions de membres hors réserve en 1974, nous obtenons des valeurs correspondant approximativement aux définitions antérieures. Nous n'avons fait l'ajustement que pour la région du Québec; en ce qui concerne les groupes de bandes, on peut estimer que les proportions de membres hors réserve seraient diminuées d'environ 1,3% pour les hommes et de 1,1% pour les femmes, en 1966 et en 1971, si la baisse remarquée en 1974 leur était aussi appliquée.

i) Région du Québec

L'examen des pyramides des âges pour les populations des réserves et des zones hors réserve permet de donner un premier aperçu de leurs caractéristiques avant d'observer plus précisément l'évolution des proportions de membres hors réserve. La superposition de ces pyramides des âges (Figure XVI) rend compte de différences de structures importantes. Le déséquilibre de la pyramide des "hors réserve" se manifeste tout d'abord par la réduction de la base (moins de 20 ans) en comparaison de l'assise très large notée pour la population des réserves. Par

ailleurs, le gonflement des effectifs hors réserve entre 30-44 ans pour
les hommes et 20-34 ans pour les femmes répond assez bien à la distribution des taux de migration nette.

En l'espace de neuf ans (1966-1974), les pyramides se sont régula-
risées et les différences, atténuées. L'importance des groupes d'âges
jeunes a beaucoup diminué dans les réserves; d'autre part, pour les
zones hors réserve, l'accroissement relatif des 5-19 ans doit venir en
bonne partie des déclarations tardives, mais aussi d'une légère augmentation de ce groupe. En 1974, les déséquilibres de structure pour la
population hors réserve se manifestent surtout selon le sexe, l'élément
féminin de 25 à 44 ans dominant plus nettement qu'en 1966.

Les proportions de membres hors réserve (Tableau 67) se situent,
pour les âges allant de 25 à 49 ans, à un niveau plus élevé pour le
sexe féminin que masculin; elles dépassent généralement les 30%. Pour
l'ensemble du Québec, l'importance des effectifs résidant à l'extérieur
des réserves atteint presque le quart de la population indienne inscrite totale.

La distribution par âge des pourcentages montre que les éléments
de moins de 20 ans restent au cours des années en proportion moindre.
Les pourcentages pour le groupe des 20-24 ans voisinent les 22% et leur
écart annuel est aussi très faible. Cet éventail étroit des pourcentages traduit, outre la sous-estimation initiale des effectifs jeunes,
une certaine constance dans la sous-représentation des âges inférieurs
à 25 ans pour les zones hors réserve (la migration à des fins de scolarisation étant d'ailleurs exclue dans la définition des "hors réserve").

En ce qui concerne les âges adultes, il y a eu depuis 1966 un déplacement des proportions modales, les 40-49 ans devenant le groupe le
plus important hors réserve. Cette situation perpétue la supériorité
relative des 30-39 ans (générations 1927-1936) de 1966, mais elle indique aussi que les groupes se trouvant dans la trentaine en fin de période (1974) n'ont pas connu un accroissement procentuel supérieur à

Figure XVI   Superposition des pyramides des âges des populations des réserves (et terres
de la Couronne) et des zones hors réserve, au 31 décembre 1966 et 1974. Région du Québec

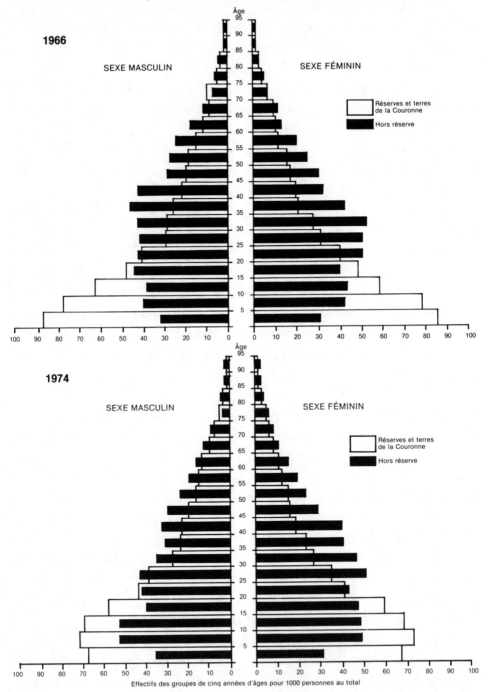

Effectifs des groupes de cinq années d'âges pour 1000 personnes au total

Tableau 67 : Proportions de membres résidant hors réserves selon l'âge (en %)[1], Région du Québec, 1966-1974

Groupes d'âges	1966		1971		1973		1974		1974[2]	
	Sexe masculin	Sexe féminin	Sexe masculin	Sexe féminin	Sexe masculin	Sexe féminin	Sexe masculin	Sexe féminin	Sexe masculin	Sexe féminin
Moins de 20 ans	11,5	11,8	15,4	14,5	17,2	16,1	15,5	14,9	16,8	15,8
20-24 ans	19,9	22,8	23,0	25,6	21,9	24,0	20,7	21,8	22,1	23,6
25-29 ans	24,6	27,6	26,0	30,9	28,1	32,2	24,6	28,2	26,2	29,6
30-34 ans	25,2	31,3	29,6	35,6	29,0	35,7	25,7	31,9	27,7	33,0
35-39 ans	29,7	32,2	27,7	34,8	30,2	34,9	26,3	32,2	27,3	33,7
40-49 ans	28,8	28,9	33,5	33,8	32,6	37,6	28,2	34,8	29,5	36,4
50-64 ans	26,8	26,9	27,4	30,7	29,0	30,7	26,6	28,3	27,7	29,1
65 ans et plus	21,2	20,8	26,1	25,9	27,2	27,7	26,2	26,0	27,1	26,9
Total	18,5	19,3	21,6	22,7	22,8	23,9	20,5	21,9	21,8	23,0

1. Ces proportions ont été calculées en rapportant, pour chaque groupe d'âges choisi et par sexe, la population enregistrée hors réserve à la population de la bande au 31 décembre de chaque année.

2. Il s'agit de proportions ajustées pour l'année 1974. L'ajustement a été fait en calculant le pourcentage représenté par trois nouveaux types de résidence (réserve d'une autre bande, terres de la Couronne d'une autre bande, terres de la Couronne n'appartenant à aucune bande) parmi les effectifs de la bande dans chaque groupe d'âges choisi; les pourcentages estimés ont été ajoutés à ceux de 1974 afin d'obtenir des proportions correspondant à une définition plus large des "hors réserve", telle qu'elle était interprétée avant 1974.

celui des 30-39 ans du début. En reconstituant l'évolution quinquennale des générations 1937-1941 et 1942-1946 (25-29 ans et 20-24 ans en
1966), nous notons des augmentations d'environ 5% pour les hommes et 8%
pour les femmes parmi la population hors réserve de 1966 à 1971; ces
résultats s'apparentent aux taux de migration nette calculés pour la
période 1968-1972.

L'allure générale des courbes traduit donc une prépondérance des
jeunes adultes (25-49 ans) parmi la population des zones hors réserve;
pour ces âges, le sexe féminin compte des proportions excédant d'environ 5% celles des effectifs masculins. Augmentant en moyenne de 4%
pour la période 1966-1973, les proportions ont diminué d'environ 2% de
1973 à 1974, traduisant alors exclusivement la population résidant hors
de toute zone liée aux réserves.

ii) Groupes de bandes

Pour les groupes de bandes, les proportions de membres hors réserve ont été calculées pour les années 1966, 1971 et 1974. Les groupes d'âges choisis sont plus larges, afin d'éviter les fluctuations
dues aux petits nombres; nous avons aussi contourné l'obstacle de l'enregistrement tardif des naissances en ne considérant pas les âges inférieurs à 18 ans. Les proportions ont été calculées à partir du total
des effectifs hors réserve pour chaque groupe de bandes réparties selon
la taille; ces effectifs ont été rapportés à la population totale des
bandes dans les groupes d'âges choisis.

La zone isolée se différencie nettement des deux autres, car les
pourcentages de membres hors réserve y sont très faibles, généralement
inférieurs à 20%. Pour les zones urbaine et rurale, les proportions
varient beaucoup plus en fonction de la taille des bandes. Dans la zone
urbaine, c'est le groupe des plus de 1 600 membres qui présente les
proportions de membres hors réserve les plus basses, surtout en 1974.

Les distributions par âge montrent une concordance entre les deux
sexes, mais beaucoup de variations entre les groupes de bandes. Les

25-34 ans représentent généralement le groupe le plus important hors
réserve, sauf pour les bandes urbaines de 600-1 600 membres où il s'a-
git des 35-49 ans.

Dans les zones urbaine et rurale, les proportions de membres hors
réserve sont plus élevées pour les femmes que pour les hommes, notamment dans les groupes de plus de 1 600 membres et de moins de 300 membres. De plus, les proportions se rapportant au sexe féminin marquent
souvent, notamment pour la zone rurale, une augmentation de 1971 à 1974.
Cette hausse est due en partie à l'enregistrement tardif des mariages
avec les non-Indiennes et à la reprise de possession du titre indien
pour les épouses des non-Indiens dans certaines bandes (1973). Sauf
aux âges élevés (50 ans et plus), les séries concernant le sexe masculin découvrent par ailleurs une réduction des proportions de membres
hors réserve. Cette baisse fournit un indice de l'établissement sans
doute plus fréquent des hommes sur les terres de la Couronne (autre
bande ou aucune bande) inclues auparavant dans les zones hors réserve.

Dans l'ensemble, l'évolution des proportions de membres hors réserve pour les groupes de bandes met donc en évidence de nettes différences entre les zones, la zone isolée participant peu à l'accroissement de la population hors réserve.

2. Évolution de la population indienne à l'extérieur des réserves
   selon les recensements

Les proportions de membres hors réserve ont augmenté de 1966 à
1974; afin de vérifier cette observation parmi la population indienne
recensée, nous utiliserons les données des recensements de 1951 à 1971.
Malheureusement, l'information varie selon les recensements, tout comme
la qualité du dénombrement.

Au Québec, la sous-estimation de la population indienne recensée
a probablement été très forte avant 1971, car les données globales indiquent que le groupe indien s'est accru de plus de moitié (53,4%) en
dix ans (1961-1971). Par ailleurs, les chiffres pour la population indienne inscrite qui représente environ 80% de l'ensemble des Indiens

montrent une augmentation de 14,3% seulement pour la période 1966-1971. Il devient donc difficile de comparer les renseignements tirés des recensements avec ceux du ministère, car les premiers concernent une période plus longue et sont gonflés par les améliorations du dénombrement en 1971.

a) La population indienne à l'extérieur des réserves, 1961-1971

Le Tableau 68 rend compte de l'augmentation inégale de la population des réserves et de celles résidant hors des réserves de 1961 à 1971. Alors que la population des réserves (et des territoires non organisés) s'accroît d'à peine 5%, celle recensée à l'extérieur des réserves a triplé pour les comtés englobant des réserves et septuplé pour les autres. La population indienne de la ville de Montréal a d'ailleurs connu une multiplication fort spectaculaire, soit 6,3 fois. Le même type d'accroissement a été calculé pour la période 1966-1971 en utilisant les données du ministère : la population inscrite hors réserve a augmenté du tiers environ durant cette période, ce qui reste inférieur aux résultats des recensements pour les années soixante.

b) La population indienne dans les régions urbaines, 1951-1971

L'évolution de la population d'origine indienne dans les villes de 30 000 habitants et plus a connu des hausses particulièrement importantes pour la période 1961-1971. Alors que les effectifs du groupe ethnique indien n'ont même pas doublé dans ces villes de 1951 à 1961, ils ont décuplé de 1961 à 1971. Les départs des réserves vers les zones hors réserve très urbanisées s'en trouvent en partie confirmés. Par ailleurs, le pourcentage de la population d'origine indienne résidant dans les régions rurales non agricoles est passé de 85,6% en 1951 à 55,2% en 1971, soit une baisse du tiers; la population indienne des régions rurales a diminué non seulement en proportion mais aussi en nombre représentant 255 individus en 1971, soit le cinquième des effectifs de 1951.

Amorcés depuis les années 50, les mouvements de départ des réserves ont donc connu leur plus forte activité durant les années soixante.

Les régions urbaines, et tout particulièrement Montréal, ont gagné davantage que les régions rurales agricoles souvent situées à proximité des réserves. Le groupe ethnique indien se retrouve dans une proportion de près de 40% à l'extérieur des réserves, alors que la population indienne inscrite compte, dans l'ensemble, plus de 20% de ses membres dans les zones hors réserve. Les pourcentages tirés des recensements doublent donc ceux du ministère et témoignent ainsi de l'importance d'une population indienne sans statut légal résidant majoritairement dans les régions urbaines.

Tableau 68 : Évolution de la population indienne dans les
réserves et à l'extérieur des réserves, Québec,
période 1961-1971

Population d'origine indienne[a] (recensée au 1er juin)	1961	1971	P^{71}/P^{61}
Réserves[1]:			
a) réserves indiennes	11 900	19 520	1,64
b) territoires non organisés	7 260	530	0,07
c) total	19,160	20,050	1.05
Extérieur des réserves:			
a) comtés englobant une ou plusieurs réserves	1 343	9 465	7,05
b) comtés ne comprenant aucune réserve	840	3 330	3,96
c) total	2 183	12 795	5,86
TOTAL	21 343	32 845	1,54

Tableau 68 (suite)

Population indienne inscrite[b] (enregistrée au 31 décembre)	1966	1971	P^{71}/P^{66}
Réserves: a) réserves	12 139	16 062	1,32
b) terres de la Couronne	6 581	4 516	0,69
c) total	18 720	20 578	1,10
Zones hors réserve	4 442	5 903	1,33
TOTAL	23 162	26 481	1,14

1. Nous avons inclus dans la population indienne des réserves celle des territoires non organisés qui peuvent être assimilés à des zones liées aux réserves, notamment pour 1961.

Sources : a) Population d'origine indienne : Bureau fédéral de la statistique, Population. Groupes ethniques. Comtés et subdivisions, (Bulletin SP-2, Recensement du Canada 1961, cat. 92-526), pp. 19-50; Statistique Canada, Population. Certains groupes ethniques. Divisions et subdivisions de recensement, (Bulletin spécial, Recensement du Canada 1971, cat. 92-774), pp. 22-62.

b) Population indienne inscrite : Canada, ministère des Affaires indiennes et du Nord, Registered Indian Population by Age-Sex-Residence as at December 31st, 1966 & 1971, Région du Québec.

Conclusion

La mobilité spatiale des Indiens peut donner lieu à plusieurs types d'analyse : nous n'avons présenté que l'aspect mesure, lié aux particularités des données du ministère des Affaires indiennes et du Nord canadien. La critique et l'analyse de cette information ont ainsi été menées en vue de dresser un bilan de la qualité des renseignements propres aux Indiens inscrits et d'en tirer une esquisse du phénomène migratoire pour la population indienne.

La critique interne des données a fait ressortir l'importance de l'enregistrement tardif pour tous les événements, mais particulièrement pour les naissances et les mariages. Les conséquences de ces retards se retrouvent donc dans les anomalies des distributions par âge pour les moins de 20 ans et pour la population féminine.

En ce qui concerne les mouvements migratoires, la description de leur forme d'enregistrement rend surtout compte de l'imprécision et de l'arbitraire des caractéristiques relevées. La qualité de la collecte des données est aussi fortement liée aux proportions de membres hors réserve dont l'accroissement constitue un facteur négatif pour l'enregistrement.

Malgré les limites mentionnées, l'analyse de l'information sur les bandes indiennes du Québec a permis de souligner plusieurs aspects du phénomène migratoire, confirmant souvent les résultats de recherches antérieures. Au Québec, les taux de migration nette pour la période 1968-1972 montrent l'importance des départs de jeunes adultes, notamment entre 25-34 ans. Contrairement aux réserves canadiennes, celles du Québec perdent en général plus d'hommes que de femmes; par ailleurs, les gains nets "hors réserve" indiquent à partir de 20 ans une prépondérance féminine, largement attribuable aux mariages mixtes[13]. Bien que mal discernés par les méthodes employées, les retours semblent se produire surtout entre 50-64 ans pour le sexe masculin.

En comparaison de la population des réserves, celle qui est à l'extérieur se caractérise donc par une surreprésentation du sexe féminin et une sous-représentation des moins de 20 ans et des plus de 50 ans. En ce qui concerne les bandes, les plus faibles proportions de membres hors réserve appartiennent à celles de la zone isolée.

---

(13) Surtout ceux des non-Indiennes mais aussi des Indiennes épouses de non-Indiens dont le statut a été maintenu en 1971-1972 dans certaines bandes.

De 1966 à 1974, la population indienne inscrite a ainsi augmenté
du tiers à l'extérieur des réserves, mais cet accroissement reste inférieur à celui de la population indienne recensée. De 1961 à 1971,
celle-ci a en effet connu une hausse considérable dans les villes du
Québec, comparable à celle notée par les Indiens américains.

Les mouvements migratoires des Indiens présentent donc les caractéristiques de l'exode rural en milieu non indien et manifestent dans
les régions urbaines une ampleur de nature récente. L'importance des
mouvements n'est pas sans mettre en cause les possibilités d'adaptation
des migrants et de viabilité des réserves. En effet, l'application de
programmes de mobilité de la main-d'oeuvre élude trop souvent le problème de réserves qui préviennent en partie l'assimilation tout en
maintenant la dépendance. En ce sens, faute de données plus souples,
notre étude des migrations ne peut exposer les liens réels gardés entre
la réserve et les membres résidant à l'extérieur, liens dont la valeur
et le maintien sont déterminants pour l'avenir des communautés indiennes.

Les résultats de deux études plus récentes permettent cependant
d'identifier certains éléments pouvant orienter une recherche plus approfondie sur les mouvements migratoires parmi la population indienne. Il ressort en effet d'une étude menée à partir du recensement de
1971[14] que les Indiens membres d'une bande se sont déplacés plus
souvent que l'ensemble des Canadiens durant la période 1966-1971, même
si seulement 20% d'entre eux (comparativement à 25% des Canadiens) vivent en 1971 dans une autre municipalité qu'en 1966. Cette étude met
aussi en évidence l'importance des retours périodiques vers les réserves (40% des entrées pour 1966-1971). Une seconde étude portant sur la
période 1968-1975[15] souligne par ailleurs que l'accroissement des
proportions de membres hors réserve tend depuis peu à se ralentir.

(14) A.J. Siggner, Preliminary Results from a Study of 1966-71 Migra-
     tion Patterns among Status Indians in Canada, Working paper no.
     11, ministère des Affaires indiennes et du Nord, janver 1977, 25 p.

(15) L.M. Gerber, Community Characteristics and Out-Migration from In-
     dian Communities : Regional Trends, ministère des Affaires indien-
     nes et du Nord, novembre 1977, 58 p.

Il importe alors d'analyser davantage les composantes des mouvements, tout particulièrement le rôle joué par les retours vers les réserves et l'implication des départs, en termes de stratégies de survie
économique, non seulement pour les migrants eux-mêmes, mais aussi pour
leurs familles et l'ensemble des résidents des réserves.

La migration interne des Indiens de la Baie James : une étude de cas

Victor Piché

La Baie James, longtemps ignorée, est devenue depuis quelque temps une région qui soulève beaucoup de discussions, de débats et d'émotions. L'intervention gouvernementale récente dans cette région a certes modifié la vie des populations cris qui y habitent. Pour un sociologue ou un anthropologue, l'étude de cette population ne peut plus dorénavant ignorer les effets de cette intervention extérieure. Sans savoir qu'un jour la Baie James allait devenir une préoccupation nationale, nous avons entrepris en 1968, grâce à des subventions des missionnaires Oblats et du Conseil des arts, une enquête socio-démographique auprès de la population indienne de 6 villages situés sur les deux côtés de la Baie James. Certains résultats ont déjà fait l'objet de publications et concernent d'une part la méthodologie de l'enquête[1] et, d'autre part, les niveaux et les facteurs de la fécondité[2] de même que la réaction du comportement procréateur devant la modernisation[3].

Devant ce tourbillon actuel d'activités dans cette région, il n'est pas inutile de prendre un certain recul et de retourner environ

---

* Extrait de : <u>Anthropoligica</u>, vol. XIX, no 2, 1977, pp. 153-167.

(1) V. Piché et A. Romaniuk, "Une enquête socio-démographique auprès des Indiens de la Baie James : 1968", <u>Anthropologica</u>, vol. 14, no 2, 1972, pp. 219-230.

(2) Voir A. Romaniuk, "Comportement procréateur d'une petite communauté indienne du Canada", infra.

(3) Voir A. Romaniuk, "Modernisation et fécondité : le cas des Indiens de la Baie James", infra.

sept ans en arrière pour voir comment ces populations réagissent devant leur situation économique et sociale d'alors. Plus particulièrement, nous allons examiner leur comportement migratoire, conscient que ce comportement s'avère très symptomatique de la situation économique et sociale d'un groupe. Les questions fondamentales auxquelles nous pouvons tenter de donner réponse sont : les Indiens se déplacent-ils beaucoup et où vont-ils? Les données utilisées ici souffrent de plusieurs limites : elles ne sont représentatives que des six villages enquêtés et les nombres sont parfois petits. Il s'agit donc d'une étude de cas restreinte mais qui fournit quand même une indication intéressante sur les mouvements migratoires des populations indiennes enquêtées avant l'intervention dramatique des gouvernements[4].

A. Source des données et définitions[5]

Les données utilisées ici proviennent d'une enquête socio-démographique effectuée dans la région de la Baie James durant l'été de 1968. Le questionnaire utilisé couvre cinq domaines : la composition du ménage, la fécondité, l'histoire matrimoniale, la migration et la mortalité. L'enquête a eu lieu dans six villages indiens, trois de chaque côté de la Baie James : du côté ouest, Moosonee, Fort Albany et Attawapiskat; du côté est, Moose Factory, Fort Rupert et Fort George. La population totale enquêtée s'élève à 2 678 individus dont 2 323 (1 128 hommes et 1 095 femmes) font l'objet de notre étude sur la migration (en fait, ce total exclut les visiteurs).

---

(4) Le retard dans la publication de nos résultats n'est dû qu'à un manque de fonds. Nous tenons à souligner que malgré les sommes énormes, pour ne pas dire incroyables, investies dans les aspects techniques du développement de la Baie James, sommes dont une grande partie est donnée à des firmes étrangères, la Société de développement de la Baie James n'a pas cru bon de fournir à deux chercheurs de chez nous une somme aussi modique que ridicule pour terminer leurs travaux. Voilà une bonne indication du grand intérêt que l'on porte aux aspects humains du développement.

(5) Pour plus de détails, voir V. Piché et A. Romaniuk, op. cit. (ci-dessus note 1).

L'analyse présentée ici se fonde sur deux questions provenant de la première section du questionnaire, soit, la composition du ménage[6]. Les deux questions sont : 1) depuis combien de temps l'individu réside-t-il dans le village; et 2) quelle était sa dernière résidence antérieure? Les réponses à ces questions fournissent les données de base pour estimer les volumes et les flux migratoires en utilisant deux méthodes différentes.

Il s'agit en fait d'examiner la migration interne telle que vécue par la population indienne des six villages enquêtés. Pour les fins de la présente étude, une migration est définie comme un changement de résidence (de village) à l'intérieur de la Baie James. Un immigrant est quelqu'un qui vient d'un autre village alors qu'un émigrant est quelqu'un qui a quitté son village de dernière résidence. Le solde migratoire net est donné par la différence entre l'immigration et l'émigration; ce solde peut être nul, positif (un gain pour le village) ou négatif (une perte pour le village).

B. Méthodes d'analyse

Deux techniques d'analyse sont utilisées ici. D'abord, la technique de la "dernière résidence antérieure"[7] permet d'identifier les personnes ayant vécu ailleurs dans le passé : ce sont les migrants (y compris les migrants à vie et les migrants de retour). La procédure d'estimation de la migration consiste essentiellement à classer la population selon la dernière résidence antérieure et la résidence actuelle (voir Tableau 69). L'absence d'une référence temporelle précise constitue la limite la plus importante de cette approche. La deuxième technique d'estimation s'applique aux données sur la durée de résidence[8]. Dans ce cas, les migrants comprennent tous ceux qui se sont

---

(6) La section "migration" du questionnaire n'est pas encore exploitée.

(7) Pour plus de détails voir : United Nations, "Methods of Measuring Internal Migration", Population Studies, nᵒ 47, New York, 1970, p. 18.

(8) United Nations, op. cit., pp. 14-15.

Tableau 69 : Population indienne selon la résidence au moment
de l'enquête et la dernière résidence antérieure,
les deux sexes réunis, Baie James, 1968

Résidence actuelle	Dernière résidence antérieure						Total
	Moosonee	Moose Factory	Fort Albany	Fort Rupert	Attawa-piskat	Fort George	
Moosonee	234	12	76	9	58	0	389
Moose Factory	2	335	31	58	3	3	432
Fort Albany	1	4	209	0	26	0	240
Fort Rupert	0	0	1	361	0	0	362
Attawapiskat	11	1	3	0	292	0	307
Fort George	0	1	0	3	1	588	593
Total	248	353	320	431	380	591	2 323

déjà déplacés, y compris (i) ceux qui sont nés en dehors du lieu d'enquête et (ii) ceux qui sont nés dans le lieu d'enquête mais qui, à un
moment ou l'autre, ont changé de résidence (les migrants de retour).
La valeur principale de cette approche vient de l'information additionnelle sur la localisation dans le temps du dernier déplacement. Les
données fournies par l'approche durée de résidence donnent la distribution des immigrants à vie selon la date de leur dernière arrivée au
lieu d'enquête, ou, en d'autres mots, un classement par cohortes de migrants : à une période spécifique de durée de résidence correspond en
fait à une période d'immigration. Par exemple, dans notre étude, nous
utiliserons trois périodes de durée de résidence:

Durée de résidence	Période d'immigration correspondante
Moins de 5 ans	1964-1968
De 5 à 9 ans	1958-1963
10 ans et plus	1957 et avant

En interprétant les données de ce type, il ne faut pas oublier que
les migrants dans ce cas représentent les survivants des cohortes réelles qui ont migré dans la période en question. Deux facteurs ont décimé ces cohortes : une ou des migrations subséquentes et la mortalité.

1. Méthode de la dernière résidence antérieure

Le Tableau 69 donne le classement de la population indienne selon
le lieu de l'enquête et la dernière résidence antérieure.

Le nombre d'immigrants est donné en soustrayant du nombre total de
personnes résidant dans le village d'énumération (totaux horizontaux)
ceux dont la résidence actuelle et la dernière résidence antérieure
coincident (les non-migrants selon notre définition). Le nombre d'émigrants s'obtient en soustrayant des totaux verticaux ceux dont le village d'origine est le même que le village d'enquête. Le solde migratoire net est la différence entre les immigrants et les émigrants. Les
résultats sont présentés au Tableau 70 pour toute la Baie James et pour
chacun des six villages.

Tableau 70 : Immigrants selon le lieu d'origine, émigrants selon le
lieu de destination et migration nette, population indienne
de la Baie James, les deux sexes réunis, 1968

Lieux d'enquête	Lieux d'origine et de destination						
	Moosonee	Moose Factory	Fort Albany	Fort Rupert	Attawa-piskat	Fort George	Total
Baie James							
Immigrants	155	97	31	1	15	5	304
Émigrants	14	18	111	20	88	3	304
Migration nette	+141	+79	- 80	-69	-73	+2	0
Moosonee							
Immigrants	--	12	76	9	58	0	155
Émigrants	--	2	1	0	11	0	14
Migration nette	--	+10	+ 75	+ 9	+47	0	+141
Moose Factory							
Immigrants	2	--	31	58	3	3	97
Émigrants	12	--	4	0	1	1	18
Migration nette	- 10	--	+ 27	+58	+ 2	+2	+ 79
Fort Albany							
Immigrants	1	4	--	26	0	0	31
Émigrants	76	31	--	3	1	0	111
Migration nette	- 75	-27	--	+23	- 1	0	- 80

Tableau 70 (suite)

Lieux d'enquête	Lieux d'origine et de destination						Total
	Moosonee	Moose Factory	Fort Albany	Fort Rupert	Attawa-piskat	Fort George	
Fort Rupert							
Immigrants	0	0	1	--	0	0	1
Émigrants	9	58	0	--	0	3	70
Migration nette	- 9	-58	+ 1	--	0	-3	- 69
Attawapiskat							
Immigrants	11	1	3	0	--	0	15
Émigrants	58	3	26	0	--	1	88
Migration nette	- 47	- 2	- 23	0	--	-1	- 73
Fort George							
Immigrants	0	1	0	1	3	--	5
Émigrants	0	3	0	0	0	--	3
Migration nette	0	- 2	0	+ 1	- 3	--	+ 2

Étant donné que seules les migrations entre les villages enquêtés sont retenues (les autres seront considérées plus loin), il va de soi qu'une immigration dans un village de destination est une émigration d'un village d'origine. Pour l'ensemble de la région, le solde migratoire net doit être égal à zéro. Bref, ce qui nous intéresse ici c'est le volume et les directions des migrations entre les six villages en question.

Selon le Tableau 70, il y aurait en tout un total de 304 migrants, soit 13,1% de la population enquêtée. Deux villages, Moosonee et Moose Factory, ont des soldes migratoires positifs importants (+141 et +79 respectivement)[9]. Tous les autres ont des soldes soit négatifs (Fort Albany, Fort Rupert et Attawapiskat), soit presque nuls (Fort George). Par ordre d'importance, c'est Fort Albany qui subit la perte la plus importante (-80), suivi d'Attawapiskat (-73) et de Fort Rupert (-69).

Il est intéressant de savoir d'où les villages d'accueil reçoivent leur population et, vice versa, où les villages perdants envoient leur population. Pour cela, il faut examiner chacun des villages séparément (voir Tableau 70). D'abord Moosonee : ce village reçoit des migrants de tous les villages. En fait, c'est Fort Albany (+75) et Attawapiskat (+47) qui perdent le plus dans l'échange avec Moosonee : ils représentent respectivement 53% et 33% de la migration nette vers Moosonee.

Moose Factory aussi gagne dans l'échange migratoire avec tous les autres villages, sauf Moosonee où le solde est négatif (-10). C'est Fort Rupert qui perd le plus de migrants : il en envoie 58 et n'en reçoit aucun. Quant à Fort Albany, le seul solde migratoire positif concerne l'échange avec Attawapiskat (+23). Enfin, Attawapiskat et Fort Rupert perdent des migrants en faveur de tous les autres villages.

Fort George fait exception aux tendances décrites ci-haut. En effet, ce village frappe par son caractère fermé avec ses 5 immigrants

_____

(9) Le chiffre pour Moose Factory est légèrement sous-estimé : voir la section sur les "autres migrations".

et ses 3 émigrants. Il semble bien que les Indiens de Fort George se déplacent à peu près pas.

Certes, un certain nombre de déplacements ont eu lieu sans qu'ils ne concernent les villages enquêtés.

Le Tableau 71 montre qu'il y a eu en tout 141 déplacements qui originent des autres villages à l'intérieur de la Baie James et 74 dont l'origine se situe à l'extérieur de la Baie James. Les migrants venant de l'extérieur de la région viennent surtout du sud (Timmins, Cochrane, Matagami, etc.). Comme c'est la migration interne qui nous intéresse surtout, il faut donc tenir compte des migrants venant des villages situés à l'intérieur de la Baie James. Or, Moose Factory semble sérieusement affecté par ces déplacement : 70 immigrants proviennent d'autres villages, soit 42% de tous les immigrants. Quant à Fort Rupert, alors qu'il ne reçoit qu'un seul migrant de Fort Albany, il en reçoit 16 des autres villages non enquêtés. Un examen des villages d'où viennent ces migrants à Moose Factory a montré que 63% provenaient de Eastmain et 18% de Paint Hills[10], deux villages au nord de Moose Factory. Étant donné la direction nord-sud très prononcée des déplacements, ces 70 immigrants peuvent en fait représenter des gains nets, ce qui donnerait un solde migratoire net d'environ (+149), un chiffre plus comparable à celui de Moosonee (+141).

Une façon de récapituler l'analyse précédente est d'exprimer la matrice migratoire en termes relatifs, c'est-à-dire en calculant des "rapports de migration". Certes, il existe un problème spécial dans le calcul de ces rapports, associé au fait que pour chaque déplacement (numérateur) il existe deux régions - l'origine et la destination (dénominateur). En ce qui nous concerne, nous allons calculer des rapports d'immigration et d'émigration en utilisant comme dénominateur la

---

(10) Comme le village de Paint Hills a été fermé, il s'agit en fait d'une migration forcée à sens unique, c'est-à-dire avec l'impossibilité d'y retourner. Si ce biais peut affecter l'interprétation de l'échange entre Paint Hills et Moose Factory, il n'affecte pas l'interprétation générale compte tenu du petit nombre de cas en cause.

Tableau 71 : Immigrants selon le lieu d'enquête et la dernière
résidence antérieure classifiée comme "autre à l'intérieur"
et "autre à l'extérieur" de la Baie James, 1968

Lieux d'enquête	Dernière résidence antérieure		
	Autre à l'intérieur	Autre à l'extérieur	Total
Moosonee	16	39	55
Moose Factory	70	25	95
Fort Albany	19	1	20
Fort Rupert	16	3	19
Attawapiskat	15	0	15
Fort George	5	6	11
Total	141	74	215

population de chaque village. Ainsi, pour un village "i", l'immigration est la somme de tous les courants "entrant" (M.i) et l'émigration la somme de tous les courants "sortant" (Mi.). Les rapports sont calculés comme suit:

- immigration : $\dfrac{M.i}{Pi} \times 1000$ (Pi = population du village i au moment de l'enquête)

- émigration : $\dfrac{Mi.}{Pi} \times 1000$ (Pi = population du village i au moment de l'enquête)

Deux remarques sur ces rapports : (1) nous n'incluons ici que les échanges migratoires entre les six villages; et (2) ces rapports doivent s'interpréter comme un indice de l'impact relatif de l'immigration et de l'émigration sur chacun des villages.

Selon le Tableau 72, les résultats présentés plus haut deviennent encore plus apparents. Moosonee et Moose Factory ont les plus hauts rapports d'immigration et les rapports d'émigration les plus faibles

(en excluant Fort George). Fort Albany possède le plus haut rapport
d'émigration (462,5 pour 1 000).

Tableau 72 : Rapports d'immigration et d'émigration*, population
de la Baie James, 1968 (pour 1 000 habitants)

Lieux d'enquête	Rapports (pour 1 000)	
	Immigration	Emigration
Moosonee	398,4	36,0
Moose Factory	224,5	41,7
Fort Albany	129,2	462,5
Attawapiskat	2,8	193,4
Fort Rupert	48,8	286,6
Fort George	8,4	5,0

* Voir texte pour définitions.

Source : Tableau 69 pour les dénominateurs et
Tableau 70 pour les numérateurs.

Neuf observations se dégagent des analyses précédentes:

a) Volume

1 - Moosonee et Moose Factory sont les seuls villages gagnants en
terme de migration nette.

2 - Fort George fait figure de village fermé, ne donnant ni ne re-
cevant presque aucune personne.

3 - Les 3 autres villages perdent leur population en faveur de
Moosonee et Moose Factory.

4 - D'une façon générale, environ 78% des personnes (y compris les
"autres migrations") n'ont jamais quitté leur village.

b) Directions

5 - Le principal village d'origine pour Moosonee est Fort Albany et pour Moose Factory, Fort Rupert.

6 - Moose Factory reçoit également plusieurs migrants de Eastmain et Paint Hills (voir note 10).

7 - Bref, les déplacements ont lieu dans une direction exclusive-ment nord-sud : Attawapiskat vers Moosonee; Fort Rupert, Eastmain et Paint Hills vers Moose Factory.

8 - Il est frappant de constater qu'il n'existe aucune migration intercôte : Moosonee sert de milieu d'attraction par excellence pour les Indiens de la côte ouest alors que Moose Factory remplit la même fonction pour ceux de la côte est de la Baie James.

9 - Comme Moose Factory est situé en Ontario, le Québec perd de sa population indienne au profit de l'Ontario.

2. Méthode d'estimation par la durée de résidence

Avant de tenter une interprétation des résultats obtenus avec la technique de "la dernière résidence antérieure", il est possible d'a-jouter une autre dimension de la migration en exploitant les réponses à la question sur la durée de résidence des immigrants. Cette informa-tion permet de localiser dans le temps le moment de la dernière migra-tion. En effet, les courants migratoires observés jusqu'à maintenant ne tenaient pas compte de la dimension temporelle : ces courants peu-vent être très anciens ou au contraire très récents.

Le Tableau 73 donne le nombre et le pourcentage d'immigrants selon le village d'énumération et la durée de résidence. Dans l'ensemble, 44% des migrants vivent dans leur village depuis au moins dix ans : en d'autres mots, ils ont migré avant 1958. Ensuite, 23% ont migré durant la période 1958-1963 alors que 33% sont des migrants récents (1964-1968). Il est intéressant de constater que les villages perdants,

surtout Fort Albany et Attawapiskat, ont reçu la plupart de leurs migrants il y a au moins 10 ans. Par contre, plus de 60% des migrants
vers Moosonee et Moose Factory y sont arrivés au cours des dix ans précédant l'enquête. Bref, un peu plus de 50% de tous les migrants se
sont déplacés dans la décade 1958-1968 indiquant ainsi un mouvement migratoire relativement récent.

Tableau 73 : Distribution des migrants selon le lieu d'énumération
et la durée de résidence, Baie James, 1968

Lieux d'énumération	Durée de résidence			Total
	Moins de 5 ans	5-9 ans	10 ans et plus	
Moosonee	64 (31,1)	64 (31,1)	78 (37,9)	206 (100)
Moose Factory	72 (37,9)	44 (23,2)	74 (38,9)	190 (100)
Fort Albany	10 (16,4)	5 (8,2)	46 (75,4)	61 (100)
Attawapiskat	12 (40,0)	2 (6,7)	16 (53,3)	30 (100)
Fort Rupert	9 (56,2)	2 (12,5)	5 (31,2)	16 (100)
Fort George	6 (42,8)	1 (7,1)	7 (50,0)	14 (100)
Total	173 (33,5)	118 (22,8)	226 (43,7)	517*(100)

* Ce total comprend tous les migrants, y compris ceux qui viennent
des "autres" villages ou de l'extérieur de la Baie James.

C. Essai d'interprétation

Les données de l'enquête exploitées ici ne permettent pas d'aller
au-delà de la mesure. Il est toutefois possible de tenter une interprétation des résultats sur la base de sources indirectes d'information
telles que les observations faites sur le terrain et les interviews
informelles. Une conclusion s'impose parmi toutes les autres : la prédominance de Moosonee et Moose Factory comme points d'attraction dans
la direction nord-sud des courants migratoires. Qu'est-ce qui explique
cette migration à sens unique? Pourquoi Moosonee et Moose Factory
exercent-ils autant d'attraction sur les migrants? Enfin, pourquoi

les Indiens de la côte est préfèrent-ils Moosonee et ceux de la côte
ouest Moose Factory?

Géographiquement, on aurait pu s'attendre à plus d'échanges entre
Moosonee et Moose Factory. En effet, ces deux villages ne sont séparés
que par une très courte distance de canot sur la rivière Moose. Donc,
théoriquement, les deux villages auraient pu constituer un centre combiné d'attraction. Une hypothèse est à rejeter, celle des frontières
entre l'Ontario et le Québec. Si les villages d'émigration de la côte
ouest sont tous situés en Ontario et ceux de l'est situés au Québec,
les deux villages d'immigration, eux, sont situés en Ontario. Donc,
les migrants en direction de Moose Factory doivent de toute façon tra-
verser la frontière, alors pourquoi ne pas se rendre jusqu'à Moosonee?
Une hypothèse plausible pourrait être le facteur religieux. Historiquement, il semble y avoir eu une division du territoire, l'Église catholique se réservant la côte ouest (Ontario) et l'Église anglicane la
côte est (Québec), y compris Moose Factory. Selon notre enquête, presque tous les Indiens d'Attawapiskat, Fort Albany et Moosonee se sont
déclarés catholiques alors que Fort Albany et Moose Factory sont le
fief des anglicans.

En 1968 du moins, il était frappant de constater comment la vie
sociale des Indiens des villages de Attawapiskat, Fort Albany et Moosonee était centrée autour de la mission catholique. D'ailleurs à Attawapiskat par exemple, les seuls bâtiments en dehors des habitations des
Indiens étaient la Compagnie de la Baie d'Hudson, l'hôpital catholique,
l'église catholique et la résidence des missionnaires. On peut peindre
le même portrait de Fort Albany. Quant à Moosonee, l'Église catholique, en plus d'un petit hôpital, y a installé son archevêché. Par contre, Moose Factory a été évangélisé par les missionnaires anglicans.
Ainsi, il semble que Moosonee reçoit la partie catholique de la population, alors que Moose Factory reçoit la contrepartie anglicane. Là
où la plus grande partie des activités, qu'elles soient religieuses ou
sociales, sont centrées autour de l'église (films, bingos, etc.), il
n'est pas étonnant que le facteur religieux joue un rôle important, non
pas tant dans la décision de migrer, que dans le choix du lieu de destination.

Comment expliquer maintenant que Moosonee et Moose Factory siphonnent les villages du nord? On peut faire l'hypothèse qu'il s'agit d'un phénomène de concentration des ressources dans les deux villages. Les villages situés plus au nord se caractérisent par leur pauvreté et leur manque d'activités économiques et rémunératrices : la source principale de revenus de ces populations est fournie par l'assistance gouvernementale. De plus, dans la plupart de ces villages, il n'existe pas d'écoles, sinon une école du niveau primaire. Par contre, à Moosonee et Moose Factory, plusieurs facteurs d'attraction existent. D'abord les possibilités d'emploi sont plus grandes : travail de construction, le chemin de fer, la base aérienne, la mission catholique, les hôpitaux, les écoles, les touristes durant l'été, la compagnie de la Baie d'Hudson, etc. Il faut toutefois ajouter que dans bien des cas, ces possibilités demeurent limitées dans la mesure où les "Blancs" du sud se sont appropriés les emplois les plus rémunérateurs, laissant le "cheap labor" autochtone s'occuper des travaux moins importants (et moins intéressants). Enfin, il semble que Moosonee soit devenu le centre (genre de métropole) des activités pour les Indiens du nord de la Baie James : il ne faut pas oublier que Moosonee est le point de contact avec le monde extérieur avec lequel il est lié par le chemin de fer qui d'ailleurs s'arrête là.

Conclusion : migration et développement

En 1968, les estimations des volumes migratoires dans les six villages enquêtés sur les deux côtes de la Baie James montrent que 519 personnes étaient classées comme immigrants, soit 20% de la population indienne enquêtée. Ce pourcentage est relativement élevé compte tenu qu'il comprend aussi les hommes et les femmes de moins de 15 ans. Les courants migratoires s'effectuent presque exclusivement du nord au sud, les Indiens du côté ouest se dirigeant vers Moosonee et ceux du côté est se dirigeant vers Moose Factory. Selon les premières indications fournies par le questionnaire migration (non exploité ici), il semble bien que la migration soit familiale plutôt qu'individuelle et que la cause en soit surtout économique (recherche du travail rémunérateur). Toutefois, selon nos observations sur le terrain, les emplois à Moosonee et à Moose Factory sont rares, les "bons" emplois étant bien sûr réservés aux "Blancs". Pourquoi les Indiens continuent-ils à migrer vers ces centres? Quelques hypothèses peuvent être avancées : 1) les villages d'origine sont tellement démunis que les facteurs de répulsion l'emportent sur les facteurs d'attraction; il faut dire que ces villages d'émigration (Attawapiskat, Fort Albany, Fort Rupert) sont très isolés, surtout pendant l'hiver, et les moyens de communication demeurent le canot à moteur ou l'hydravion pour les plus fortunés; 2) Moosonee et Moose Factory sont de gros villages qui offrent plusieurs services : écoles, hôpitaux, loisirs, contacts avec le sud (grâce au chemin de fer et à l'aéroport de Moosonee), etc.

Malgré tout, il n'est pas certain que le déplacement vers le sud améliore la condition des migrants. En 1968, les conditions de logement à Moosonee étaient comparables aux situations de bidonville que l'on rencontre dans plusieurs villes du Tiers-Monde. Même en faisant abstraction du "projet du siècle" du gouvernement actuel, on pouvait déjà prévoir en 1968 une accélération du mouvement migratoire vers le sud. Certes, la génération plus âgée se sentait condamnée à sa condition de dépendance, étant donné son manque de qualification professionnelle et son incapacité à parler la langue des Blancs (cette hypothèse est fondée encore une fois sur les réponses à une question concernant les intentions de migrer et les obstacles à la migration). Mais il était bien évident que la majorité des jeunes tentaient de sortir de cette situation de dépendance : un grand nombre fréquente les écoles secondaires du Sud (Cochrane, North Bay, Matagami, etc.) et la plupart ne reviendront plus habiter dans leur village natal.

Le projet d'aménagement hydro-électrique dans la Baie James produira certainement un impact sur les volumes et les courants migratoires dans cette région. Toutefois, compte tenu du peu de cas que l'on a fait de la population indienne, les retombées risquent d'être minimes pour elle. Plusieurs hypothèses mériteraient l'attention des chercheurs : 1) le projet hydro-électrique va augmenter la situation de dépendance de la population indienne; 2) les Indiens, par leurs déplacements importants vers les centres d'aménagement, fourniront une main-d'oeuvre à bon marché et constitueront le prolétariat de la Baie James; enfin 3) les conditions de vie des migrants indiens ne s'amélioreront pas significativement et on risque d'assister à la construction d'autres bidonvilles-à-la-Moosonee.

En terminant, il est difficile de ne pas faire un rapprochement entre le processus migratoire dans la Baie James et celui des populations de plusieurs pays sous-développés : l'exode des villages, l'attraction des centres urbains, la constitution de bidonvilles, chômage urbain, etc. Mais ce ne sont là que des symptômes d'une situation de dépendance où les décisions cruciales en matière de développement sont prises à l'extérieur du groupe et le plus souvent au détriment de celui-ci. Le rapprochement doit donc aller plus loin : il concerne également la conception même du développement. Dans les deux cas, les projets de développement, conçus et financés de l'extérieur, mettent l'accent sur les aspects techniques (aménagement hydro-électrique, forage de puits, etc.), la population affectée par ces projets devant les subir sans pour autant jouir des bénéfices. La conception capitaliste du développement fait donc ses ravages, non seulement dans les pays sous-développés, mais aussi dans les "enclaves" sous-développés des pays soi-disant développés et modernes. C'est là tout un projet de recherche.

Liste des tableaux

Pages

Pages

Pages

Liste des figures

Table des matières

Achevé d'imprimer au mois d'octobre 1984
par l'imprimerie commerciale Le Courrier de Saint-Hyacinthe

LES PRESSES DE L'UNIVERSITÉ DE MONTRÉAL
C.P. 6128, succ. « A », Montréal (Québec) Canada   H3C 3J7

EXTRAIT DU CATALOGUE